한국의 발전전략

농지개혁 · 수입대체산업화 ·
수출주도산업화 · 중화학공업화

한국의 발전전략

농지개혁 · 수입대체산업화 ·
수출주도산업화 · 중화학공업화

박종철 지음

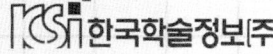한국학술정보㈜

|서 문|

　한국은 한 세대의 짧은 기간 동안 농업국가에서 산업국가로 변신
하였다. 한국의 산업화는 시장경제의 바탕 위에서 국가 주도의 대
외개방정책을 통해 이루어졌다. 한국의 산업화는 대체로 10년 단위
로 변화를 겪었다. 한국의 산업화과정은 1950년대 초 농지개혁,
1950년대 수입대체산업화, 1960년대 수출주도산업화, 1970년대 중화
학공업화, 1980년대 자유화정책, 1990년대 말 IMF위기와 구조조정
으로 대별된다.

　한국의 산업화정책의 변화는 정치체세의 변화와 밀접한 상관관
계를 지니고 이루어졌다. 농지개혁은 정부수립 직후 국가의 지배구
조가 아직 확립되지 않고 이념갈등이 심각한 상황에서 전개되었다.
1950년대 수입대체산업화는 이승만정권의 보수적 권위주의체제하에
서 추진되었으며, 1960년대 수출주도산업화는 5·16쿠데타로 등장
한 군부권위주의정권에 의해 추진되었다. 1970년대 중화학공업은
유신체제의 등장과 병행하여 전개되었다. 1980년대 자유화정책은
신 군부권위주의정권에 의해 추진되었으며, 1990년대 말 IMF위기와
구조조정은 민주화 과정에서 진행되었다.

이 책은 한국의 경제발전 시대의 산업화정책과 국가역할에 대한 것이다. 이 책이 분석대상으로 삼고 있는 것은 1950년대 초반 농지개혁에서부터 1950년대의 수입대체산업화, 1960년대 수출주도산업화, 1970년대 중화학공업화이다. 이 기간 동안 정치체제의 변화와 산업화정책과의 관계를 정치경제학적 시각에서 분석하였다. 특히 이 책은 각 기간별로 지배연합의 형성, 국가의 제도적·경제적 능력, 정책결정의 자율성이 어떻게 산업화정책의 변화와 관련되었는지를 분석하고자 하였다.

해방 후 1970년대까지 형성된 한국적 발전모델의 기본 틀은 아직까지 유지되고 있다. 물론 1980년대 이후 이러한 틀이 도전을 받았으며, 부분적으로 변화과정을 밟아왔다. 1980년대 자유화정책 이후 국가, 기업, 해외자본 간 관계가 구조적 변화를 겪었다. 더욱이 1990년대에 접어들어 탈냉전과 세계화의 와중에서 발생한 IMF위기는 한국의 정치경제적 틀과 국가·사회관계를 전면적으로 변화시켰다. 그 결과 국내적 차원에서는 국가의 역할축소, 민간부문의 자율화, 시장경제의 활성화, 양극화가 수반되었으며, 국제적 차원에서는 해외자본의 유입, 국가의 대외 교섭능력 약화 등이 초래되었다. 그럼에도 불구하고 1980년대 이후 변화는 그 이전에 형성된 한국적 모델을 부분적으로 수정하는 수준에 그치고 있으며, 아직 대안적 모델이 나타나지 않고 있다. 이런 점에서 경제발전 시대의 한국적 발전모델을 다시 한번 꼼꼼하게 되새겨 볼 필요가 있다. 이 책은 한국적 모델을 되새김질하는 작업의 일환이다.

이 책은 산업화와 국가역할을 분석하는 데 있어서 국가자율성을 핵심 개념으로 설정하였다. 국가자율성은 국가가 정책선택 및 정책집행과정에서 정치·사회세력들과 어떤 상호작용을 하며 어떻게 정책수행력을 확보할 수 있는가를 설명하는 개념이다. 국가자율성을 결정하는 변수로 ⅰ)사회·경제세력으로부터 국가엘리트의 독립성,

ii)국가능력, iii)국가의 정책망, iv)국가의 경제적 자원을 설정하였다. 그리고 이와 같은 네 가지 변수의 상호작용에 의해서 국가자율성의 성격과 정도가 달라지는 것에 대한 이론적 가설을 제시하고자 했다.

이 책은 저자의 고려대학교 정치학 박사학위 논문인 [한국의 산업화정책과 국가의 역할, 1948-1972: 1공화국과 3공화국의 비교연구](1988)를 확대·발전시킨 것이다. 박사학위 논문은 농지개혁, 수입대체산업화정책, 수출주도산업화정책까지를 다루었다. 이후 1970년대 중화학공업정책에 대한 것은 [한국의 중화학공업정책: 추진배경과 투자조정과정] (현대사회연구소, 1990)을 토대로 한 것이다.

이 책을 출판하기까지 20여 년이라는 오랜 시간이 걸렸다. 그동안 국내외에서 여러 경로를 통해서 이 책의 출판에 대한 요청이 있었다. 그럼에도 불구하고 출판이 늦어진 것은 무엇보다도 박사학위 취득 후 한국정치보다 남북관계와 통일문제를 연구하다 보니까 이 주제에 관해 계속 연구할 시간이 없었기 때문이었다. 이번에 뒤늦게나마 이 책을 출판하게 된 것은 두 가지 요인의 덕택이다. 첫째는 '한국학술정보(주)'가 책의 출판을 제안했기 때문이다. 제안이 없었다면 이 책을 정리할 엄두를 내지 못했을 것이다. 그런 점에서 이 책의 출판은 일차적으로 한국학술정보(주)의 덕택이라고 할 수 있다. 이 책의 출판을 제안하고 독려해 준 한국학술정보(주)의 관계자에게 고마움을 표한다. 둘째로 학위논문과 중화학공업에 관한 기존의 논문을 수정·보완할 수 있는 시간을 갖게 된 것은 안식년을 맞아 도쿄대학교의 객원교수로 있음으로 해서 가능했다. 도쿄대학교에서 연구에 몰두할 수 있는 좋은 여건을 마련해 준 기미야 다다시 교수에게 고마움을 표한다.

이 책은 학문의 길로 들어선 후 처음의 결실이었던 학위논문을 출판한 것이다. 이 책을 출판함으로써 오랫동안 미뤄왔던 숙제를 마무리하고 학문의 여정에서 중간점검을 했다고 생각된다. 그런 점에서 대학원시절부터 저자를 지도해주시고 지금에 이르기까지 인생의 고비마다 학문적인 면과 인격적인 면에서 이끌어 주신 은사 한배호 교수님께 심심한 고마움을 드린다.

아울러 학문의 길을 택한 이후 세상물정에 어두운 나를 위해 세상살이의 온갖 궂은 일을 도맡아 해결하며 혼자 외로운 시간을 많이 보내야 했던 아내 해영에게 이 기회를 빌어 진심어린 감사와 사랑을 보낸다. 그리고 공부한다는 핑계로 제대로 놀아주지 못했어도 어느새 훌쩍 늠름한 청년으로 성장한 아들 성준과 영준에게도 한없는 고마움과 애정을 보낸다. 그동안의 소홀함과 미안함을 만회하는 마음의 일환으로 이 책을 아내 해영과 아들 성준, 영준에게 바친다.

2008년 10월
가을로 접어드는 문턱에
수유리 연구실에서

|차 례|

Ⅰ. 머리말

제3세계 정치경제를 설명하는 이론의 한 가지 특징은 사회·경제 부문의 분석을 통해서 정치현상을 설명하고자 했던 사회 중심적 접근방법보다 국가의 역사적 형성과 독자적 역할 등에 관심을 두는 국가 중심적 접근방법이 중시된다는 점이다.

사회중심적 접근방법의 대표적 이론인 근대화 이론은 경제성장, 사회적 유동성의 증가, 교육기회와 언론매체의 보급증가 등 사회·경제 분야의 변화를 일차적인 분석대상으로 삼고 이것을 통해서 정치현상을 분석하고자 했다.[1] 근대화 이론의 이론적 경향은 기본적으로 경제발전에 따른 사회의 기능적 분화를 중시하고 국가정책을 이

---

[1] 근대화이론의 대표적 문헌에 대해서는 다음을 참조하기 바람. Seymour Martin Lipset, "Some Social Requisites of Democracy: Economic Development and Political Legitimacy," *American Political Science Review,* Vol. 53 (March 1959); James S. Coleman, "Conclusion: The Political Systems of the Developing Areas," in Gabriel A. Almond and James S. Coleman, eds., *The Politics of the Developing Areas* (Princeton: Princeton University Press, 1960); Phillips Cutright, "National Political Development: Measurement and Analysis," *American Sociological Review,* Vol. 28(2) (April 1963); Daniel Lerner, *The Passing of Traditional Society* (New York: Free Press, 1958); Karl W. Deutsch, "Social Mobilization and Political Development," *American Political Science Review,* Vol. LV, No.3 (September 1961).

익집단 상호 간의 경쟁관계의 결과로 보고자 했던 다원주의 이론에 기반을 둔 것이었다.2) 그런데 다원주의 이론 내에서도 이익집단결사의 구조적 한계와 정책 결정에서 국가의 역할을 강조하는 이론들이 대두하였다.3) 더욱이 다원주의 이론의 변형인 조합주의 이론은 국가가 적극적으로 이익표출과정에 개입하고 노동자와 자본가의 이익충돌을 조정하는 능동적 역할을 한다는 점을 지적하였다.4)

그리고 종속이론과 세계체제이론은 근대화이론의 기본적 가정에 대해 반대하고 국제적 노동분업과 세계체제라는 외적 요인에 의해

---

2) 다원주의이론의 대표적 저서들로는 다음을 참조하기 바람. Arthur F. Bentley, *The Process of Government* (Cambridge, Mass.: Belknap Press of Harvard University Press, 1967); David Truman, *The Governmental Process* (New Haven, Conn.: Yale University Press, 1961), *Polyarchy: Participation and Opposition* (New Haven, Conn.: Yale University Press, 1963).

3) 신다원주의의 이론적 경향에 대해서는 다음을 참조하기 바람.
Eric A. Nordlinger, *On the Autonomy of the Democratic State* (Cambridge, Mass.: Harvard University Press, 1981); John Manley, "Neo-Pluralism: A Class Analysis of Pluralism I and Pluralism II," *American Political Science Review,* Vol.77, No.2 (June 1983); Robert A. Dahl, *The Dilemmas of Pluralist Democracy* (New Haven, Conn.: Yale University Press, 1982); Robert A. Dahl and Charles Lindblom, *Politics, Economics, and Welfare* (Chicago: University of Chicago Press, 1976).

4) 조합주의의 이론적 논의에 대해서는 다음을 참조하기 바람. Philippe C. Schmitter, "Still the Century of Corporatism," in Philippe C. Schmitter and Gerhard Lehmbruch, eds., *Trends Toward Corporatist Intermediation* (Beverly Hills, California: Sage, 1979); Suzanne Berger, ed., *Organizing Interests in Western Europe: Pluralism, Corporatism, and Transformation of Politics* (New York: Cambridge University Press, 1981); Howard J. Wiarda, *Corporatism and National Development in Latin America* (Boulder, Colo.: Westiew Press, 1981); Frederick B. Pike and Thomas Stritch, eds., *The New Corporatism* (Notre Dame, Ind.: University of Notre Dame Press, 1974); James A. Malloy, ed., *Authoritarianism and Corporatism in Latin America* (Pittsburgh: Pittsburgh University Press, 1977); Gerhard Lehmbruch and Philippe Schmitter, eds., *Patterns of Corporatist Policy-making* (Beverly Hills, CA.: Sage, 1982).

서 제3세계의 경제발전 노선과 정치체제의 성격이 결정된다고 보았다.[5] 그러나 종속이론도 세계체제의 결정론적인 측면만을 강조하던 초기의 종속이론으로부터 세계국가체제의 성격, 국가자율성, 종속상황에 대한 국가의 적응, 계급갈등 등을 강조하는 방향으로 이론적 전환을 시도하였다.[6]

　한편 정통마르크스이론이 국가를 사회경제영역의 단순한 반영이

---

5) 종속이론과 세계체제이론에 대해서는 다음의 문헌들을 참조하기 바람.
　Andre Gunder Frank, "The Development of Underdevelopment," *Monthly Review,* XVIII (September 1966), *Capitalism and Underdevelopment in Latin America: Historical Studies of Chile and Brazil* (New York: Monthly Review Press, 1967), *Lumpenbourgeoisie: Lumpendevelopment, Dependence, Class, and Politics in Latin America* (N.Y.: Monthly Review Press, 1972); Johan Galtung, "A Structural theory of Imperialism," *Journal of Peace Research,* VIII (2), 1971; Dos Santos, "The Structure of Dependence," *American Economic Review,* No.2 (May 1970); Immanuel Wallerstein, *The Modern World System* (New York: Academic Press, 1974), *The Capitalist World Economy* (Cambridge: Cambridge University Press, 1979), *The Politics of the World Economy* (Cambridge: Cambridge University Press, 1984); Osvaldo Sunkel, "Transnational Capitalism and National Disintegration in Latin America," *Social and Economic Studies,* No.22 (1973); Fernando Henrique Cardoso, "Dependency and Development in Latin America," *New Left Review,* No.74 (1972).
6) 이와 같은 후기 종속이론의 이론적 흐름에 대해서는 다음을 참조하기 바람.
　Fernando H. Cardoso, "Associated-Dependent Development: Theoretical and Practical Implications," in Alfred Stepan, ed., *Authoritarian Brazil: Origins, Policies and Future* (New Haven: Yale University Press, 1977); Fernando H. Cardoso and Enzo Faletto, *Dependency and Development in Latin America* (Berkeley: University of California Press, 1979); Peter Evans, *Dependent Development: Alliance of Multinational, State, and Local Capital in Brazil* (Princeton: Princeton University Press, 1979); G. Modelski, "The Long Cycle of Global Politics and the Nation State," *Comparative Studies in Society and History,* 20(1976); Nora Hamilton, "State Autonomy and Dependent Capitalism in Latin America," *British Journal of Sociology,* Vol.32, No.3 (September 1981).

나 부수적 현상으로 여긴 반면, 네오마르크스주의 이론은 자본주의 생산양식과 자본가계급의 근본이익이 보장되는 범위 내에서 국가정책은 특정지배계급의 통제로부터 어느 정도 자율성을 지닐 수 있다는 점을 인정하였다.[7]

이와 같이 여러 이론적 방향에서 제기되어 온 국가에 대한 관심은 대체로 세 가지 문제영역을 중심으로 진행되었다고 볼 수 있다. 첫째는 서유럽 국가들의 역사적 형성에 대한 비교역사 사회학적 연구들이다.[8] 이 연구들은 국가기구의 제도적 형성과 여기에 작용한 역사적·문화적 요인, 계급상황, 국제적 요인 등과 함께 구체적인 국가정책을 주요 분석대상으로 삼았다.

둘째는 선진자본주의 사회에서 국가의 역할에 대한 이론적 논의들이다. 이런 연구들에는 국가기구의 인적 구성원들의 사회적 기원과 그들의 연관관계를 밝히고자 하는 권력구조적 접근법(power structure approach) 내지는 도구주의 접근법(instrumentalist approach),[9] 자본주

---

7) 네오마르크스주의 국가론에 대해서는 다음을 참조하기 바람.
Nicos Poulantzas, *Political Power and Social Classes* (London: New Left Books, 1973); Ralph Miliband, "Poulantzas and Capitalist State," *New Left Review,* No.82 (Nov. - Dec., 1973); Goran Therborn, *What Does the Ruling Class Do When It Rules?* (London: New Left Books, 1978); Claus Offe, "The Theory of the Capitalist State and the Problem of Policy Formation," in Leon N. Lindberg, et al., eds., *Stress and Contradiction in Modern Capitalism* (Lexington Books, 1975).

8) 서구에서 국가의 역사적 형성에 대해서는 다음의 문헌들을 참조하기 바람.
Gianfranco Poggi, *The Development of the Modern State: A Sociological Introduction* (Stanford University Press, 1978); Douglas C. North and Robert Paul Thomas, *The Rise of the Western World: A New European History* (Cambridge University Press, 1973); Bertrand Badie and Pierre Birnbaum, *The Sociology of the State* (University of Chicago Press, 1983); Perry Anderson, *Lineages of the Absolutist State* (London: NLB, 1974); Charle S. Tilly, ed., *The Formation of National State in Western Europe* (Princeton: Princeton University Press, 1975).

의 생산양식을 유지하고 자본가 계급의 이익을 구조적 차원에서 보장하기 위해서 경제개입을 하는 자본주의 국가의 상대적 자율성을 분석한 구조주의 이론,[10] 그리고 자본주의 국가는 자본의 논리에 의해서 선택적으로 경제에 개입함으로써 자본주의 국가의 구조적 속성을 유지하고자 한다는 국가에 대한 계급선택성이론 등이 있다.[11]

세 번째는 제3세계에서 국가의 형성과 산업화과정에서 국가의 역할에 대한 연구들이다.[12] 이 연구들은 서구유럽과는 다른 세계체제의 조건, 식민지배 유산, 국내계급구조의 미분화 등의 배경에서 전개된 국가의 형성, 국가주도 산업화과정, 국가의 억압적 성격 등에

9) 권력구조적 접근법에 대해서는 다음의 문헌들을 참고하기 바람.
C.W.Mills, *The Powet Elite* (Oxford University Press, 1956); G. William Domhoff, *Who Rules America?* (Englewood Cliff: Prentice Hall, 1967), *Who Rules America Now?* (Englewood Cliff: Prentice Hall, 1983); Ralph Miliband, *The State in Capitalist State* (New York: Basic Books, 1969).

10) 구조주의 마르크스이론으로는 다음의 저작이 대표적임.
Nicos Poulanzas, *Political Power and Social Classes* (NBL/Verso, 1973); Goran Therborn, *What Does the Ruling Class Do When It Rules?* (London: New Left Books, 1978).

11) 국가에 대한 계급선택성이론에 대해서는 다음을 참조하기 바람.
Claus Offe, "The Capitalist State and the Problem of Policy Formation," in Leon Lindberg, ed., *Stress and Contradiction in Contemporary Capitalism* (Lexington Books, 1975), *Contradictions of Welfare State* (London: Hutchinson, 1984), *Disorganized Capitalism* (Oxford: Polity Press, 1985).

12) 제3세계의 국가형성과 국가역할에 대해서는 다음을 참조하기 바람.
Nora Hamilton, "State Autonomy and Dependent Capitalism in Latin America," *The British Journal of Sociology,* Vol.32, No.3 (1981); Hamza Alavi, "The State in Post-Colonial Societies: Pakistan and Bangladesh," *New Left Review*, No.74(1972); Peter Evans, D. Rueschemeyer, and T. Skocpol, eds., *Bringing the State Back In* (Cambridge University Press, 1985); W. Zieman & M. Lanzendorfer, "The State in Peripheral Societies," *Socialist Register*, 1977; David Collier, ed., *The New Authoritarianism in Latin America* (Princeton University Press, 1979); Guillermo O'Donnell, *Modernization and Bureaucratic-Authoritarianism* (Berkeley: University of California, 1979).

초점을 맞추었다.

이 가운데 제3세계의 산업화 과정을 분석하는 데 있어서 산업화의 시기와 그에 따른 국가의 역할은 특히 많은 주목대상이 되었다. 거센크론(Alexander Gerschenkron)이 독일과 러시아 등 2세대 산업국가들의 연구를 통해서 지적한 후발산업국가들의 특징은 후기후발(late, late) 제3세대 개발국가들에게 많은 시사점을 제공한다.

거센크론에 의하면 후발산업국가에서는 ⅰ)산업화를 급속하게 추진하려는 움직임이 있으며, ⅱ)대기업을 중점적으로 육성하고 독점기업현상이 나타나며, ⅲ)국가나 관료기구의 통제하에 있는 투자은행에 의해서 산업화가 추진된다는 것이다.13)

제3세계 후기후발 산업국가는 세계자본주의체제의 제약요인을 극복하고 국내자원을 동원하고 경제계획을 집행하기 위해서 적극적인 역할을 수행한다. 특히 산업화를 주도할 만한 패권적 부르주아(conquering bourgeoisie)가 결여된 상황에서 국가가 산업화정책을 주도적으로 추진하는 핵심세력으로 등장하여 사회전체의 일반이익을 대변하는 것으로 간주된다.

후기후발 산업국가는 대외종속, 국내정치구조, 계급구조, 자원분포상황, 국가와 사회 간 상대적 역학관계, 국가능력(state capacity)등에 따라서 산업화정책을 채택하고 시민사회에 대한 사회적 통제력을 확보·유지하려고 한다.

이렇게 볼 때 제3세계의 산업화과정에서 국가가 주도적인 역할을 하기 위해서는 국가엘리트가 사회·경제세력의 압력으로부터 어느 정도의 자율성을 지니고 있어야 하며 정책집행을 할 수 있는 국가기구, 재정적 자원, 사회·경제세력에 대한 정책적 통제망 등의 요건이 구비되어 있어야 한다.

---

13) Alexander Gerschenkron, *Economic Backwardness in Historical Perspective* (Cambridge: The Belknap Press of Harvard University Press, 1966), p.44.

이 책은 이상과 같은 이론적 논의들을 염두에 두면서 한국의 산업화 과정에서 나타난 국가의 역할변화에 대해서 알아보고자 한다. 한국은 1960년대 이후 급속한 경제성장을 통해서 아시아의 신흥공업국의 하나로 등장하였다. 한국의 경제발전에서 주목되는 현상은 국가가 발전목표를 설정하고 목표를 달성할 수 있는 정치적 지지와 경제적 자원을 동원하였다는 점이다. 한국에서 이와 같은 국가중심적 발전전략이 추진되기 위해서는 국가와 사회와의 관계, 국가의 역할, 국가의 자원동원능력 등에 있어서 구조적 변화가 선행되어야 했다.

1공화국의 자유당정권은 수입허가. 관세, 외환통제, 원조분배 등에서 강한 국가의 요소를 부분적으로 지니고 있었음에도 불구하고 성장지향적이고 개입적인 발전정책을 수행할만한 국가능력을 결여하고 있었다. 1공화국은 경제영역에서 포괄적인 정부역할을 수행하는 측면이 있었으나 기본적으로 국가주도적 산업화정책을 수행할만한 자율성을 결여하고 있었다.

이승만정권은 경제발전을 국가목표로 설정하기보다는 정치기반을 확립하는 데에 많은 노력을 기울였다. 이승만정권은 경찰, 군부, 청년집단들의 정치적 지지에 의존하고 취약한 정치기반을 보강하기 위해서 노력했다. 한국전쟁 후 경제복구단계에서 국가는 정치자금 동원과 산업발전을 위해서 기업가계층에게 의존하게 됨에 따라서 수입대체산업의 한계를 극복할 수 있는 경제발전계획을 수립할 수 없었다.[14]

5 · 16군사쿠데타 이후 성립된 3공화국은 국가엘리트의 자율성을 바탕으로 국가기구의 강화와 사회 · 경제세력관계의 재편을 실시함

---

14) Dennis L. McNamara, "Soft State Interlude in South Korea, 1948 - 1960," Prepared for the 1987 Annual Meeting of the International Studies Association, Washington D.C., April 15 - 18, 1987, pp.1 - 2, and p.10.

으로써 국가중심의 경제발전계획을 추진할 수 있는 구조적 기반을 마련하였다. 한국의 산업화과정에서 주목되는 것은 이와 같은 국가구조의 전환을 통해서 국가중심의 경제발전이 추진되었다는 점이다.

한국에서 강한 국가가 형성되었던 원인을 설명하는 데에는 몇 가지 견해가 있다. 첫째는 권위주의적이고 위계적인 정치문화의 전통을 강조하는 견해이다. 조선시대의 위계적인 유교문화의 전통과 일제 식민통치는 권위주의적 정치문화를 낳았고 이것은 국가권력의 중앙집권화를 가능하게 했다는 것이다.15)

둘째, 한국의 사회계급의 유동성과 다원적 결사구조의 결여가 강한 국가형성의 원인이 되었다는 설명이 있다. 헨더슨(Gregory Henderson)은 한국사회를 "마을과 중앙정부 사이에 강한 정치제도와 자발적 결사체가 결성되어 있지 않으며…… 원자화된 정치단위들이 직접 국가권력과의 관계를 통해서 연결되어 있으며, 그들 사이에 매개역할을 할 수 있는 집단이 취약하고 사회적 관계에서 무정형(amorphoushness)과 상호고립을 특징으로 하는 대중 사회"16)라고 규정하였다. 이와 같은 대중사회적 상황에서 수평적 구조는 극히 취약하고 중앙정치권력이 사회의 모든 요소들을 수직적으로 흡수하는 와류(vortex)현상이 존재한다는 것이다.

셋째, 중앙집권화와 권력집중주의의 전통이 강한 국가 형성의 기반이 되었다는 주장이 있다. 한국의 정치적 집중주의의 전통은 중앙집권적인 조선시대의 정치전통과 일제 식민지배의 전통에서 기원한다. 조선시대의 정치구조는 유교적 중앙집권주의에 입각해서 관료기구의 발달에 의한 통치구조 확립과 국민들의 정치참여 배제를 추구했다.

---

15) Gregory Henderson, *Korea: The Politics of the Vortex* (Cambridge, Mass.: Harvard University Press, 1968), pp.193－194.; 한 배호, 한국의 정치 (서울: 박영사, 1984), pp.47－70.

16) Gregory Henderson, *Korea: The Politics of the Vortex*, p.4.

일제의 식민통치는 지방단위의 정치적 자율성까지 침해하고 중앙통치기구의 강화에 의해서 중앙집권적 통치구조를 확립시켰다.

넷째, 권력의 중앙집권화 현상과 관련된 것으로 정당이나 이익집단과 같은 정치적 조직이 발달되지 않은 데 비해서 관료와 군부 같은 국가기구들이 과도하게 발달했다는 지적이 있다.[17] 특히 2차대전 후 동북아시아에서 공산주의에 대한 방어막으로 건설된 강제적 국가기구가 시민사회에 비해서 과대성장하고 이것이 강한 국가 형성의 기원이 되었다는 견해가 있다.[18]

이상과 같은 정치문화적 요인이나 사회집단의 미분화, 중앙집권화된 정치권력의 전통, 정치조직의 미발달 등의 요인은 한국의 국가형성에 있어서 배경요인 내지는 허용요인(permissible factor)으로 작용했다고 볼 수 있다. 그러나 이와 같은 설명요인들은 지나치게 일반적이고 정태적이며 한국에서 국가형성의 역사적 환경이나 사회·경제적 위기상황에 대한 국가의 대응과정을 동태적으로 밝히지 못한다. 그리고 이와 같은 강한 국가의 전통이 어떻게 국가주도의 경제성장으로 연결될 수 있었는가, 바꾸어 말하면 국가 중심적 경제발전정책이 어떻게 1960년 이후의 시점에서 추진될 수 있었는가 하는 점을 설명하지 못한다.

국가형성은 점진적이고 누적적인 형태로 진전되거나 구조적 요인들이 지속적으로 작용한 결과라고 하기 어렵다. 오히려 국가형성은 특정한 역사적 시점을 계기로 새로운 정치엘리트의 등장, 사회·경제구조의 재편, 국가역할의 재조정 등이 복합적으로 결합되어 단절적 형태로 전개된 결과라고 할 수 있다. 그런데 이와 같은 단절적

---

17) 한 승조, 한국민주주의와 정치발전 (서울: 법문사, 1975), pp.195－282.

18) Hyug Baeg Im, "The Rise of Bureaucratic Authoritarianism in South Korea," *World Politics,* Vol.39, No.2 (January 1987), p.249.; 최장집, "과대성장국가의 형성과 정치균열의 구조," 한국사회연구, 제3집(1985).

이고 계기적 변화를 발생하게 하는 원인이 무엇인가, 그리고 그 결과 달라진 국가역할의 내용을 구성하는 요인은 무엇인가 하는 것이 관심대상이다. 한국의 국가형성과 산업화과정에서 국가의 역할을 분석하기 위해서는 이와 같은 역사적 결정 국면에서 국가와 사회구조의 변화양상을 살펴보는 것이 필요하다.

한국의 산업화과정에서 국가역할을 분석하기 위해서는 국가형성의 역사적 계기와 함께 국가의 자원동원능력, 국가의 자율성 등이 5·16을 기점으로 변화했다는 사실을 주목하는 것이 중요하다. 한국에서 국가는 강한 국가의 역사적 유산을 지니고 있었지만 국가주도 산업화정책이 추구되기 위해서는 국가 성격의 구조적 변화가 선행되어야 했다.

이런 점을 염두에 두고 다음에서 한국의 산업화과정에서 국가의 역할을 분석하고자 한다. 여기에서 핵심적인 문제는 국가 자율성을 구성하는 변수가 무엇인가 하는 것이다. 구체적인 문제영역을 살펴보면 다음과 같다.

(1) 국가와 자본가, 정치세력 간의 상호관계에서 국가엘리트의 자율성을 가능하게 하는 요인은 무엇인가?
(2) 국가엘리트의 정책적 자율성과 국가능력(state capacity)의 팽창과는 어떤 관계가 있는가?
(3) 국가자율성을 촉진시키는 매개변수로서 국가의 정책망(policy network)은 어떤 역할을 하는가?
(4) 경제적 자원은 국가 자율성 확대에 어떤 제약요인과 촉진요인을 제공하는가?

이와 같은 문제를 설명하기 위해서 이 책은 다음과 같이 구성되어 있다.

2장에서는 국가의 개념정의와 국가정책의 자율성을 제약하는 국내정치·경제세력과의 관계에 대해서 이론적 검토를 하고자 한다. 그리고 독자적 국가목표를 지닌 국가가 국내외적 제약요인을 지닌 가운데 목표달성을 위해서 자율성을 확보하는 문제에 대한 이론적 검토를 하고자 한다. 특히, 국가자율성을 구성하는 네 가지 변수로서 국가엘리트의 격리성, 국가능력의 팽창, 국가의 정책망, 국가가 동원할 수 있는 경제적 자원 등에 대해서 이론적 개념화를 시도하고 이와 같은 변수들과 국가자율성과의 관계에 대해서 잠정적인 작업가설을 설정하고자 한다.

3장에서는 1948년부터 1950년까지 1공화국의 보수적 권위주의체제가 대내외적 위기상황 속에서 국가건설을 시도하는 과정과 농지개혁정책을 살펴보고자 한다.

4장에서는 정치적 강제기구의 건설과 경제적 규제조치를 실시했음에도 불구하고 수입대체산업정책을 추구하면서 국가자율성이 제한되었던 1공화국의 국가성격을 살펴보고자 한다.

5장에서는 국가엘리트의 개편과 국가능력의 팽창에 의해서 수출주도산업화정책을 추구한 3공화국의 산업화정책을 분석하고자 한다.

6장에서는 유신체제의 등장에 의해서 중화학공업이 추진된 배경과 그 과정에서 국가의 역할과 한계를 검토하고자 한다.

결론에서는 국가자율성을 구성하는 네 가지 변수를 중심으로 한국의 산업화과정에서 나타난 분석결과를 종합하고 국가자율성에 대한 작업가설의 명제들을 정리하고자 한다.

Ⅱ. 이론적 배경과 연구방법론

1. 국가의 개념정의

국가에 대한 여러 가지 정의 가운데 마르크스와 베버의 정의가 대표적이다. 마르크스는 "국가는 지배계급의 이익에 봉사하는 위원회"라고 정의했다.[1] 마르크스는 생산력과 생산관계로 이루어지는 경제적 하부구조의 역학관계에 의해서 사회구성체를 파악하고자 했으며, 상부구조의 일부분으로 간주되는 국가의 성격이나 역할에 대해서는 관심을 기울이지 않았다. 베버는 국가의 제도적 성격과 독자적 역할에 대해서 보다 많은 관심을 기울였다. 베버는 국가를 "주권적인 독립 아래 일정한 영토와 국민을 통제하는 행정적·법적·강제적인 조직체"[2] 라고 정의함으로써 국가권력의 법적·제도적 성격, 국가권력의 행사대상, 사회경제구조로부터 독립된 자율적 실체로서의 국가의 성격 등을 강조했다.

---

1) Karl Marx and F. Engels, *Communist Manifesto* (N.Y.: Appleton‒Century‒Crofts, Inc., 1955), pp.11‒12.
2) Max Weber, *Economy & Society* (Berkeley: University of California Press, 1978), 9장‒11장 참조.

여기서는 국가를 자율적 조직체로 보고 그 독자적 역할에 초점을 맞춘 베버의 개념을 바탕으로 국가를 "일정한 영토와 국민에 대한 통제력을 행사하며 국가목표를 추구하는 집합적 조직체"라고 정의하고자 한다.

1) 국가의 국내외적 환경

국가는 국가 자체의 존속과 통제력의 확보를 위해서 국내적 차원과 국제적 차원에서 다른 정치·사회세력들과 경쟁상태에 놓여있다. 스카치폴(Theda Skocpol)은 국가의 이와 같은 이원적 성격을 다음과 같이 표현했다.

> "국가는 본질적으로 계급으로 분화된 사회·경제적 구조와 국제적 국가체계라는 두 가지 차원에서 이원적인 관계를 맺고 있는 야누스적 존재다"[3]

첫째, 국내적 차원에서 볼 때 국가와 사회는 이분법적으로 분화된 구조라기보다는 국가와 사회를 포함하여 사회 전체가 하나의 사회조직체의 혼합(mélange of social organizations)을 이루고 있다.[4] 국가와 사회의 관계는 다른 한 측에 대한 어느 한 측의 일방적 지배가 아니라 사회적 통제력을 확보하기 위해서 여러 조직들이 경쟁하는 형태를 이루고 있다.

국가는 국내적으로 친족집단, 종교집단, 기업가, 정당, 다국적 기

---

3) Theda Skocpol, *States and Social Revolutions* (New York: Cambridge University Press, 1979), p.32

4) Joel S. Migdal, "A Model of State‒Society Relation," in Howard J. Wiarda, ed., *New Directions in Comparative Politics* (Boulder and London: Westview Press, 1985), P.47.

업 등과 사회적 통제력을 확보하기 위해서 경쟁하며 자신의 규범과 규칙들을 다른 사회조직들에게 준수하도록 강요한다. 이런 맥락에서 국가는 여러 사회 조직들이 갈등적 경쟁관계를 이루고 있는 사회적 환경에서 하나의 경쟁세력으로 존재한다.

둘째, 세계적인 차원에서 볼 때 국가는 생존력 유지와 보다 우월한 지위의 획득을 위해서 다른 국가들과 경쟁상태에 있는 하나의 정치단위다. 국내적 차원에서 국가의 사회적 통제력은 세계적인 차원에서 국가의 생존력과 밀접히 관련되어 있다. 국내적 차원에서 다른 사회조직에 대해서 확고한 사회적 통제력을 확보하고 국내적 자원을 동원할 수 있는 국가일수록 국제적 차원에서 다른 국가와의 경쟁에서 우월한 위치를 차지할 가능성이 증가한다.[5]

2) 사회적 통제력의 행사

국가는 지배와 통제의 메커니즘(mechanism of domination and control)을 지니고 있다. 국가의 법과 관료적 절차들은 시민사회의 영향을 반영한다. 동시에 국가는 법과 관료적 절차에 의해서 시민사회가 국가에 대해서 행사할 수 있는 요구의 내용과 범위들 규징하기도 한다.[6]

이런 관점에서 보면 ⅰ)국가가 시민사회의 자율적인 이익표출을 어느 정도 허용하는가, ⅱ)국가가 강제적이고 행정적이며 법적 권력에 의해서 특정계급의 이익에 봉사하는 계급적 도구인가, ⅲ)국가가 정책결정에서 시민사회로부터 어느 정도 자율성을 확보할 수 있는가 하는 점들이 중요한 분석 대상이다.[7]

---

5) *Ibid.*, p.48.

6) J.P. Nettl, "The State as a Conceptual Variable," *World Politics*, Vol. 20, No.4 (July 1968), pp.562 - 566.

국가엘리트는 사회·경제적 지배세력으로부터 독자성을 확보하고 국가기구의 제도적 건설과 국가의 재정적 기반을 마련함으로써 국가성(stateness)[8]을 획득하고 사회 전체에 대해 통제와 지배양식을 확립하고자 한다. 국가의 핵심부분을 장악하고 있는 전략적 국가엘리트(strategic state elite)들이 국가와 시민사회 간의 새로운 관계를 유형화하려고 할 때 적어도 다음과 같은 세 가지 유형의 국가와 시민사회 간의 관계를 가정할 수 있다. 첫째는 국가엘리트들이 새로운 국가구조를 형성하고 시민사회가 이것의 헤게모니를 인정하는 경우다. 둘째는 새로운 국가구조에 대한 시민사회의 저항이 거세어서 국가가 강력한 강제력을 행사함으로써 시민사회가 새로운 국가와 시민사회의 관계를 받아들이는 경우다. 셋째는 시민사회의 저항으로 국가가 통치구조 확립에 완전히 실패하는 경우다.[9]

3) 국가 목표

국가기구는 특정계급이나 사회집단의 직접적 이익보다는 장기적이고 전반적인 관점에서 국가이익을 설정하고 이것을 추구한다. 마르크스주의 시각이나 다원주의 시각은 국가기구의 정책적 자율성과 합리성을 인정하지 않고 국가이익은 단지 국가관료들이 국가정책을 합리화하는 것에 불과하다고 비판한다.

그러나 국가가 절대적인 수준에서 정책결정의 자율성을 향유할

---

7) Alfred Setpan. *The State and Society: Peru in Comparative Perspective* (Princeton, N.J.: Princeton University Press, 1978), *Preface* XII- XIII.

8) 네틀은 국가가 사회전반에 대해서 통치규범을 확산시키고 사회적 통제력을 확보할 때 국가성(stateness)이 달성되는 것으로 보았다. J.P. Nettl, "The State as a Conceptual Variable," pp.562-566.

9) Alfred Stepan, *The State and Society, preface* XIII- XIV.

수는 없지만 사회세력의 영향으로부터 독자적인 정책결정의 영역을 지니고 있다는 것을 인정하지 않을 수 없다. 그렇더라도 국가행동의 합리성에는 일정한 한계가 있다. 우선 사회집단의 요구나 국가 엘리트의 의도와는 달리 국가정책이 특정집단에게 이익을 제공하고 다른 집단에게는 불이익을 초래할 수 있다. 뿐만 아니라 국가는 국가의 권위, 국가기구, 사회에 대한 통제력을 유지하려는 목적을 지니고 있기 때문에 국가정책이 의도하지 않게 특정집단의 이익을 옹호하는 경우가 있다.

이와 같은 여러 가지 이론적 쟁점에도 불구하고 한 가지 중요한 점은 국가가 사회집단의 요구로부터 어느 정도 독립적인 정책결정의 합리성을 향유한다는 것이다. 여기에서 특히 분석의 초점이 되는 것은 국가가 언제, 왜, 그리고 어떻게 국가자율성을 유지하기 위해서 특정한 정책을 수립하는가 하는 점이다.[10]

4) 집합적 조직체

정부(government), 정권(regime), 국가(state)의 개념을 구분할 필요가 있다. 정부는 주요 행정직책을 담당하고 정책결성권한을 지니고 있는 사람들의 집합을 의미한다. 정권은 "입법부, 행정부, 사법부 등 정치제도 간의 관계를 규정하고 통치자와 시민 간의 정치적 연결유형, 정부구성의 방법, 이익대표체계의 양식, 통치 형태 등에 대한 공식적 규칙"[11]을 의미한다. 정권의 형태에는 권위주의 정권, 파시

---

10) Theda Skocpol, "Bringing the State Back In: Strategies of Analysis in Current Research," in Peter B. Evans, Dietrich Rueschemeyer, and Theda Skocpol, eds., *Bring the State Back In*, p.15.

11) Fernando Henrique Cardoso, "On the Characterization of Authoritarian Regimes in Latin America," in David Collier, ed., *The New Authoritarianism*

스트 정권, 조합주의 정권, 민주정권, 전체주의 정권 등이 있다.

국가는 정부보다 광범위한 개념으로서 "정치체계 내에서 시민사회와 공적 권위와의 관계를 구조적으로 연결시킬 뿐만 아니라 시민사회의 여러 관계를 결정지으려고 하는 행정적이고 법적이며 관료적이고 강제적인 체계"[12)이다.

마르크스주의자들이 국가를 사회계급 내지는 생산양식과의 관계에서 파악하는 입장을 취하는 반면, 베버의 지적 전통을 따르는 학자들은 국가를 '관료기구와 제도화된 법적 질서'의 총체로 인식한다.

국가는 단일적인 존재라기보다는 입법부, 행정부, 사법부, 강제기구 등과 같은 여러 부분의 구조적 결합으로 이루어져 있다. 국가에서 핵심적인 국가기구를 장악하고 있는 전략적 국가엘리트들이 국가의 중요 부문을 사실상 통제하고 있으며 통제의 유형이나 정도는 국가에 따라서 다르다. 전략적 국가엘리트들의 응집력의 정도에 따라서 조직체의 총체로서의 국가기구 전체의 통합력과 사회부문에 대한 통제력이 달라진다.[13)

2. 국가정책에 대한 접근시각

국내적 차원에서 볼 때 국가는 사회적 통제력을 확보하기 위해서 여러 정치경제세력들과 경쟁상태에 있는 자율적인 제도적 집합체이다. 정치경제세력에 대한 국가정책의 자율성에 대해서 다원주의 이론, 마르크스이론, 국가중심 이론의 설명이 있다. 다음에서 국가와 사회와의 관계, 국가정책, 국가엘리트의 자율성에 대해서 이상의 세

in Latin America (N.J.: Princeton University Press, 1979), p.38.

12) Alfred Stepan, *The State and Society, preface* XII.

13) *Ibid., preface* XIII.

가지 이론적 접근의 기본전제들을 비교 검토하고자 한다.

1) 다원주의 이론과 국가정책

다원주의이론은 국가를 법적·제도적인 틀에서 인식하고 국가정책은 사회집단들의 이익관계의 반영인 것으로 간주한다. 정부는 사회·경제적 이익집단들이 상호경쟁을 통해서 공공정책의 결정에 영향을 미치려고 하는 경쟁의 장이며, 국가 정책은 서로 경쟁적인 집단들에게 사회적 자원을 배분하는 것으로 여겨진다. 따라서 정부조직이나 정부활동의 독자적 성격에 대해서보다는 사회집단들의 이익표출현상에 분석의 초점이 맞춰지고 독립적 행위자로서의 국가 역할은 중시되지 않는다.

다원주의 시각에 의하면 국가 정책은 사회내의 여러 정치적 이익집단들의 역학관계에 의해서 결정되는 것으로 가정된다. 다주주의이론이 기본적으로 사회세력들의 이익경쟁관계라는 관점에서 국가정책을 인식한다는 점에서는 마르크스주의와 유사한 이론적 전제에 입각해 있다. 그러나 마르크스이론은 기본적으로 자본가계급의 계급적 이익이 국가정책에 반영된다고 간주하는 반면, 다원주의 이론은 다양한 사회적 이익관계에 의해서 결성된 다원적인 이익집단들의 이익이 정책결정과정에 반영된다고 가정한다.

다원주의 시각에서 볼 때 공공이익(pubic interest)은 사회 내의 각이익의 총합에 불과하며 사회적 이익집단들의 총합과 구분되는 독자적인 공공이익은 존재하지 않는다. 다원주의 시각은 국가가 자체의 권력요구와 사회전체의 이익을 지향하는 목적을 지니고 있는 자율적인 행위체라는 개념을 인정하지 않는다. 정부제도들은 단지 이익투입과 산출과정을 조정하는 기능을 할 뿐이라고 파악된다. 국가

는 일련의 정부조직의 총합으로 여겨지며 국가기구가 전체적으로 단일한 분석단위로 취급되지도 않는다.14)

다원주의 시각에서 볼 때 정부제도들은 여러 이익집단 중의 하나에 불과하며 정부의 공공정책은 이익집단의 사적 이익에 의해서 손상되는 경우가 있다고 간주된다. 다원주의 관점에 의하면 국가의 역할은 모든 집단들이 동등하게 경쟁할 수 있는 경쟁의 기본규칙을 유지하는 정도에 한정된다. 국가는 각 개인과 집단이 자신의 이익과 욕구를 자유롭게 표현할 수 있는 기본환경을 제공한다고 여겨진다.

이상을 요약하면, 첫째, 다원주의 시각은 국가가 사회 내의 다른 제도와 질적으로 구분되는 특정한 정치적 동기와 자원을 지니고 있는 자율적 행위자라는 사실을 인정하지 않는다. 둘째, 다원주의 시각은 국가가 사회구성원들의 이익과 구분되는 국가이익을 지니고 있다는 점을 인식하지 못한다. 셋째, 국가의 역할을 인정한다고 해도 이것은 어디까지나 사회구성원들이 각자의 이익을 자유롭게 표현할 수 있는 기본질서를 조성하기 위한 것으로만 이해되며, 국가가 정치적 자원 확보와 사회전체의 이익 증진을 위해서 노력한다는 사실은 인정되지 않는다.15)

이와 같은 다원주의이론의 대표적 이론가라고 할 수 있는 달 (Robert A. Dahl)은 국가를 특정역할을 담당하고 있는 개인들의 집합으로 여기고 국가를 행정기구나 법적 질서로 보지는 않았다. 이런 맥락에서 개인들의 정치적 행위에 영향을 미치는 정치제도의 역할이나 기능에 대해서는 주의를 기울이지 않았다. 다양한 사회집단과 정치지도자들이 서로 다른 정치적 이익과 목적달성을 위해서 사용 가능한 정치적 자원을 지니고 있다고 가정되었고 공공정책은 이

---

14) Stephen D. Krasner, *Defending the National Interest: Raw Materials, Investment and U.S. Foreign Policy* (N. J.: Princeton University Press, 1978), p.28.

15) *Ibid.*, pp.28 – 30.

와 같은 다양한 이해관계와 정치적 자원 간의 상호작용의 결과라고 간주되었다. 국가기구와 제도가 정책결정에 독자적으로 영향을 미칠 수 있는 가능성은 상정되지 않았다.[16]

관료정치모델(bureaucratic politics model)[17]은 다원주의 관점에 입각해 있지만 정치적 이익집단 대신 관료기구의 이익표출 과정을 주된 분석 대상으로 삼았다. 관료정치모델에 의하면 정부의 정책은 각자 고유한 이익을 지닌 정부 부처의 정책대립과 타협의 산물로 간주된다. 대통령이 최종적인 정책결정자이지만 대통령의 독자적 역할이 강조되기보다는 대통령의 결정은 각 부처의 의견반영에 대한 수동적인 대응으로 간주된다.[18]

노드링거 (Eric A. Nordlinger)는 산업화된 민주사회에서 국가가 사회세력의 요구에 직면해서 국가의 정책우선순위를 집행하는 문제를 중심으로 국가자율성을 설명하고자 했다. 노드링거는 국가의 정책우선순위와 사회세력의 이해가 완전히 일치하는 경우, 양자의 이해가 대립하는 경우, 그 중간단계의 세 가지 유형을 분류하고 각 유형에서 국가가 정책집행을 위해서 동원하는 정치적 방법에 대해서 초점을 맞추었다.

첫 번째, 국가와 사회세력의 이해관계가 일치할 경우 국가는 정보를 조작하고 진행 중인 정책의 성공을 과장하고 일반적으로 공유되고 있는 상징과 전문지식을 동원하고 잠재적 반대세력을 약화시킴으로써 국가와 사회세력과의 이해관계를 더욱 일치시킨다는 것이다.[19]

---

16) Stephen D. Krasner, "Approaches to the State: Alternative Conceptions and Historical Dynamics," *Comprative Politics*, (January 1984). pp.227 – 228.

17) 관료정치모델의 대표적인 문헌으로 다음을 들 수 있음. Graham Allison, *Essence of Decision: Explaining the Cuban Missle Crisis* (Boston :Little, Brown,1971); Morton H. Halperin, *Bureaucratic Politics and Foreign Policy* (Washington D. C.: The Brookings Institution, 1974).

18) Morton H. Halperin, *Bureaucratic Politics and Foreign Policy*, pp.26 – 83.

두 번째, 국가와 사회세력의 정책우선순위가 부분적으로 충돌할 경우 국가는 적대적인 사회세력의 견해를 변경시키고 반대세력이 이용할 수 있는 정치적 자원을 제한하고 정치적 무관심층의 지지를 획득하고 동조세력의 정치적 자원을 증대시키는 방법을 구사함으로써 사회세력의 정책선호도를 국가의 정책우선순위와 일치시킨다는 것이다.20)

세 번째, 국가와 사회세력의 정책우선순위가 현저하게 다를 때 국가는 정치적 자원을 투자하거나 특정한 정책집행을 중지한다고 위협하거나 정책결정과정을 공개하지 않음으로써 반대세력의 저항에도 불구하고 국가정책을 집행한다는 것이다.21)

노드링거는 국가가 이용할 수 있는 정치적 자원과 전략에 대해서 자세하게 언급하였다. 그러나 국가기구의 제도적 틀이 정치적 자원 동원에서 제약요인으로 작용할 수 있다는 점은 고려되고 않았다. 노드링거는 전통적 다원주의 이론가들에 비해서 국가의 독자적 정책결정능력을 강조하였으나 기본적으로 정치를 다원적 세력 간의 경쟁과정으로 보는 다원주의 관점에서 크게 벗어나지 않았다. 노드링거는 국가를 공직을 점유하고 있는 개인들의 집합으로 여기고 국가자율성을 결정하는 국가구조의 성격에 대해서는 관심을 기울이지 않았다. 국가기구의 특성이나 이용 가능한 정치자원의 희소성이 정치행위자들의 행동을 제약한다는 점도 인정되지 않았다. 노드링거는 국가와 사회의 관계에 있어서 국가가 정책우선순위를 관철시키는 방법에 대해서 많은 관심을 기울였으나 기본적인 가정은 전통적 다원주의의 가정과 그다지 다르지 않다.22)

---

19) Eric A. Nordlinger, *On the Autonomy of the Democratic State* (Cambridge, Mass.: Harvard University Press, 1981), pp.74-98.

20) *Ibid.*, pp. 99-117.

21) *Ibid.*, pp. 118-143.

2) 마르크스이론과 국가정책

마르크스에 의하면 국가는 "전체 자본가 계급의 공동이익을 관리하는 위원회"[23]에 불과하며, 정치권력도 지배계급이 피지배계급을 억압하기 위해 조직화한 권력이라고 정의된다. 따라서 국가와 국가권력은 경제적 하부구조에 의해서 결정되는 상부구조에 불과하며 국가는 지배계급의 계급적 이해관계로부터 자유로울 수 없는 것으로 간주되었다.

그러나 마르크스는 프랑스혁명을 분석한 정치저작들[24]에서 단일 지배계급이 헤게모니를 장악하지 못한 상황(non-hegemonic situation)에서 강제적 국가기구를 완비한 국가가 계급이해로부터 자율성을 획득하고 시민사회 전반에 대해서 정치적 통제력을 행사할 수 있다는 것을 지적함으로써 국가자율성이 계급상황과 관련하여 다양한 형태로 존재할 수 있다는 것을 인정하였다.

한편 선진자본주의국가에서 노동자와 자본가간 대립이 격화되는 가운데 국가가 계급갈등을 완화시키고 자본축적을 도모하는 국가의 경제개입현상이 증가하게 됨에 따라 선진자본주의 사회에서 국가의 역할을 재해석해야 될 필요성이 대두하였다. 네오마르크스주의자들은 마르크스의 사회구성체이론에 입각하여 자본주의사회에서 국가 개입의 성격과 구조적 한계를 밝히려고 했다.

네오마르크스주의자들은 봉건주의에서 자본주의로의 이행기에서

---

22) Stephen D. Krasner, "Approaches to the State: Alternative Conceptions and Historical Dynamics," pp.230－232.

23) Karl Marx and F. Engels, *The Communist Manifesto*, pp.11－12.

24) Karl Marx, *The 18th Brumaire of Louis Bonaparte* (New York: International Publishers Co., Inc., 1963), *Civil War in France* (N. Y.: International Publisher Co., Ltd., 1968), *The Class Struggle in France, 1848~1850* (N. Y.: International Publishers Co., Ltd., 1980).

국가의 역할, 제3세계의 종속적 발전 등에 대해서 관심을 가졌다. 이들은 국가를 ⅰ)지배계급의 도구, ⅱ)생산관계나 자본축적 과정의 객관적 보증인, ⅲ)계급투쟁의 장 등으로 가정하였다.25) 이들은 기본적으로 국가를 사회·경제적 조건에 의해서 규정되는 상부구조의 일부로 여긴다. 국가의 형태는 지배계급의 통제력이나 계급투쟁의 유형에 의해서 결정되며 국가는 그 사회의 생산양식을 유지하고 확대하는 기능을 수행한다는 것이다. 이들의 이론적 관점에 의하면 특정한 생산양식의 발전단계나 세계자본주의체제에서의 위치 등과 같은 구조적인 요인에 의해서 국가의 구조와 역할이 규정된다. 그러나 이 같은 이론적 전제에 입각할 경우, 국가에 따라 그리고 역사적 상황에 따라 다양한 국가기구의 기능과 국가정책의 자율성은 분석될 수 없다.

네오마르크스주의 이론 중에서도 도구적 마르크스이론과 구조주의적 마르크스이론은 마르크스이론의 관점에 입각해서 국가의 계급성을 인정한다는 공통점을 지니고 있지만 문제제기와 방법론에서 차이를 보인다.

도구적 마르크스이론은 국가행위는 사회계급의 직접적인 이익의 산물이라고 간주한다. 가장 단순한 형태의 국가도구주의는 자본가계급과 국가관료의 인적 구성이 중복된다는 점을 강조한다. 보다 세련된 국가도구주의자인 밀리반드(Ralph Miliband)는 자본가계급과 국가관료의 인적 유대관계의 중복현상을 분석하였다. 밀리반드에 의하면 국가관료들은 주로 중상층계급에서 충원되며 공공정책의 수행과정에서 주도적인 자본가계급과 긴밀하게 협조하며, 언론매체나 교회 등과 같은 문화적 제도들도 지배적인 보수이데올로기를 강화시킴으로써 자본주의 국가는 사실상 단일 지배계급의 이익에 봉사

---

25) Theda Skocpol, "Bringing the State Back In: Strategies of Analysis in Current Research," P.5

한다는 것이다.26) 도구주의적 마르크스이론은 자본주의사회에서 단일지배계급이 경제력, 국가권력, 이데올로기적 상징기구까지 독점한다고 가정함으로써 국가엘리트의 정책적 자율성을 인정할만한 여지를 남겨놓지 않았다.

구조주의적 마르크스 이론가인 풀란짜스(Nicos Poulantzas)는 국가는 자본주의체계 내에서 상대적으로 독자적인 역할을 하며, 때때로 부르주아계급의 이익을 손상시키면서도 자본주의 생산양식을 유지시키는 체제유지 기능을 수행한다고 주장했다. 풀란짜스에 의하면 국가는 사회구성체의 통합성을 유지하기 위한 응집인자(state as the cohesive factor of a formation's unity)이며 동시에 사회구성체의 정치, 경제, 이데올로기 등의 각 층위의 일탈된 모순들의 응축(condensation of contradictions of the instances dislocated in the formation)이라는 것이다.27) 그리고 국가는 자본가계급의 직접적 계급이해로부터는 구조적으로 자율성을 향유하지만 그것은 어디까지나 자본주의적 생산양식의 유지라는 차원에서만 가능하기 때문에 국가는 상대적 자율성을 지닐 뿐이라는 것이다. 특히 지배계급의 정치적 응집력이 약화되거나 정치적 위기상황에 직면했을 때 국가의 상대적 자율성이 높아지는 것으로 인식되었다.

자본주의사회에서 국가의 경제개입이 자본주의 경제체제의 재생산을 원활하게 하기 위한 것이며, 지배연합세력의 변화에도 불구하고 자본주의적 생산양식에는 변함이 없다는 것을 인정하더라도, 국가발전정책과 국가의 능력, 국가구조 등에 의해서 국가와 사회와의 관계가 다양하게 변화할수 있다는 점을 주목해야 한다. 구조주의 마

---

26) Ralph Miliband, *The State in Capitalist Society* (New York: Basic Books, Inc., Publishers, 1969).

27) Nicos Poulantzas, *Political Power and Social Classes* (London: Verso, 1978), pp.44 - 45.

르크스이론은 이론적 추상성의 수준[28])에서 국가의 상대적 자율성을 개념화하는 데 많은 시사점을 제공하였다. 그러나 국가정책의 결정과 집행과정에서 발생하는 경험적 사실들을 분석하려고 할 때 구조주의 마르크스이론은 분석적 개념으로서 크게 도움이 되지 못하는 한계를 지니고 있다.

3) 국가중심 이론과 국가정책

국가중심 이론은 국가를 자체의 존립 목적과 목적달성을 위한 수단과 절차를 지닌 독립적이고 자율적인 실체로 인식하고 국가형성의 역사적 조건과 위기상황에서 국가구조와 사회세력과의 관계, 국가능력의 팽창, 국가의 행정적·경제적 자원 등의 문제를 주요 관심대상으로 삼는다.[29])

국가중심 이론에 의하면 국가의 목표는 사회세력들의 이익을 단

---

28) 밀리반드는 폴란짜스의 이론을 구조주의적 추상주의 (structuralist abstractionism)라고 비판하였다. 여기에 대해서는 다음을 참조하기 바람. Ralph Miliband, "Poulantzas and the Capitalist State, *New Left Review*", No.82 (Nov./Dec. 1973), pp.83 – 92.

29) 국가중심 이론의 대표적인 문헌에 대해서는 다음을 참조하기 바람. Theda Skocpol, *States and Social Revolutions* (New York: Cambridge University Press, 1979); Alfred Stepan, *The State and Society: Peru in Comparative Perspective* (Princeton: Princeton University Press, 1978); Stephen D. Krasner, *Defending the National Interest: Raw Materials, Investment and U.S. foreign Policy* (Princeton: Princeton University Press, 1978); Peter Katzenstein, ed., *Between Power and Plenty* (Madison: University of Wisconsin Press, 1977); Ellen Kay Trimberger, *Revolution from Above: Military Bureaucrats and Development in Japan, Turkey, Egypt, and Peru* (New Brunswick, Transaction Books, 1978); Stephen Skowronek, *Building a New American State: The Expansion of National Administrative Capacities* (New York, Cambridge: Cambridge University Press, 1982).

순히 반영하는 것은 아니며 국가이익을 지속적으로 추구하는 것이다. 이런 점에서 국가중심 이론은 국가목표를 사회세력의 반영으로 보는 다원주의 접근법이나 국가목표를 부르주아계급의 이익반영이나 자본주의 생산양식의 유지라는 맥락에서 파악하고자 하는 마르크스이론과는 구분된다. 국가중심 접근법에 의하면 국가는 사회세력의 이익과는 구분되는 국가이익을 지니고 있으며 사회세력들과의 경쟁을 통해서 국가의 통제력을 확보하고자 하는 자율적 행위자(autonomous actor)이다.

국가중심 접근법은 다음과 같은 몇 가지 점에서 다원주의이론과 차이점을 보인다.

첫째, 다원주의이론은 가치의 권위적 배분(authoritative allocation of values) 문제[30]를 강조하지만 국가중심 접근법은 통제와 지배의 문제에 보다 많은 관심이 있다. 다원주의 이론은 정치적 자원을 소유한 이익집단들이 다양한 이익을 조정하는 과정에 의해서 정책이 형성된다고 본다. 신다원주의이론은 정치적 이익집단들 간에 불균등한 세력관계가 형성되어 있으며 특히, 대기업이 정책결정에 강력한 영향력을 행사하고 있다는 것을 인정한다. 그러나 이런 경우에도 권력경생은 일정한 합의와 제한된 틀 내에서 진행되는 것으로 전제된다.[31] 반면, 국가중심 접근법에 의하면 정치적 활동은 단순히 가치분배의 문제라기보다는 경쟁규칙 자체에 대한 대립이며 적대적인 세력 간의 투쟁이라고 간주된다.

둘째, 다원주의이론이 정치체계의 합의와 조정을 강조하는 반면,

---

30) David Easton, *The Political System* (New York: Alfred Knopf, 1953), p.135., *A Faramework for Political Analysis* (Englewood Cliffs, N. J: Prentice-Hall, Inc., 1965), pp.47-50.

31) John Manley, "Neopluralism: A Class Analysis of Pluralism I and Pluralism II," pp.368-383.

국가중심 이론은 정치체계 내의 갈등과 긴장상태를 강조하는 경향이 있다. 정치세력 간의 관계는 갈등적이고 대립적인 형태를 띠는 것이 일반적이며 국가는 국내정치세력과 국제적 수준으로부터 계속 상충되는 압력을 받고 있다는 것이다.

셋째, 다원주의이론은 국가를 특정직책을 점유하고 있는 개인들의 집합으로 가정하고, 국가제도의 독자적 능력과 정책결정의 자율성을 인정하지 않는다. 국가는 사회·경제적 세력들의 이익을 조정하고 그들의 공정한 경쟁을 보장하는 조정기구로 간주되며, 국가기구의 역할에 대해서는 거의 중요성이 부여되지 않는다. 반면 국가중심 접근법은 국가를 독자적인 행위자로 간주하고 정책결정의 외생변수나 매개변수로 전제한다. 따라서 행정기구와 제도의 역할이 강조되고 특정 국가기구와 조직의 역할 유무에 따라서 정책결정과정과 정책집행이 달라지는 것으로 본다.

넷째, 다원주의이론이 정치제도의 보편적인 기능을 강조한다면, 국가중심 접근법은 정치제도가 형성되는 역사적 조건과 재생산되는 과정, 그리고 지속적인 영향력을 중시한다. 정치제도는 특정한 역사적 국면의 산물로 간주되며 한번 형성된 정치제도는 구조적 제약요인으로 지속적인 규제력을 행사하는 것으로 전제된다.

다섯째, 다원주의이론은 정치적 지도층의 행동이 사회적 요구에 의해 제약을 받는다고 간주한다. 그러나 국가중심 접근법에 의하면 국가엘리트는 사회세력으로부터 자율성을 지니고 있으며 국가의 자원을 사용해서 정치적 자원의 분배형태, 사회세력의 선호도, 국가와 사회의 세력관계를 변경할 수 있는 것으로 여겨진다.

여섯째, 다원주의이론은 개인들의 의사표출과 행위의 집합적인 결과가 정책결정 및 정치변화에 반영된다고 전제한다. 그러나 국가중심적 접근법은 공식적이거나 비공식적인 형태로 정치제도와 구조가 개인이나 집단의 이익과 행동을 제한하고 규제한다고 여긴다.

정치적 결과는 여러 정치세력 간의 역학관계의 자동적인 결과는 아니며 국가가 정책결정과정에 권위를 지니고 개입한 결과로 여겨지는 것이다.[32]

한편 국가중심 접근법은 다음과 같은 이론적 쟁점에 있어서 마르크스 이론과 차이점을 보인다. 마르크스 이론은 국가가 사회경제세력의 이익으로 환원되지 않는 독자적인 정책목표를 지니고 있다는 점을 인정하지 않는다. 국가의 정책목표는 자본가 계급의 직접적 이해관계와 일치하거나 (도구적 마르크스이론) 자본주의 체제의 유지라는 일반적 목적(구조주의적 마르크스이론)에 기여한다고 간주된다. 반면 국가중심 이론은 국가가 체제유지나 지배계급의 이익과는 구분되는 국가기구 유지와 자원 확보라는 독자적 목표를 지니고 있다고 전제한다.

도구주의마르크스이론이 지배계급에 대한 국가의 도구적 성격을 강조하는 반면, 구조주의적 마르크스이론과 국가중심 이론은 국가를 자율적 행위자로 인식한다는 점에서 공통점을 지니고 있다.[33] 구조주의적 마르크스이론에 의하면 국가는 자본주의체제의 이윤율 저하 현상과 계급대립에 직면하여 체제존속을 위해서 자본가계급의 특정분파의 이익에 위배되는 정책을 실시할 수 있다. 구조주의적 마르크스이론은 국가가 체제존속을 위해서 합리적인 행위자로 행동한다고 전제하고, 국가의 기능을 연역적으로 도출한다는 측면에서 기능주의적 요소를 지니고 있다.

그러나 구조주의 마르크스이론은 국가의 자율성을 인정 하더라도 그것을 구체적인 역사분석을 통해서 경험적으로 입증하기보다는 연역적으로 도출할 뿐만 아니라 모든 시대, 모든 나라에서 고정적이

---

32) Stephen D. Krasner, "Approaches to the State: Alternative Conceptions and Historical Dynamics," pp.225 - 229.

33) Stephen D. Krasner, *Defending the National Interest,* pp.330 - 352.

며 자동적으로 존재하는 것으로 인식한다. 반면 국가중심 접근법은 국가의 자율행위영역이 국가제도형성의 역사적 맥락, 국가와 사회 세력 간의 자원분포 상황, 국가능력의 팽창 등에 의해서 동태적으로 변한다고 전제한다.

또한 국가중심 접근법은 국가엘리트들의 의도적인 정책선택의 결과인 정책산출(policy output)과 국가정책의 의도하지 않은 결과인 정책결과(policy outcome)를 구분한다.[34] 그러나 구조주의적 마르크스 이론은 국가정책형성의 구체적인 과정보다는 정책결정과정을 제약하는 사회구조적 차원의 메커니즘에 초점을 맞추고 정책산출과 정책결과를 동일한 것으로 여긴다.

3. 국가자율성의 개념과 결정요인

국가중심 접근방법에서는 다음과 같은 사항들이 중요한 문제영역으로 제시된다.

  ⅰ) 국가구조와 국가능력의 개념화.
  ⅱ) 국가형성과 국가기구의 재조직.

---

34) 정책 산출은 특정한 목적을 위해서 자원을 할당하려는 국가엘리트의 의도적인 행위나 비행위의 결과이며, 정책결과는 정책결정자가 인식하지 못했거나 의도하지 않았던 정책산출의 결과로 국내적·국제적 차원의 구조적 변수로부터 영향을 받는다.
   Philippe C. Schmitter, "Military Intervention, Political Competitiveness and Public Policy in Latin America: 1950－1967,"; In Abraham F. Lowenthal ed., *Armies and Politics in Latin America* (New York: Holmes and Meier Publishers, Inc., 1976), pp.120－121.; Gabriel A. Almond, G. Bingham Powell, Jr., *Comparative Politics: System, Process, and Policy* (Boston: Little, Brown and Company, 1978), pp.283－357.

iii) 국가가 사회개입을 통해서 사회에 영향을 미칠 수 있는 조건.

iv) 국가의 독자적 행동을 촉진하는 요인과 제약하는 요인.

v) 국가개입의 효율성을 결정하는 요인.

vi) 국가행동의 의도하지 않은 결과.

vii) 국가정책이 사회적 갈등에 미치는 영향.[35)]

이 같은 문제영역 중에서 본 연구의 관심대상인 국가자율성의 개념, 국가자율성의 촉진요인과 제약요인에 대해서 다음과 같은 몇 가지 이론적 검토를 할 수 있다.

스카치폴은 국가자율성을 "영토와 국민에 대한 통제를 주장하는 조직체들의 집합인 국가가 사회집단이나 계급, 사회전체의 요구나 이익을 단순히 반영하지 않는 국가목표를 설정하고 이것을 추진할 수 있는 정도다"라고 정의했다.[36)] 이 같은 정의에 의하면 국가는 권력유지와 사회 전체의 이익향상을 추구하는 자율적인 행위자로 전제된다. 국가정책결정자들은 국내적 차원과 국제적 차원으로부터 제약요인에 직면하고 있으며 국가기구의 제도적 능력과 정치적·경제적 자원의 동원능력에 따라서 제약요인을 극복하고 정책적 자율성을 획득할 수 있는 정도는 달라지는 것으로 인식된다.

대체로 사회에서 여러 가지 이익충돌이나 갈등현상이 발생할 때 국가자율성의 폭이 확대되는 것으로 여겨진다. 첫째, 자본가계급 분파 간의 분열이나 외국자본과 국내자본의 대립 등과 같은 지배계급 내에서의 분열은 국가자율성을 증가시키는 것으로 여겨진다. 둘째, 노동자와 자본가 간의 계급갈등이 심화될 때 국가자율성이 증가되는 것으로 보여진다. 노동조합을 탄압하는 국가는 자본가계급도 통

---

35) Peter B. Evans, Dietrich Rueschemeyer, and Theda Skocpol, eds., *Bringing the State Back In,* preface Ⅶ - Ⅷ.

36) Theda Skocpol, "Bringing the State Back In: Strategies of Analysis in Current Research," p.9

제할 가능성이 많으며, 자본가계급은 노동계급의 탄압을 위해서 국가자율성을 인정하게 된다는 것이다. 셋째, 종교적·인종적·지역적 갈등이 격화되면 그 과정에서 질서유지와 사회통합을 목적으로 국가자율성이 증가될 여지가 있다는 것이다.

그러나 국가자율성을 제약하는 여러 가지 요인이 존재한다. 첫째, 국가기구가 통합성을 지닌 단일적인 기구는 아니기 때문에 국가기구 간의 정책대립이 일관된 국가정책수립을 어렵게 하는 경우가 있다. 둘째, 사회·경제세력들이 각기 자기들의 특정한 이익을 표출하고 자기들의 목적달성을 위해서 국가를 이용하려고 하기 때문에 국가는 그 영향으로부터 완전히 자유로울 수 없다. 셋째, 국가가 자본축적과 산업화를 위해서 자율성을 확보할 수 있으나 자원부족이나 국가기구의 결여로 국가자율성이 제약되는 상황이 있을 수 있다. 넷째, 국가가 사회·경제부분에 개입할수록 사회·경제 세력들이 자신들의 이익을 자각하고 이익표출을 모색하기 때문에 그만큼 국가자율성의 폭이 제한된다.[37]

이상을 요약하면 국가는 독립적 행위자로서 국가이익 확보를 위해서 노력하는 측면과 함께 때때로 사회·경제세력의 이익을 부분적으로 반영하고 사회의 공공이익을 추구하는 측면을 동시에 지니고 있다. 여기에서 주목할 점은 국가자율성은 모든 정책분야에서 동일하지는 않으며 정책분야에 따라 국가능력과 사회세력의 힘의 역학관계에 의해서 다르다는 것이다. 그리고 동일한 정책분야에서도 국가자율성은 고정된 것이 아니라 상황적 조건에 따라서 동태적으로 변한다는 사실이다. 국가자율성은 국가의 조직적 기반, 자원동

---

37) Dietrich Rueschemeyer and Peter B. Evans, "The State and Economic Transformation: Toward an Analysis of the Conditions Underlying Effective Interventoin," in Peter B. Evans, Dietrich Rueschemeyer, and Theda Skocpol, eds., *Bringing the State Back In,* pp.47－48. and pp.61－69.

력 능력, 국가기구 간의 상호관계, 사회·경제세력의 영향력의 정도 등에 의해서 시기와 문제영역에 따라서 달라진다.

크라스너(Stephen D. Krasner)는 국가의 정책집행능력과 사회세력과의 관계에 따른 국가성격의 변화에 주목하여 강한 국가(strong state)와 약한 국가(weak state)를 개념화하였다. 크라스너에 의하면 약한 국가는 사회의 이익집단으로부터 침투당한 국가이며 특정이익집단의 이익을 반영하는 경향이 크다. 그리고 강한 국가는 경제제도, 가치, 사회세력 간의 역학관계를 재구성할 수 있는 능력을 지녔으며, 특히 사회세력들이 영향력을 상실한 혁명적 상황에서 강한 국가가 사회구조를 개편할 수 있다는 것이다. 크라스너는 이것을 다시 세분하여 국가가 사회의 압력을 거부할 수 있지만 사회세력의 행동과 이익을 변경시킬 수는 없는 경우(국가권력은 약함: weak state power), 국가가 사회세력의 압력을 거부하고 사회부문의 행동을 변화시킬 수는 있지만 사회·경제구조의 변화를 초래하지는 못하는 경우(국가권력은 적정한 정도임: moderate state power), 국가가 사회세력의 행동을 변화시키고 장기적으로 사회구조까지 변화시킬 수 있는 경우(국가 권력은 강하거나 지배적임: strong or dominant state power)로 구분하였다.[38] 크라스너의 국가 개념은 국가와 사회세력 간의 상대적 역학관계에 초점을 두고 있으나 국가자율성을 결정하는 요인이나 매개변수에 대해서는 분명한 개념을 제시하지 못한다.

뮈르달(Gunnar Myrdal)은 개발도상국가들의 정책집행능력과 관련하여 연성국가(soft state)와 경성국가(hard state)의 특징을 개념화하였다. 뮈르달은 연성국가는 "결정된 정책이 시행되지 못하는 경우가 많으며 그 정책이 구체화되는 과정에서도 정책당국이 국민에게 의무를 부과하기를 꺼리는 국가"[39]라고 정의했다. 반면 경성국가는

---

38) Stephen d. Krasmer. *Defending the National Interest,* pp.56-58.

39) Gunnar Myrdal, *Asian Drama: An Inquirty into the Poverty of Nations*

"경제개발계획의 성공을 위해서 모든 사회계층을 망라한 국민에게 현재보다 많은 의무를 부여하고 …… 부과된 의무의 엄격한 시행이 준수되는 국가"[40]라고 정의했다. 뮈르달은 국가의 정책수행력의 강도와 효율성에 초점을 맞추고 있지만 그 같은 정책수행력을 가능하게 하는 요인에 대해서는 자세한 언급을 하고 않는다.

한편 제3세계의 국가자율성은 식민지경험과 산업화과정의 특징으로 인해서 몇 가지 특징을 지니고 있다.

첫째, 제3세계에는 보통 단일지배계급이 확고한 헤게모니를 장악하고 있지 못하며 봉건적 생산양식과 자본주의적 생산양식이 병존하기 때문에 단일지배계급이 강력한 영향력을 행사하는 서구와는 달리 국가의 자율성이 보장될 수 있는 조건이 마련되어 있다.[41] 알라비(Hamza Alavi)는 동남아시아를 대상으로 토착부르주아, 토지계급, 중심부 부르주아계급 간의 세력균형에 의해서 국가자율성을 설명한다.[42] 솔(John S, Saul)은 아프리카에서는 이와 같은 계급분화가 형성되지 않았기 때문에 이것보다는 국가기구의 집중성(centrality)과 국가의 이데올로기적 기능이 국가자율성 확보에서 중요한 요인이라고 지적했다.[43]

둘째, 제 3세계의 식민지전통과 관련하여 특히 중요하게 지적되는 것은 식민지시대에 정치적 억압과 잉여가치의 유출을 위해서 관

(New York: Pantheon, 1968), p.66. and pp.891–900.

40) *Ibid.,* p.67.

41) Clive Y. Thomas, *The Rise of the Authoritarian State in Peripheral Societies* (New York & London: Monthly Review Press, 1984), pp.67–81.

42) Hamza Alavi, "State and Class Under Peripheral Capitalism: Pakistan and Bangladesh," in Harry Goulbourne, ed., *Politics and State in the Third World* (London: The Macmillan Press Ltd., 1979), pp.41–43.

43) John S. Saul, "The State in Postcolonial Societies: Tanzania," in Essays by John S. Saul, *The State and Revolution in Eastern Africa* (N.Y. and London: Monthly Review Press, 1979), pp.167–199.

료와 군부 등 국가기구가 과대성장(overdeveloped bureaucratic‐military state apparatus)되었으며 이것이 독립 후 국가자율성을 증가시키는 중요 요인으로 작용한다는 것이다.[44]

셋째, 주변부국가가 외국자본을 도입하여 군부·관료엘리트의 주도하에 종속적 발전[45]을 하는 과정에서 국가가 직접 자본축적을 담당하는 기업가적 역할을 하거나 산업자본가를 지원하거나, 다국적 기업의 활동을 보장하게 되는데, 이 과정에서 국가의 적극적 역할이 증대되는 것으로 지적되었다.

이상과 같은 주변부사회의 국가자율성의 특수한 조건에 대한 논의들은 식민지전통과 제3세계 산업화의 특수성에서 기인하는 특징들을 부분적으로 지적한다. 그러나 이 같은 논의들은 국가역할 문제를 계급론 차원이나 세계체제론 차원으로 환원시키는 문제점을 내포하고 있다. 또한 식민지시대에 과대성장한 국가기구의 전통도 정태적인 형태로 구조적으로 작용한다기보다는 독립 후 새로운 제도형성 과정에서 동태적 변화과정을 밟는다는 것이 감안되어야 한다. 그리고 산업화와 국가 역할을 논의하는 데 있어서 양자관계를 자동적인 것으로 설정하기보다는 국가엘리트의 기원, 국가구조의 형성, 국가능력의 확장 등이 구체적 산업화정책과 연결되는 과정에 초점을 맞추는 것이 중요하다.

제3세계의 국가주도 산업화과정에서 국가는 국가기구의 형성, 국제

---

44) Hamaza Alavi, "State & Class Under Peripheral Capitalism: Pakistan and Bangladesh," p.41.

45) 에반스(Peter B. Evans)는 종속적 발전이란 "주변부에서 자본축적과 어느 정도의 산업화를 달성하는 종속의 한 형태이며 국제자본, 국내자본, 국가가 삼자연합을 이루는 것이 그 기본적 특징"이라고 하였다. Peter B. Evans, *Dependent Development: The Alliance of Multinational, State, and Local Capital in Brazil* (N.J., Princeton: Princeton University Press, 1979), pp.31‐34.

관계, 계급관계 등의 구조적 맥락과 엘리트의 기원, 국가의 정책망 등의 동태적 요인의 기반 위에서 국가목표를 설정하고 정책집행의 효율성을 위해서 여러 가지 수단을 강구한다.

이러한 점들을 고려하여 본 연구는 국가자율성을 다음과 같은 네 가지 변수의 상호작용에 의해서 결정되는 것으로 보고자 한다.

  ⅰ) 국가엘리트의 격리성(insulation of state elites).
  ⅱ) 국가능력(state capacity).
  ⅲ) 국가의 정책망(policy networks).
  ⅳ) 경제적 자원.

1) 국가엘리트의 격리성

전략적 국가엘리트들이 이익표출통로를 통제하고 국가목표를 자율적으로 정의함으로써 사회압력으로부터 자신들을 조직적으로 격리시킬 수 있는 능력이 국가자율성을 결정하는 일차적 요인이다.[46] 국가관료들이 지배적인 사회·경제적 세력으로부터 격리되어 있을 때 국가는 목표를 자율적으로 추구할 수 있다.

지배계급의 영향력은 그들이 생산수단을 소유하고 있다는 점에서 기인하며 국가엘리트들의 통제력은 그들이 국가기구를 장악하고 있다는 점에서 기인한다. 따라서 생산수단의 소유에서 발생하는 경제적 권력과 국가기구의 장악에서 발생하는 정치권력은 구분된다. 국가 엘리트와 지배계급은 각각 정치적 자원과 경제적 자원을 기반으로 사회적 통제력을 확보하기 위해서 경쟁한다. 따라서 국가엘리트

---

46) Stephan Haggrard Chung-In Moon, "The South Korean State in the International Economy: Liberal, Dependent, or Mercantile?" John Gerard Ruggie, *The Antinomies of Interdependence: National Welfare and the International Division of Labour* (Columbia University Press, 1983), p.141.

와 지배계급의 상호침투와 영향력의 정도에 따라서 국가정책의 성격이나 방향이 달라진다.[47]

국가관료의 자율성은 국가관료, 지배적 경제세력, 정치세력 간의 삼자관계에 의해서 결정된다. 국가관료의 목적은 독립성과 정책집행에서의 자율성을 확보하는 것이며, 정치세력의 목적은 국가권력을 장악하는 것이다. 경제세력은 경제적 이익의 보존과 확대를 위해서 정치세력과 국가를 이용하고자 한다. 이들 삼자 간의 역학관계에 따라서 국가정책이 달라진다.

국가엘리트가 생산수단을 통제하고 있는 주요 경제계급으로부터 충원되지 않았을 때 자율성을 지니고 위로부터의 개혁을 주도할 가능성이 높아진다. 그리고 이들이 권력을 장악한 다음에도 경제계급들과 인적·경제적 유대관계를 맺지 않을 때 국가관료들의 자율성이 존재할 수 있다.[48], 수출주도 산업화정책으로의 전환과 같은 경제정책의 전환 시기에 국가엘리트가 사회·경제세력으로부터 격리성과 자율성을 확보하는 것이 중요하다. 그렇게 함으로써 국가엘리트들은 사회·경제세력의 저항을 최소화하고 수출산업을 추진할 수 있는 기반을 조성할 수 있다.[49]

2) 국가능력

국가능력을 구성하는 변수는 ⅰ)국가기구의 형성과 분화, ⅱ)국가관료의 증가, ⅲ)국가의 자원추출능력(조세), ⅳ)국가의 지출 등이다.

47) Ellen Kay Trimberger, *Revolution from Above: Military Bureaucrats and Development in Japan, Turkey, Egypt, and Peru*, p.7.

48) *Ibid.*, p.41.

49) Stephan Haggard, "The Newly Industrializing Countries in the International system," *World Politics*, Vol. 38, No. 2 (January 1986), p.344.

이중에서도 국가기구의 형성 및 분화와 국가의 자원추출능력이 국가자율성에 대해 미치는 영향이 가장 중요하다.

(1) 국가기구의 형성 및 분화와 국가자율성

특정한 문제나 위기상황에 대응할 수 있는 국가기구의 제도적 장치가 중요하다. 특히 산업화과정과 관련하여 산업부문, 농업부문, 외자도입 관련 부문, 재정담당부문 등에 있어서 국가기구의 제도적 장치가 중요한 역할을 한다.[50]

국가제도는 국내외 환경으로부터 제기되는 위기에 대해서 단절적이고 비연속적인 방법으로 적응한다. 국가는 통치기반을 위협하는 여러 형태의 위협에 대해서 국가제도의 형성과 재조정을 시도한다. 정치적 위기가 발생하면 정치적 투쟁은 정해진 규칙의 테두리 내에서 진행되기보다는 근본적인 경쟁규칙에 대한 문제를 둘러싸고 진행된다. 일단 위기가 끝나면 제도적 장치들은 자체의 이익을 위해서 규칙과 절차를 재생산하며 국내외 환경에 대해서 둔감하게 되고 다시 국내환경과 국가기구와의 기능불일치현상이 발생한다.[51]

국내사회로부터 정치적 위기가 제기되는 경우 국가제도의 대응이 항상 순조로운 것은 아니며 국가는 기존 국가기구, 정치제도, 사회세력들의 반대에 직면하게 된다. 따라서 위기에 직면한 국가제도의 대응능력은 위기의 정도, 국가기구의 적응능력, 기존의 정치상황과의 관계에서 결정된다. 전쟁이나 외부의 침입과 같은 외적 위기가 발생하는 경우 이것이 국가의 조세징수능력 증대와 이에 따른 국가

---

50) Clive Y. Thomas, *The Rise of the Authoritarian State in Peripheral Societies,* pp.50－53.

51) Stephen D. Krasner, "Approaches to the State: Alternative Conceptions and Historical Dynamics," pp.234－235.

기구의 팽창을 가져오는 경우도 있다.[52]

그런데 국가제도의 팽창은 반드시 국가자율성과 정비례 관계에 있는 것은 아니다. 국가제도의 팽창과 국가자율성과의 관계에 대해서는 좀 더 세밀한 분석과 다양한 유형에 대한 이해가 요구된다. 국가제도는 시간, 상황, 분야에 따라서 변화하며 불균형등한 양상을 띠고 있다. 따라서 일반적으로 모든 정책분야에 대해서 통시적으로 강한 국가나 약한 국가라고 지칭하는 것은 적절하지 않다. 국가제도의 성장은 절대적인 개념인 반면, 국가자율성은 국가와 사회세력 간의 상대적 개념이다. 따라서 국가제도가 팽창한다고 하더라도 이것과 함께 사회세력의 저항능력을 고려해야 국가자율성의 정도를 측정할 수 있다. 국가제도의 팽창과 사회세력의 저항능력은 동시에 증가할 수도 있고 동시에 감소할 수도 있다. 강력한 다국적기업의 존재가 이에 대한 강력한 국가기구의 대응을 불러일으키기도 한다. 미국에서는 약한 국가가 약한 노동조합운동을 낳았으며, 칠레의 경우 (1971년 이후 피노체트의 군부정권하에서) 억압적 국가기구는 성장한 반면, 국가의 시장개입현상은 감소하였다. 한편 국가의 역할팽창은 점차 어떤 형태로든지 사회세력의 이익표출과 권한 행사를 증가시키기 때문에 장기적으로 보면 결국 국가자율성의 폭이 감소하는 경향이 있다.[53]

이상의 논의를 종합하면, 국가기구의 형성과 관련하여 다음 사항들이 중요하다.

---

52) Charles Tilly, "Reflections on the History of European State – Building," in Charles Tilly, ed., *The Formation of National States in Western Europe* (Princeton: Princeton University Press, 1975), pp. 73 – 74.

53) Peter B. Evans, Dietrich Rueschemeyer, and Theda Skocpol, "On the Road toward a More Adequate Understanding of the State," in Peter B. Evans, Diertich Rueschemeyer, and Theda Skocpol, eds., *Bringing the State Back In*, pp.350 – 356.

ⅰ) 국가의 제도적 장치는 정치행위자들의 정책의도를 어떻게 제약하는가?

ⅱ) 새로운 국가제도의 건설을 가능하게 하는 요인은 무엇인가?

ⅲ) 국가기구의 존속을 가능하게 하는 자원은 무엇인가?

ⅳ) 환경의 변화와 여기에 대응하는 국가제도의 적응 간에는 어느 정도의 시차가 있는가?

ⅴ) 국가제도가 환경변화에 적응하지 못할 때 그 역기능은 어떤 것인가?

ⅵ) 국가제도의 적응실패는 어느 정도로 국가의 존속을 위협하는가?[54]

(2) 국가의 자원추출능력

국가의 자원추출능력은 국가의 재정 기반의 중요한 변수이며, 국가와 사회·경제세력 간의 세력관계에 의해서 결정된다. 국가는 추출한 자원에 의해서 국가의 통치와 통제력을 증가시키려고 하기 때문에 필연적으로 사회·경제세력의 이익과 충돌한다. 그리고 국가의 조세 형태에 따라서 사회세력 간 자원 분포형태가 달라진다.

국가의 자원추출능력과 관련하여 다음 사항들이 중요하다.

ⅰ) 국가의 지정학적 위치가 어느 정도의 군사원조를 가능하게 하는가?

ⅱ) 국제은행이나 원조기구에 의존할 때 국가활동이 어느 정도 제약되는가?

ⅲ) 국가가 조세유형을 변경하려고 할 때 어느 정도 자율성이 있는가?

ⅳ) 국가가 특정한 재정적 자원을 필요한 분야에 할당하기 위해서는 어떤 조직적 절차와 자율성을 구비하고 있어야 하는가?[55]

---

54) Stephen D. Krasner, "Approaches to the State: Alternative Conceptions and Historical Dynamics," pp.240 – 244.

3) 국가의 정책망

국가의 정책형성과 정책집행과정을 이해하기 위해서 국가의 정책망이 행사되는 맥락을 살펴보는 것이 필요하다. 정책망은 국가와 사회세력을 연결하는 고리 역할을 하는데, 여기에는 환율, 이자율, 관세, 조세, 차관분배, 정치적 명령, 통제 등이 해당된다. 뮈르달은 국가의 정책망을 일정한 원칙과 규칙에 의해서 모든 대상에게 적용되는 비재량적 정책(non-discretionary policy)과 임의적이고 선별적으로 적용되는 재량적 정책(discretionary policy)으로 구분하였다. 뮈르달에 의하면 경성국가는 비재량적 정책과 함께 재량적 정책을 효과적으로 사용한다.[56] 환율, 이자율, 관세, 조세 등은 명시적이고 공식적인 형태의 비재량적 정책망인 반면, 각종 투자촉진조치, 정치적 명령, 통제 등은 임의적이고 비공식적인 재량적 정책망이다.

카첸스타인(Peter J. Katzenstein)은 ⅰ) 국가기구와 사회세력의 권력의 집중도와 ⅱ) 국가기구와 사회세력 간의 연계정도에 따라서 다음과 같은 유형구분을 시도하였다.[57]

사회세력의 집중도		국 가 집 중 도	
		높 음	낮 음
	높 음	일 본	서독, 이태리
	낮 음	프랑스, 영국	미 국

55) Theda Skocpol, "Bringing the State Back In," pp.16 – 17.

56) Gunnar Myrdal, *Asian Drama: An Inquiry into the Poverty of Nations,* pp.903 – 905.

57) Peter J. Katzenstein, "Conclusion: Domestic Structures and Strategies of Foreign Economic Policy," in Peter J. Katzenstein, ed., *Between Power and Plenty* (Madison: University of Wisconsin Press, 1978), p.324.

카첸스타인에 의하면 이와 같이 권력의 집중도와 사회세력의 집중도에 따라서 국가정책망의 종류와 사용 정도가 달라진다는 것이다. 대외경제정책에 있어서 영국과 미국은 자유무역주의 이념에 호소하거나 새로운 국가기구를 창설하거나 또는 정책결정의 담당기구를 변경시키는 방법, 그리고 주요 무역대상국과 쌍무협정을 체결하는 방법 등에 의존했다는 것이다. 이와는 달리 일본은 정부지침의 제시, 수출촉진정책, 공공투자정책 등 여러 가지 정책수단을 통해서 경제구조를 재편성하고 효율적인 행정기구의 개입에 의해서 민간경제활동을 조정 및 통제하는 방법을 사용했다는 것이다.[58]

4) 국가의 경제적 자원

국가의 경제적 자원은 조세, 원조, 차관 등으로 구분되며, 국가의 경제적 자원의 형태가 경제정책과 국가와 사회와의 관계에 영향을 미친다. 국가엘리트가 권력을 장악하여 사회적 격리성을 확보하고 정책개혁을 시도할 경우 경제적 자원의 확보 여부는 정책의 성패와 정권의 존속 여부를 가름한다.

사회주의적 동원체제나 강력한 강제력을 구비하고 있는 국가의 경우 조세징수에 의해서 재정적 기반을 확보하려고 한다. 이 경우 일차적으로 지배계급의 저항에 직면하게 되는데 이것을 어느 정도 효과적으로 해결하느냐에 따라서 국가와 지배계급 간의 기본적인 역학관계가 결정된다.

국내적 자본축적이 결여되어 있는 상황에서 대외원조의 확보는 정권안정에 기여한다. 특히 군사·안보적 중요성을 인정받게 될 때 경제원조와 함께 군사원조를 제공받을 가능성이 증가한다. 대외원

---

58) *Ibid.*, pp.303 – 305.

조에 의존할 경우 대외의존성이 심화되는데 이것을 어느 정도 극복할 수 있는가 하는 것이 대외적 자율성 획득의 관건이다. 대외원조에 대한 의존도가 높을 경우 원조제공 측의 기본방침에 따라서 경제정책을 실행해야 할 가능성이 증가하게 되며, 그만큼 원조제공 측의 방침에 위배되는 방향으로의 정책전환은 어렵게 된다.

국가엘리트가 원조를 기반으로 국내 사회·경제세력에 대해 영향력을 행사할 수 있는 형태는 국내 정치구조의 성격에 따라서 달라진다. 국가엘리트가 정당으로부터 자율성을 유지하고 있을 경우 국가는 원조배분 권한을 직접 관장하고 경제세력에 대한 통제력을 증가시킬 수 있다. 그러나 정당이 국가엘리트를 통제하고 있을 경우 정당이 원조분배 권한을 장악하게 되고 국가엘리트는 소외된 채 정당과 경제세력 간 상호의존관계가 형성된다.

원조에 비해서 차관도입은 국가의 대외적 자율성의 폭을 넓혀줄 가능성이 있다. 차관도입에 있어서도 국내정치구조의 성격에 따라서 이것이 국가자율성에 미치는 영향은 달라진다. 국가엘리트가 주도적인 역할을 담당하고 있을 경우 차관은 이들의 상대적 자율성을 증대시킨다. 그러나 정당의 정치적 역할이 지배적일 경우 차관분배를 둘러싸고 정당과 경제세력 간 상호의존관계가 형성된다.

이상의 네 가지 변수 간의 상호관계를 살펴보면 가장 중요한 독립변수는 사회·경제세력으로부터 국가엘리트의 격리성이다. 국가엘리트의 격리성이 확보되는 정도에 따라서 국가기구건설과 자원동원에서 국가능력의 정도가 결정된다. 그 다음 격리성을 획득한 국가엘리트는 국가제도의 건설과 자원동원에 의해서 국가능력을 팽창시키고 정치적 지배력을 확립한다. 그리고 정책망과 경제적 자원은 국가엘리트들이 국가능력을 팽창시키는 데 있어서 매개변수 역할을 한다. 정책망과 경제적 자원의 유형에 따라서 국가엘리트의 독립성 유지 및 국가능력 팽창의 형태와 정도가 결정된다. 이 같은 결정요인들 간의 관계를 그림으로 나타내면 다음과 같다.

그림 1. 국가자율성의 결정요인

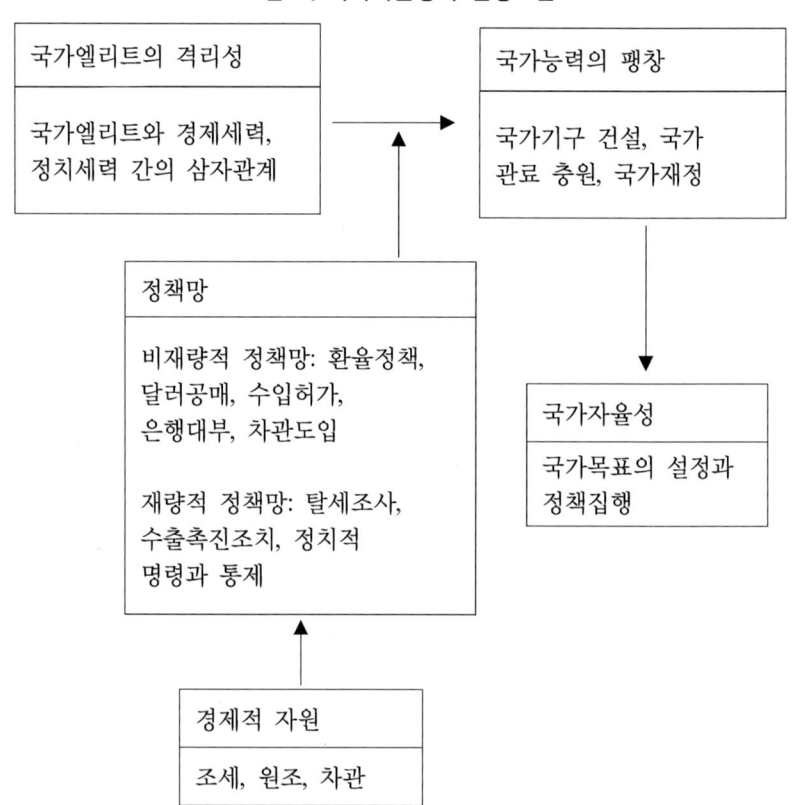

Ⅲ. 한국의 국가형성과 농지개혁

1. 국가형성과 보수적 권위주의체제

1945년 해방 직후 이데올로기를 기준으로 했을 때 한국의 정치세력은 대체로 보수우익세력, 중도우익세력, 중도좌익세력, 급진적 좌익세력으로 구분될 수 있다. 보수우익세력은 미군정의 강력한 지지를 받고 있었고 정치자금을 동원할 수 있었으며 농촌지역에 대해 영향력을 행사할 수 있었다. 이들에 대한 가장 큰 도전세력은 급진 좌익세력으로 이들은 이데올로기와 소직능력에 힘입이 농촌지역과 도시노동자들을 중심으로 세력확대를 기도했다.1) 한민당 중심의 우익세력은 이승만과 연합하여 사회주의적 정치·경제질서의 확립을 목표로 하는 좌파세력은 물론이고 중도세력까지 정치권에서 배제하고 남한에 권위주의적 보수정치질서를 확립하는 데 성공했다. 이후 1공화국에서 현상유지세력과 개혁지향적 정치세력 간의 경쟁이 계속되는 가운데 한국전쟁 이후 과대하게 성장한 국가는 권위주의적 통치방식에 의존하게 되었다.

---

1) Bae‑Ho Hahn and Kyu‑Taik Kim, "Korean Political leaders (1952‑1962): Their Social Origins and Skills," *Asian Survey,* Vol.Ⅲ, No.7 (July 1963), p.306.

1공화국에서 국가와 사회는 다음과 같은 몇 가지 기본적인 특징을 지니고 있었다. 첫째, 한국은 미국이라는 중심부국가에 대해서 정치적·군사적·외교적으로 의존하고 있는 주변국가(peripheral state) 였다. 미국의 대한정책의 기본방침은 경제적 측면보다는 군사·안 보적 측면에 중점을 두었다. 미국은 한국에게 군사원조와 경제원조를 제공함으로써 한국과 미국 간에 후원·수혜관계(patron-client relationship)가 형성되었다.

둘째, 1950년대의 한국은 기본적으로 농업사회였으며 사회분화와 계급형성의 정도가 낮았다. 사회결사의 기본형태는 결사체적 집단 (associational group)보다는 공동체적 집단(communal group)으로 이것은 지연, 혈연, 종교 등에 기반을 두고 보상, 제재, 상징을 이용하여 구성원들의 응집력을 유지하였다. 도시지역에서도 사회조직은 출신 지역과 혈연을 중심으로 구성원들 간의 사회적 유대를 공고히 하는 공동체적 집단의 성격을 지니고 있었다.[2] 그리고 한국전쟁, 농지개 혁, 대규모의 인구이동 등으로 전통적 지주계급은 몰락하고 자본가 계급은 형성되지 않은 상황에서 사회적으로 유동적인 쁘띠부르주아가 많은 비중을 차지하였다.[3]

이 같은 계급미분화상태에서 사회적 갈등은 자연히 계급갈등보다는 정치적 이익표출의 형태를 띠고 나타났으며, 상대적으로 국가의 자율적 활동영역은 증가하였다. 그러나 1공화국의 국가자율성은 알

---

2) Bae-Ho Hahn, "The State and Culture in Korean Development," unpublished mimeographed paper (1987), p.8.

3) 구해근, "한국과 대만의 경제발전에 대한 정치경제학적 접근," 변형윤, 박 현채 외, 한국사회의 재인식1 (서울: 한울출판사, 1985), p.160.;한국사회계 층에 대한 한 연구에 의하면 1955년 당시 쁘띠부르주아가 전체 국민의 86.4%를 차지하는 것으로 나타난다. 이중에서 농촌쁘띠부르주아가 76.1% 이며 도시쁘띠부르주아는 10.0%이다. 서관모, 현대한국사회의 계급구성과 계급분화: 쁘띠부르주아지의 추세를 중심으로 (서울: 한울출판사, 1984), p.36참조.

라비가 지적한 것과 같이 토착부르주아, 지주계급, 중심부 부르주아 간의 세력교착상태[4]의 결과는 아니었다. 한국에서는 일제 식민통치 기간에 토착부르주아계층의 형성이 미미했으며,[5] 지주계급은 농지개혁과 한국전쟁으로 경제적 기반을 상실했고, 일본의 자본가계층은 일본의 패망과 함께 한국에서 물러났다. 따라서 한국의 국가자율성은 계급 간 세력교착상태에서 도출된 것이라기보다는 해방 후 국가형성과정에서 과대성장한 국가기구와 계급미분화상태의 결과였다.[6]

셋째, 1공화국의 국가는 한국전쟁 후 경제원조를 바탕으로 수입대체산업을 추진하고 자본가계층을 육성하였다. 그러나 정치적 정통성 확보를 위해 자유당의 정치적 역할이 증대하고 자유당과 기업가계층의 연계가 긴밀해지면서 국가는 정책자율성을 상실하고 정책결정과 경제적 자원의 분배과정에서 소외되었다.

1) 국가기구의 형성

이승만의 정치적 기반은 여러 가지 이질적 요소의 느슨한 연합에 기초하고 있었다. 지주와 보수적 엘리트를 중심으로 한 한민당과 독립촉성국민회 등 정치단체, 관료와 경찰의 국가기구, 우익청년단체, 사회운동단체 등이 그것이다. 이들은 계급적 이해관계보다는 정치적 연합 형태를 띠고 있었기 때문에 응집력이 약했지만 사회구조의 미분화와 급진세력의 배제로 상대적으로 미약한 정당기반을 가

---

4) Hamza Alavi, "The State in Post – Colonial Societies: Pakistan and Bangladesh," pp.38 – 43.

5) 조기준은 상업자본가 및 산업자본가의 대부분이 지주계급의 성격을 지니고 있음을 주목하고 이들을 지주기업가라고 지칭했다. 조기준, 한국기업가사 (서울: 박영사, 1974), pp.151 – 167.

6) Bae – Ho Hahn, "The State and Culture in Korean Development," p.8.

지고도 권력을 장악할 수 있었다.[7]

이 중에서도 관료와 경찰기구는 급진좌파세력 및 지방차원의 민중운동과 대결하는 과정에서 급성장하여 1공화국의 보수적 권위주의체제를 확립하는 데 중추적인 역할을 했다. 대한민국 정부수립 후 한민당이 지배연합에서 일탈하면서 관료·경찰 중심의 국가기구는 사회세력으로부터 더욱 많은 자율성을 획득했으며 이승만정권의 핵심적인 지지기반이 되었다.

식민지관료기구는 억압적 통제기구의 역할과 함께 경제활동을 보장하는 역할을 한다.[8] 일제의 식민통치기구는 마을단위의 자율성을 파괴하여 국민 개개인에 대한 직접적 통제장치를 강구하고 세금, 부역, 징용 등과 같은 각종 의무를 부과하였다. 그리고 일제 식민통치기구는 상업농업화와 대지주제를 추진하여 잉여농산물의 수탈구조를 확립하였다. 1936년에 총독부의 중앙기구, 지방도시, 교육행정기관의 87,552명의 관료 중에서 52,270명이 일본인이고, 35,282명이 한국인이었으며, 고위직의 80%, 중간직의 60%, 서기직급의 50%가 일본인이었던 것으로 추산된다. 2차대전의 발발로 한국인의 관료진출이 증가하여 2차대전이 끝날 무렵 전체 관료의 약 50% 이상이 한국인이었던 것으로 지적된다.[9]

일제시대의 관료들에 대한 반감에도 불구하고 이들의 전문지식과 효율성의 필요, 이들의 정당성결여를 구실로 충성심을 보장받을 수 있다는 점 등으로 일제시대 관료들의 상당수가 1공화국에서 다시 충원되었다. 한 연구에 의하면 일제식민통치 하에서 하급관리였던 사람 가운데 7만 명 이상이 행정기구, 경찰, 법조계 등에 다시 충원

---

7) 임현진, "한국에서의 국가자율성: 도구적 가능성과 구조적 한계," 임현진, 현대한국과 종속이론 (서울: 서울대학교 출판부, 1987), p.257.

8) John S. Saul, "The State in Post-Colonial Societies: Tanzania," pp.175-177.

9) Gregory Henderson, *Korea: The Politics of the Vortex,* p.106.

되었다고 한다.[10)]

정부수립 후 관료조직은 급팽창해서 1953년에는 일제시대에 비해서 3배로 증가하고[11)] 이후에는 상대적으로 새로운 충원은 없었다, 민족주의적 감정 때문에 일제시대의 관료들이 높은 직위에 임명될 수는 없었지만 이들은 엄격한 선발절차를 고수함으로써 신진세력이 관료기구에 침투하는 것을 막고 자신들의 동질성을 지키고자 했다.

1공화국의 관료들은 행정능력보다는 이승만정권에 대한 충성심으로 능력을 평가받았다. 이승만은 각료들의 세력확대를 견제하기 위해서 각료들을 수시로 교체했다. 1948년부터 1960년까지 12년 동안 약 200명 이상이 장관직을 역임했으며 이들의 평균 재임 기간은 11개월에 못 미쳤다. 이같이 잦은 각료의 경질로 행정부의 지속성과 안정성이 보장되지 않았으며 일관성 있는 정책집행도 불가능했다.[12)]

한국의 경찰은 행정기구의 일부라기보다는 광범위한 조직, 내적 응집력, 활동영역을 확보한 독자적인 조직체의 성격을 지녔다. 한국의 경찰기구는 일제 식민지통치 기간에 형성되어 해방 후 국가형성과정에서 강화되었으며 국가기구의 핵심적 부문으로 중요한 정치적 역할을 수행했다. 한국의 경찰은 해방 직후 국가형성과정에서 급진적 좌파세력에 대한 투쟁과 한국전쟁과정에서 자본주의적 보수정치체제를 확립하는 데 중요한 기여를 했고, 이승만정권을 지탱하는 중추적인 버팀목 역할을 했다.

한국의 경찰수는 한일합방 4년 전인 1906년 3,359명에서 3.1운동이 발생한 4년 후인 1923년에는 20,758명으로 증가했다.[13)] 중일전쟁 이

---

10) Quee-Young Kim, *Social Structure and the Revolutionary Movement: A Sociological Study of 4.19 Uprising in South Korea,* unpublished Ph.D. Dissertation, Harvard University, 1982, p.93.

11) Gregory Henderson, *Korea: The Politics of the Vortex,* p.161.

12) Se-Jin Kim, *The Politics of Military Revolution in Korea* (Chapel Hill: The University of North Carolina Press, 1971), p.19-21.

후 경찰은 증가해서 1941년 무렵에는 민간인과 군인경찰이 6만 명 정도에 이르렀던 것으로 추산되었다. 이것은 한국인 400명당 경찰이 1명이었다는 것을 의미했다.[14] 경찰에서 한국인의 비율은 1910년에는 경찰간부의 35.3%, 하급경찰의 61.7%를 차지했으며, 1939년에는 전체 경찰력의 약 40% (23,268명 중 8,644명), 그리고 1943년에는 경찰간부의 12.4%, 하급경찰의 36.8%를 차지했던 것으로 추정된다.[15]

일제시대에 경찰에 복무를 했던 자들은 1공화국에서 중요 직책을 차지했다. 1공화국 기간 동안 경정급의 고위경찰직의 70%, 경감의 40%, 경위의 15%가 일제시대에 경찰이었던 자들로 충원되었다. 그리고 전국의 총 33,000여 명의 경찰관 중에서 사복형사의 약 20%와 정복경찰의 약 10%가 일제시대에 경찰로 근무했던 자들이었다.[16]

일본의 항복 직후 여운형은 건국준비위원회를 구성하고 전국에 걸쳐 지방단위의 조직결성에 착수했다. 지방단위의 인민위원회와 치안대는 경찰과 관료조직을 해체하고 새로운 정치조직의 기반을 마련하고자 했다. 여운형은 미군이 인천에 상륙하기 이틀 전인 9월 6일 조선인민공화국 수립을 선포하고 정권수립을 기도하였다.[17] 그러나 주한 미사령관으로 임명된 하지(John R. Hodge) 중장은 인공의 존재를 부인함으로써 여러 정치세력들 간의 대립과 경쟁이 격화되었다. 정치적 혼란과 사회적 불안에 직면한 미군정 당국은 일제시대의 관료와 경찰들을 충원함으로써 이에 대처하고자 했다.

---

13) 한승주, 제2공화국과 한국의 민주주의 (서울: 종로서적, 1983), p.12.

14) Gregory Henderson, *Korea: The Politics of the Vortex*, p.79.

15) Joungwon Alexander Kim, *Divided Korea: The Politics of Development, 1945‒1972*(Cambridge, Mass.: Harvard University Press, 1975), p.22.; 한승주, 제2공화국과 한국의 민주주의, p.12.

16) 한승주, 제2공화국과 한국의 민주주의, p.5.

17) 김광식, "해방직후 여운형의 정치활동과 건준, 인공의 형성과정," 최장집 편, 한국현대사, 1945‒1950 (서울: 열음사, 1985), pp.189‒197.

1945년 해방 당시 한반도 전체의 경찰수는 23,000명 정도였으며 이 중에서 약 40%에 해당하는 9,000명 정도가 한국인이었고 이들은 대부분 낮은 직급에 종사하는 자들이었다. 이들은 통신망과 교통망을 통해서 시골지역에까지 전국적인 수준에서 독자적으로 통제력을 확보하고 있었다. 1946년 초까지 14,000여 명의 일본인 경찰이 일본으로 돌아가고 대신 15,000명 정도의 한국인이 충원된 것으로 여겨진다. 미군정은 63명의 미고문관을 경찰에 파견했는데 이것은 다른 분야의 고문관보다 월등하게 많은 숫자였다. 미군정하에서 사상통제분야나 경제분야에 대한 경찰의 활동은 제한되고 위생업무가 보건국으로 이전되었는데도 국내치안유지의 필요상 경찰의 수는 계속 증가했다. 일제 식민치하에서 경찰로 재직하던 한국인 경찰의 약 85%가 계속 경찰직에 남아 있었으며 월남한 경찰 출신들도 대부분 남한지역에서 경찰로 충원되었다. 경찰의 수는 1946년 7월 25,000여 명에 이르렀고 1948년 9월경에는 34,000명, 1948년 말에는 6만 명 정도로 증가한 것으로 추산된다.[18]

한국경찰은 미군과 같이 사단단위로 편성되었으며 제주도를 포함하여 각 도의 도청소재지에는 경찰청, 각 시에는 경찰서, 각 읍면에는 지서가 설치되어 전국적인 조직을 갖추었다. 미군정은 이들에게 카빈, MI소총 등 무기, 전화, 전신망, 차량 등을 제공하였다.[19] 미군정청이 경찰로부터 정보를 입수하고 그들의 폭 넓은 활동에 의존하게 됨에 따라 경찰의 업무가 증가하였다. 경찰은 특히 좌익의 활동을 통제하고 그들을 검거하는 데 있어서 많은 재량권을 부여받았다. 경찰이 군중집회, 출판, 전단배포 등에 대한 허가권한을 지니고 있었다. 이들은 미군정청의 가장 강력한 통치수단이었으며 해방정국에서 가장 응집력이 높은 조직체의 하나였다.

---

18) Gregory Henderson, *Korea: The Politics of the Vortex*, pp.142 - 143.
19) 조병옥, <u>나의 회고록</u> (서울: 해동출판사, 1986), p.147.

1948년 정부수립까지 정치적 폭력사태를 거치는 동안 강제적 국가기구로서 경찰의 역할이 더욱 중요해졌다. 1948년 5·10선거가 있기까지 전국에서 집계된 자료에 의하면 선거사무소와 관공서에 대한 습격 및 방화가 348건에 이르고, 선거입후보자와 그 가족, 우익인사에 대한 테러로 147명이 사망하고 60여 명이 부상하였다.[20] 미군정은 5·10선거에 대비해서 당시 경찰청장이던 조병옥의 건의에 따라 2만 5천 명에 이르는 국립경찰 외에 보조경찰기구로 향보단을 조직하였다. 향보단은 도와 지방수준에서 55세 이하의 지원자들로 구성되어 경찰과 협력하여 지방자위대의 역할을 담당했다.[21]

1948년 8월 정부수립을 전후하여 제주도 4·3사건과 여순사건이 발생함에 따라서 이승만정권은 치안유지를 위해서 경찰에 더욱 의존하게 되었다. 그 결과 한 정치학자의 표현대로 "1950년 초 무렵까지 1945년 8월 일본의 패퇴에 따른 불확실과 위기의 짧은 기간을 경험한 경찰과 그들의 보수진영 동조자들이 그들의 강력한 수호신인 이승만과 함께 정부 내에서 안전한 참호를 구축한 것"[22]으로 보인다.

한국전쟁이 발발하자 1950년 7월 15일 내무부장관에 취임한 조병옥은 그해 12월 말까지 경찰병력을 6만 5천 명으로 증원할 것을 결정하고 대구와 부산에 경찰훈련소를 설치했다. 한국전쟁 동안 한국경찰 중에서 1만 5천 명이 유엔군에 배속되어 통역, 게릴라 색출, 탄약보호 등의 임무를 담당했다.[23] 한국경찰은 한국전쟁이 끝난 뒤에도 지방수준에서 게릴라를 진압하는 데 중요한 군사적 임무를 수행했다.

이승만은 정부수립 후 지지기반의 일부였던 한민당을 견제하여

---

20) 위의 책, p.194.

21) 위의 책, pp.186－187, 194.

22) 한승주, 제2공화국과 한국의 민주주의, p.19.

23) 조병옥, 나의 회고록, pp.257－289. 한국전쟁 발발 당시의 경찰병력에 대해서는 견해가 엇갈린다. 헨더슨에 의하면 1950년 당시 경찰병력이 6만 정도로 추정되는데(주18), 조병옥은 2만 5천이라고 주장하였다.

내각구성에서 한민당 인사들을 배제하였다. 따라서 1공화국의 초기 이승만이 한민당 및 국회 내의 반대세력들과 경쟁하는 과정에서 국가관료기구와 경찰조직은 가장 확실한 권력기반이 되었다. 그리고 자유당이 지배적 정당으로 등장한 뒤에도 관료·경찰조직은 이승만 정권을 유지시켜 주는 핵심적인 지지기반 역할을 했다.

　도지사와 지방경찰은 대통령이 임명하는 내무부장관의 휘하에 있었으며, 지방경찰들은 지방유지들과 연결되어 있었기 때문에 이승만은 전국적인 행정조직과 경찰조직을 자신의 권력기반으로 이용할 수 있었다.[24] 1953년부터 1957년까지 경사 이상의 모든 경찰직책은 내무부장관이 직접 임명했다. 내무부장관은 자기에게 충성을 보이는 사람을 중요 경찰직책에 임명했으며, 이들은 대부분 내무부장관의 경질과 함께 교체되는 경우가 많았다. 그러나 중요 간부들은 계속 경찰직에 남아 있을 가능성이 많았기 때문에 새로 임명되는 내무부장관들은 이들에게 의존해야 하는 경우가 많았다. 따라서 경찰은 내무부장관의 비호 아래 자신들의 실질적 권한을 확보하고 높은 수준의 내적 응집력을 유지할 수 있었다.[25]

2) 국가와 국회

　1공화국에서 이승만과 관료·경찰은 후원·수혜관계[26](patron-client

24) 한승주, 제2공화국과 한국의 민주주의, p.16.

25) Quee‑Young Kim, *Social Structure and the Revolutionary Movement: A Sociological Study of the 4.19 Uprising in South Korea*, pp.133‑134.

26) 후원·수혜관계는 위계적인 사적 유대관계에 의존해서 사회적·경제적·정치적 목표를 달성하려고 하는 사적 결합관계로서 지주·소작인 관계, 지방의 정치엘리트와 지역주민과의 관계가 여기에 해당된다. Robert R. Kaufman, "Corporatism, Clientelism, and Partisan Conflict: A Study of Latin American Countries," James M. Malloy, ed., *Authoritarianism and*

relationship)를 형성하였다. 이승만은 국가관료들에게 정치적 보호와 공직을 보장해 주고 관료들은 이승만에게 정치자금과 정치적 지지를 제공함으로써[27] 이승만과 국가관료들은 정치·사회세력으로부터 격리된 상호의존관계를 형성하였다. 이승만정권은 국가관료기구와 함께 노동조합, 청년단체, 여성단체 등 사회단체의 지지에 의존하였지만 정당조직과 국회 내의 세력분포에서는 열세에 놓여 있었다. 따라서 1공화국 초기부터 이승만은 국회 내의 반대세력으로부터 여러 가지 도전에 직면했다.

이승만은 제헌의회에서 재석 198명 중 108표를 얻어서 대통령에 당선되었다. 그러나 초대 내각 구성을 계기로 이승만과 한민당의 밀월관계는 결정적으로 와해되었다. 한민당은 제헌의회에서 80석을 차지한 원내 제1세력이었고 그동안 이승만에게 여러 가지 지원을 아끼지 않았기 때문에 다수의 한민당계 인사들이 초대 내각에 진출할 것을 기대했다. 그러나 이승만은 한민당계 인사 중에서 김도연 한 명만을 재무부장관에 임명했다. 그것도 이승만과 김도연과의 개인적 친분관계를 고려한 측면이 많은 임명이었다. 이같이 이승만과 한민당이 정권수립 이후에 결별하게 됨에 따라서 정당기반이 취약한 이승만정권은 국회 내에서 여러 가지 정치적 시련에 직면했다.

이승만과 한민당은 국무총리 인준문제를 놓고 처음으로 충돌했다. 초대 국무총리로는 한민당의 김성수를 비롯하여 사회당의 조소앙, 국민회의의 신익희 등이 거론되고 있었으나 이승만은 이북 출신인 이윤영을 국무총리에 임명했다. 그러나 이윤영은 국회에서 인준을

Corporatism in Latin America (University of Pittsburgh Press, 1977), p.113.; James C. Scott, "Patron‒Client Politics and Political Change in Southeast Asia," *American Political Science Review*, Vol. LXVI, No. 1(March 1972), pp.91‒113.

27) Joungwon Alexander Kim, *Divided Korea: The Politics of Development, 1945‒1972*, p.76‒78.

받지 못했다.[28) 그 대신 이범석이 한민당에게 각료직의 배분을 약속하고 국회로부터 국무총리 인준을 받는 데 성공했다. 그러나 이범석도 이승만의 견제로 한민당에 대한 약속을 실행할 수 없었다.[29)

이승만의 내각구성에서 소외된 한민당은 상해 임시정부 출신의 의원들과 연합하여 1949년 2월 민주국민당을 결성하고 야권을 통합했다. 민주국민당의 의원들이 전체 의석의 3분의 2를 약간 초과하고 있었기 때문에 헌법을 내각책임제로 개정하여 실질적인 정치권력 장악을 기도하는 것이 가능하게 보였다. 이들은 헌법 개정에 앞서 이승만의 정치기반인 행정관료와 경찰을 공격하는 방안을 모색했다. 이 방안의 일부로 나타난 것이 반민족행위자 처벌법에 관한 것이었다.

국회는 1948년 9월 친일파들을 처벌하기 위한 반민족행위자처벌법을 통과시키고 독자적인 법원, 검찰부, 특별조사위원회, 특별수사대 등을 설치했다. 친일파의 처벌은 이승만정권의 정통성을 위협하는 것이었고, 실질적으로 이승만정권의 핵심기반이라고 할 수 있는 관료기구와 경찰의 대폭 경질을 의미하는 것이었다. 이승만은 친일파들을 처벌하여 정통성을 획득하는 대신 정치적 열세에 놓이느냐, 아니면 정통성의 상실을 감수하고라도 확실한 지지기반인 관료와 경찰기구를 보호하느냐 하는 정치적 선택의 기로에 놓이게 되었다. 이승만은 관료와 경찰을 대신할만한 정치조직을 결여하고 있었고, 더군다나 야당의 정치적 도전에 직면하고 있었기 때문에 친일파들을 국가기구에 존속시키는 방법을 택했다. 경찰은 국회의 반민특위 활동에 대한 대응책의 일환으로 국회의원 6명을 공산당이라는 혐의

---

28) 서병조, 주권자의 증언: 한국대의 정치사(서울: 모음출판사, 1963), pp.44－48.

29) Joungwon Alexander Kim, *Divided Korea: The Policics of Development, 1945－1972*, p.121.

로 체포하였으며, 국회의 반민특위본부와 특별경찰대를 공격했다. 이승만은 이 같은 상황에서 1950년 2월 16일 대통령령을 발표하여 국회의 특별경찰대의 해산을 명령함으로써 친일파들은 그대로 국가기구에 남을 수 있게 되었다.30)

민국당은 이승만에게 도전하기 위한 본격적인 조치로 내각책임제로의 헌법 개정을 시도했다. 1950년 3월 9일 민국당의 서상일 의원을 중심으로 하는 민국당 의원 70명과 무소속의원 9명이 79명의 이름으로 내각책임제 개헌안을 국회에 상정하였다. 이승만은 이 헌법 개정안을 부결시키기 위해서 국회의원들을 개별적으로 설득하는 한편, 경찰을 동원할 태세를 갖추고, 이범석 휘하의 민족청년단을 동원하여 개헌반대 데모를 하도록 했다. 1950년 3월 14일 개헌안은 국회표결에 부쳐졌으나 출석 179명에 찬성 79, 반대 33, 기권 66, 무효 1표로 부결되었다.31)

이같이 1공화국 초기에 이승만은 정당조직에 의존하지 않고 관료, 경찰기구, 청년단체를 기반으로 하여 민국당을 중심으로 한 정치세력의 도전으로부터 정권을 지키는 데 어렵게 성공했다. 그러나 그 과정에서 이승만정권의 정통성은 심각한 정도로 손상되었으며 취약한 정치기반은 비정상적인 방법을 통해서만 보완될 수 있었다.

2. 국가재정과 경제적 기반

이승만정권의 허약한 정치구조는 재정구조의 취약으로 더욱 불안한 상황에 놓이게 되었다. 정부수립 후 이승만정권의 재정구조는 극도로 취약했으며 재정적자와 높은 인플레이션으로 시달렸다.

---

30) *Ibid.*, pp.123 - 124.
31) 한태수, <u>한국정당사</u> (서울: 신태양사, 1955), pp.117 - 119.

1948년 12월 10일 한·미경제원조협정이 체결됨으로써 한국은 유럽지역과 같은 조건으로 ECA(Economic Cooperation Administration, 경제협력기구)원조를 받게 되었다. 한국은 ECA원조제공원칙에 의하여 경제안정과 재정균형을 목적으로 하는 8개 원칙을 실행할 것을 약속했다.[32] 그러나 정부수립 직후 일반 정부기능은 거의 마비되어 있었으며 막대한 임시경비의 필요로 인해 재정위기가 발생했다..

1948년의 예산안을 보면 세출에서 국방비가 49억 5천만 원, 치안유지비가 22억 3천만 원으로 국방 및 치안유지비가 총 72억원으로 총 세출 294억 원의 24.5%를 차지하였다. 세입원으로는 조세수입, 인지수입, 관업 및 관유재산수입, 잡수입, 관재총국 특별회계전입금 등의 총합계가 총재정수요의 64.5%밖에 되지 않았고 나머지 35.5%에 해당하는 104억 원은 차입금에 의존해야 했다.[33]

1949년도 정부예산을 보면 세출부문에서는 국방비가 134억 원, 치안비가 109억 원으로 이것이 총 세출의 46%에 이르렀으며 이것은 정상적으로 조달가능한 정부세입에 해당하는 액수였다. 세입부문에서는 조세수입이 109억 원으로 총 세입의 19.1%에 불과했으며 나머지 세입들을 합해도 재정적자가 274억 원에 이르렀다. 계속되는 새정적자와 인플레이션으로 정부는 1949년 5월과 11월에 각각 제1회 추가경정예산과 제2회 추가경정예산안을 제출했다. 그럼에도 불구하고 재정적자와 인플레이션은 계속 증가해서, 1949년 9월 말까지 6개월간 정부수입은 277억 원인 반면, 정부지출은 471억 원에 이르렀다. 그동안 조세징수액은 예상액의 30%에 불과했으며, 정부차입금은 283억 원이 증가하여 일년간 적자예산액 274억을 9억 원이나 초과하였다. 정부지출은 다시 증가하여 12월 말 현재 정부차

---

32) <u>합동연감</u>, 1959 (서울: 합동통신사, 1959), p.65.
33) 한국산업은행 조사부, <u>한국산업경제 10년사, 1945-1955</u> (서울: 한국산업은행, 1955), pp.364-365.

입금이 831억 원이고, 통화유통량은 9월 말보다 218억 원이 증가했고, 물가지수는 4월의 1,100에서 1,710으로 상승했다. 미 의회에 제출된 1억 2천만 달러의 대한원조가 부결됨에 따라서 1950년 3월 말 제3회 추가경정예산안이 마련되었다. 3차에 걸친 추가예산으로 1949년도 일반회계 총액은 1,112억 원으로 팽창하였으며 적자는 516억 원에 이르렀다.[34]

경제위기를 해결하기 위하여 한·미는 한·미경제안정위원회를 구성하여 경제안정화 15원칙을 수립했다. 이것의 목적은 재정균형과 금융건전을 도모해서 인플레이션을 해결하고 생산기반을 확대하려는 것이었다. 1950년도의 예산안은 균형예산안을 목표로 하여 국방 및 치안비가 총지출의 33%로 전년도의 47%에 비하여 감소하였고, 세입 면에서는 조세수입과 정부사업 요금의 인상에 주안점이 두어졌다. 특히 조세수입은 총 세입의 35%에 이르도록 책정되었다. 그러나 이 같은 예산안은 한국전쟁의 발발로 예정대로 집행될 수 없었다.[35]

정부의 재정적자와 인플레이션의 가장 큰 원인은 국방 및 치안비에 너무 많은 비용이 책정되어 있으며 조세수입이 너무 낮은 비율을 차지하고 있다는 데서 연유하였다. 미국은 한국정부에게 조세수입을 증가하고 정부지출을 축소하여 재정적자와 인플레이션을 해결하지 않는 한 경제원조 중단을 검토하겠다고 압력을 가했다. 이 같은 압력은 애치슨 미국무장관이 이승만에게 보낸 경고서한에서 분명하게 표명되었다.[36]

이승만정권이 적극적으로 조세수입을 증가하려 하지 않는 데에는 몇 가지 이유가 있었다. 우선 한국정부는 미국의 재정적 통제에서

---

34) 위의 책, pp.365－370.

35) 위의 책, pp.371－377.

36) Joungwon Alexander Kim, *Divided Korea: The Politics of Development*, 1945－1972, p.129.

벗어나고자 했다. 조세징수의 증가로 미경제고문단 측의 재정통제가 강화되는 것을 원치 않았던 것이다. 이것보다 더 중요한 이유는 이승만정권은 조세인상으로 국가재정에 대한 야당의원들의 조사 및 감독권이 증가되는 것을 원하지 않았다는 점이었다. 민주국민당이 1950년도 예산안의 승인을 거부함에 따라 이승만은 예산안이 통과될 때까지 국회의원선거를 연기하겠다고 할 정도로 예산문제를 둘러싸고 정부와 국회의 대립이 심각하였다. 이 문제를 둘러 싼 국회와 이승만의 대립은 선거를 실시하지 않을 경우 경제원조를 중단하겠다는 애치슨의 각서로 인해 이승만이 양보함으로써 해결되었다. 이승만과 관료들은 자기들이 영향력을 행사할 수도 없고 국회의 권한만을 증가시키게 될 조세징수 증가를 모색하기보다는 경찰과 청년단체를 통해서 제공되는 독자적인 재원에 의존하는 방법을 고수하고자 했다.[37]

그리고 재정적자의 최대 원인중의 하나는 국방비와 치안비의 과도한 지출에서 연유하는 것이었는데 이것은 국내적 혼란과 북한과 대치한 안보적 이유 때문에 불가피했다. 더욱이 국방비 감축은 이승만에 대한 군부의 충성심을 약화시킬 우려가 있었다. 그렇다고 이승만정권의 핵심지지기반인 관료와 경찰기구를 축소할 수도 없었다. 국내적으로 정치적 혼란이 계속되고 있었고 국회에서는 야당의 반대에 직면한 상황에서 관료·경찰기구의 축소는 정권 붕괴를 초래할 가능성을 내포한 것으로 간주되었다.[38] 이 같은 맥락에서 이승만정권은 경제원조를 감축하겠다는 미국의 압력을 무릅쓰고서라도 국내의 정치적 기반을 유지하는 방법을 택했다.

1공화국의 전 기간을 통해서 한국경제의 미국의존도는 매우 높았다. 이것은 한국정부의 정책자율성을 제약하는 요인으로 작용했다.

---

37) *Ibid.*, pp.128 – 131.
38) *Ibid.*, pp.131 – 132.

정부수립 직후부터 한국정부와 미국은 경제정책의 우선순위문제에 대해 대립하였다. 한국정부는 정부지출감소와 조세징수를 통해서 재정균형을 달성하기 보다는 가능한 한 미국원조를 많이 확보하고 미국과 야당의 재정통제로부터 벗어나고자 했다. 미국은 한국정부에게 조세징수확대와 지출감소를 권고하고 한국정부의 경비지출과 재정에 대한 통제력을 강화하고자 했다. 미국이 정부수립 초기에 미군정의 관리하에 있었던 귀속재산의 양도와 경제원조제공을 조건으로 한국정부에게 모든 물자구입과 분배를 책임 맡는 구매청장직을 신설하고 미국 측이 추천하는 인사를 임명하도록 한 것도 이 같은 배경에서였다.[39]

한국정부는 미경제원조자금으로 최소한의 경상비를 지출하고 국가기구를 유지할 수 있었다. 미국은 원조를 정치적 지렛대로 이용하여 1950년 국회의원선거를 연기하려는 이승만의 의사를 번복시킬 수 있었다. 그러나 미 정부의 대한원조 법안은 1950년 상반기 미 하원에서 부결된 후 축소되어 통과되는 우여곡절을 겪었으며, 원조액수도 1948년의 1억 7,959만 3천 달러에서 1949년에는 1억 1,650만 9천 달러로 삭감되었고, 1950년에는 5,870만 6천 달러로 줄어들었다.[40]

이와 같이 이승만정권은 정부수립 초기에 재정적자, 인플레이션, 미국의 경제원조의 감축, 주한미군철수, 내란상황의 지속, 야당과의 대립 등으로 매우 불안한 상황에 놓여 있었다. 이승만정권이 이 같은 대내외적 위기상황에서 벗어날 수 있는 전망은 좀처럼 보이지 않았으며 그럴수록 이승만은 정치적 기반을 확대하고 재정적 기반을 넓히는 방법보다는 보수적 정치질서를 온존시키고 관료·경찰기구에 의존하는 방침을 택했다.

---

39) 그러나 한국정부는 정부가 수립된 지 3-4개월 후에 부패를 이유로 구매청장을 구속하였다. *Ibid.*, pp.127-128 참조.

40) *Ibid.*, p.129.

3. 농지개혁과 국가의 역할

커밍스(Bruce Cumings)는 베링턴 무어(Barrington Moore)[41]가 농업 사회에서 근대산업사회로 전환하는 노선으로 제시한 3가지 유형 중에서 한국의 경우는 농민혁명에 의해서 근대사회로 전환되는 유형에 적합한 구조적 요인을 지니고 있었다고 지적하였다. 한국에서는 지주귀족이 상업자본가로 전환하기보다는 국가기구의 보호 아래 잉여를 수탈했으며, 영국과 같은 자영농민(yeoman)이나 상업자본계층이 형성되지 않았기 때문에 영국, 프랑스와 같은 민주주의유형으로는 발전하기 힘들었다는 것이다. 그리고 조선시대의 농업관료국가가 지주귀족에 대해서 취약했기 때문에 국가관료와 대지주층의 연합에 의해서 일본, 독일과 같은 파시스트 유형으로의 발전도 힘들었다는 것이다. 따라서 한국에서는 중국이나 러시아에서와 같이 농민혁명이 발생할 수 있는 조건이 성숙되어 있었다고 지적했다.[42]

일제 식민통치하에서 농민들의 조건은 더욱 악화되어서 농민문제는 노동자문제와 함께 해방 직후 중요한 정치적 문제로 등장했다. 미군정하에서 신한공사 소유의 토지가 분배되었지만[43] 1948년 8월 정부가 수립되었을 당시 소작농이 전농가의 21%이고, 자작 겸 소작농이 42%에 이르는 상태였다. 이런 상황에서 정부수립 후 농지개혁

---

41) Barrington Moore, *The Origins of Dictatorship & Democracy: Lord and Peasant in the Making of the Modern World* (Boston: Beacon Press, 1966).

42) Bruce Cumings, *The Origins of Korean War: Liberation and the Emergence of Separate Regimes, 1945 - 1947* (Princeton, N. J: Princeton University Press, 1981), p.17.

43) 미군정은 일제하의 동양척식주식회사를 신한공사로 개편해서 군정청의 관리하에 두었다가 신한공사 관리하의 귀속농지를 대상으로 1948년 3월에 농지개혁을 실시하였다. 여기에 대해서는 다음을 참조하기 바람. 농지개혁사 편찬위원회, <u>농지개혁사 상권</u> (1970), pp.333 - 368.

은 최대의 정치적 문제의 하나로 대두되었다.

농지개혁은 여러 가지 측면에서 중요한 정치적 의미를 내포하고 있었다. 첫째, 1공화국은 급진좌파세력과 중도세력을 배제하고 성립한 분단국가로서 대내외적 정통성을 확립해야 하는 문제를 안고 있었다. 미국은 소련과 대립하는 냉전체제로 돌입하면서 한국의 정통성을 국제적으로 인정받게 하기 위해서 농지개혁이 필요하다는 입장을 취하고 있었다. 그리고 이승만정권은 농지개혁을 실시함으로써 농촌지역에서 혁명적 소요와 정치적 불안요인을 제거하고 정치적 안정과 정통성을 획득할 필요성을 지니고 있었다. 또한 정부수립 직후부터 한민당과 그 후의 민주국민당의 도전에 직면한 이승만정권은 농지개혁을 실시하여 지주들의 경제적 기반과 함께 정치적 기반을 제약할 필요성을 인식하고 있었다. 더욱이 북한에서 이미 1946년 3월 5일 "북조선 토지개혁에 관한 법령"이 공포되어 토지개혁이 실시되었다[44]는 것도 이승만정권에게는 대내외적으로 큰 압력요인이었다.

농지개혁을 둘러싸고 국가, 국회, 지주가 첨예하게 대립하였다. 국가기구 내에서도 급격한 개혁법안을 주장하는 농림부와 다른 부처들이 대립하였다. 주요 쟁점은 농지개혁으로 인해 발생하는 재정부담, 국가의 정책적 자율성, 농지개혁을 통한 정통성의 확립문제 등이었다. 국회 내에서는 지주 출신의 민국당과 도시 지식인 출신인 소장강경파들이 대립하였으며 이들의 대립은 농지개혁을 통과시키는 주요 요인의 하나가 되었다. 지주계급의 이익표출은 한민당을 통한 방법 외에는 제한되어 있었다. 취약한 정치기반, 재정적자, 정통성 결여로 시달리고 있던 이승만정권은 농지개혁을 통해서 어느 정도 정통성을 획득하고 지주계급과 한민당으로부터 자율성을 획득

---

44) 북한의 토지개혁에 대해서는 다음을 참고하기 바람. 장상환, "토지개혁과 농업협동화 과정의 특질," 고현욱 외, 북한사회의 구조와 변화 (서울: 경남대학교 극동문제연구소, 1987), pp.95 – 133.

하는 한편 재정적자를 해결하는 데도 도움을 받았다.

1) 농지개혁안의 작성

(1) 정부의 농지개혁안: 농림부안과 기획처안

농지개혁법안은 정부와 국회에서 별도로 마련되었으며 정부안은 먼저 농림부 주도로 작성된 뒤 기획처에 의해서 수정되는 과정을 밟았다.

이승만은 1946년 2월 남조선 대한민국대표 민주의원 의장의 자격으로 27개 정책강령을 발표했다. 여기에서 토지개혁에 대해서 유상몰수, 유상분배의 기본입장을 밝혔다.[45] 이승만은 1948년 9월 30일 국회연설에서 농지개혁의 필요성에 대해서 언급했으나 구체적인 원칙은 밝히지 않고 자신의 정치적 영향력을 증대시킬 수 있는 방안을 모색하였다.

농지개혁과정에서 초대 농림부장관에 임명된 조봉암이 특히 적극적인 역할을 한 것이 주목된다. 공산주의자의 전력을 지닌 조봉암이 초대 농림부장관에 임명된 데에는 여러 가지 해석이 엇갈린다. 우선 이승만정권이 보수주의적 우익정권이라는 비난을 면하기 위한 정치적 고려에서 나온 것이라고 볼 수도 있다. 또한 한민당을 견제하고 농지개혁을 실행하기 위한 이승만의 정치적 의도에서 나온 결과라고도 할 수 있다. 조봉암의 주도 아래 농림부 산하에 농지개혁법안 기초위원회가 결성되었으며 이 위원회는 농지개혁법안과 함께 농업협동조합법을 입안하는 책임을 맡았다. 농림부에서 법안기초의

---

45) Robert T. Oliver, *Syngman Rhee: The Man Behind the Myth* (New York: Dodd, Mead and Company, 1954), pp.365 - 367.

실질적 책임을 맡은 강진국 농림국장은 조봉암과 함께 농지개혁을 위해서 적극적인 활동을 전개했다.

농림부가 작성한 농지개혁법 초안은 1948년 11월 24일 각 신문에 발표되었는데, 발표 전 11월 22일과 11월 23일에 각도의 농업경제과장회의가 개최되었다. 그리고 1949년 1월 중으로 지방공청회가 개최되었다.[46] 농림부가 각도의 농업경제과장회의와 지방공청회를 개최한 데에는 다음과 같은 목적이 있었던 것으로 분석된다. 첫째, 농지개혁문제와 직접 연관되어 있는 지방관리들에게 농지개혁법안을 검토할 수 있는 기회를 주기 위한 것으로 볼 수 있다. 둘째, 농지개혁이 임박했음을 알림으로써 지주들의 농지매각 현상을 방지하기 위한 의도도 지니고 있었다. 그리고 농지개혁에 대해서 보수적인 입장을 보이고 있는 민국당계열의 국회의원들에게 압력을 가하기 위한 것이었다고 할 수 있다.[47] 이 같은 농림부의 적극적인 활동은 농지개혁법안문제를 보다 긴박한 정치문제로 만들었다.

농림부가 작성한 농지개혁법안 중에서 중요쟁점은 ⅰ) 지주에 대한 보상은 연평균생산량의 150%로 하며(8조 1항), 공채상환은 3년을 경과한 뒤 그 후 10년간은 균등액을 분할지급한다(9조 2항). ⅱ) 농지분배면적은 1호당 2정보로 하며(11조) 상환액은 연평균생산량의 120%이고(12조 1항), 매년 20%씩 6년에 걸쳐 납부한다(12조 2항), ⅲ) 농지개혁이 완료될 때까지 일반농지에 대한 처분행위를 금지한다(4조) 등이었다.[48]

농림부초안은 1949년 1월 24일 국무회의의 심의를 거친 뒤 기획처에서 수정되어 기획처수정안이 마련되었다. 기획처안에서 쟁점은

---

46) 강진국, "헐뜯긴 농지개혁법 초안," 신동아 (1965. 10), p.191.

47) Zeon Young-Cheol, *The Politics of Land Reform in South Korea,* Unpublished Ph.D. Dissertation, Univ. of Missouri, 1973, p.173.

48) 농지개혁사 상권, pp.371-373.

ⅰ) 지주보상액과 농민상환액을 200% 동일비율로 하여 10년 동안 상환 및 보상하도록 하고, ⅱ) 지주보상을 3년 경과한 뒤 실시하는 조항을 삭제하고, ⅲ) 소유권이동금지조항을 삭제한 것이었다.[49] 기획처안은 1949년 2월 4일 국무회의를 통과하여 2월 5일 국회에 제출되었다. 농림부초안이 국무위원들의 반대에 부딪쳐서 보다 보수적인 성격을 지닌 기획처안으로 수정된 점에 대해서는 몇 가지 해석이 가능하다.

첫째, 이승만과 국무위원들이 지주계급의 이익을 반영하여 농림부초안을 지주들에게 보다 유리한 방향으로 수정했다는 해석이다. 기획처안은 결과적으로 지주보상을 200%로 인상하고 3년 거치 조항을 삭제하고 소유권이동금지조항을 삭제한 점에서 지주들의 이익에 보다 근접한 것이었다고 해석될 여지가 있다. 그러나 기획처안이 지주계급의 이익을 일방적으로 반영했다는 국가도구주의적인 해석보다는 여러 가지 정치적 요인과 국가재정 문제를 함께 고려하는 것이 타당하다.

우선 이승만은 당시의 정치적 상황에서 대내외적 정통성을 확립하고 지주계급의 경제기반을 제거하기 위해서 농지개혁법안을 조속히 통과시켜야 될 필요성을 인식하고 있었다. 이것을 고려할 때 농림부안의 지주보상액이 미군정이 실시한 농지개혁의 지주보상액에 미치지 못하며[50] 지주보상을 3년거치로 한다는 조항 등이 당시 지주 출신인 민국당이 다수를 차지하고 있던 국회 내에서 통과되기 힘들다고 판단했던 것 같다. 이승만은 지주계급의 이익을 일방적으

---

49) 위의 책, p.391.

50) 미군정의 농지개혁법안에서 지주보상액은 연평균생산량의 300%였다. 국회의 산업위원회안도 이것을 이유로 지주보상액을 300%로 하였다. 따라서 지주들은 기획처안의 지주보상액 200%가 자신들에게 그다지 유리하다고 여기지 않았음을 알 수 있다.

로 옹호한다기보다는 조속한 국회통과를 위하여 농림부초안을 지주에게 호의적인 방향으로 수정했다고 할 수 있다. 이승만이 일방적으로 지주계급의 이익을 옹호한다기보다는 지주계급과 농민을 상호 견제하여 자신의 영향력을 확대하려고 했다는 사실은 1949년 3월 12일 농지매매금지에 대한 임시조치법을 우선적으로 제정해 달라는 대통령 서한을 국회의장 앞으로 보낸 데서도 나타난다.[51] 농지매매금지조항은 당시 농지개혁을 앞두고 지주들이 소작인들에게 농지를 매각하는 현상을[52] 금지하고자 한 것이었으나 지주 출신의원들의 반대로 입안되지 못했다.

한편 조봉암 농림부장관을 제외한 다른 부처의 각료들이 어느 정도로 지주계급의 이익을 반영하고자 했는지, 아니면 농지개혁법안의 조속한 통과를 위해서 농림부초안의 수정에 동의했는지는 분명하지 않다. 다만 한 가지 명확한 것은 김도연 재무부장관은 농지개혁과 관련하여 발생하게 될 국가재정부담을 민감하게 인식했으며, 이것이 지주보상액과 농민상환액을 200% 동률로 하는 데 가장 중요한 요인으로 작용했다는 점이다.[53] 그러나 지주보상 3년 거치 조항이 궁극적으로 국가재정에 도움이 되는데도 이 조항을 삭제하고 재정부담을 전적으로 농민에게 전가시킨 것은 결과적으로 지주들에

51) 강진국, "헐뜯긴 농지개혁법 초안," p.194.
52) 지주들의 소작지 방매에 대해서는 다음을 참조하기 바람. 장상환, "농지개혁과정에 관한 실증적 연구," 강만길 외, 해방전후사의 인식2 (서울: 한길사, 1985), pp.311-323.
53) 농림부 초안은 150%의 지주보상액과 120%의 농민상환액의 격차를 지주보상 3년거치에 의해서 해결하고자 했으며, 이 방법에 의해서 인플레와 재정적자를 방지하는 한편, 식량확보문제를 해결하려고 했다는 주장이 있다. 강진국, "헐뜯긴 농지개혁법 초안" p.196. 이와 함께 농림부는 귀속농지의 매매에서 들어오는 재원을 바탕으로 특별회계를 마련하여 이것으로 상환액과 보상액의 차액인 30%를 충당하려고 했다는 견해도 있다. 농지개혁사 상권, p.371.

게 유리한 방향으로의 수정이었다고 하지 않을 수 없다.

요컨대 정부의 농지개혁법안 작성과정에서 농림부의 적극적인 주도하에 마련된 농림부초안은 농림부직원과 각 도의 농업 및 경제분야의 관료들로부터 지지를 받았던 것으로 보여진다. 농림부초안은 이승만과 각료들의 반대로 결과적으로 지주들에게 유리한 방향으로 수정되어 기획처안이 마련되었다. 기획처안은 구조주의적 마르크스 이론의 시각에서 볼 때 궁극적으로 지주계급이익의 옹호하는 한계를 벗어나지는 못했다고 할 수 있다. 그러나 각료들이 친지주적 성향을 지니고 있었다는 점을 감안하더라도 이것이 일방적으로 지주계급의 이익을 반영했다고 보기는 힘들다. 이승만은 조속한 국회통과를 염두에 두고 지주 출신 국회의원들이 수용할만한 방향으로 수정을 하려고 했고, 이를 통해서 대내외적 정통성을 확립하려고 했다. 그리고 국가재정 측면에서 볼 때, 이승만정권은 최소한 농지개혁을 통해서 발생하는 재정부담만은 피하고자 했으며, 이 부담을 농민들에게 전가했다.

(2) 국회의 농지개혁안 작성

정부의 기획처안은 1949년 2월 5일 국회에 제출되었다. 국회에는 정부의 법안 외에도 대한노총의 안, 이훈구의원의 안 등 5~6개의 안이 제출되어 있었다. 국회의 농림분과위원회는 여러 초안들을 참조하여 1949년 1월말 산업위원회안을 마련하였다.

산업위원회안의 주요 내용은 ⅰ) 지주보상은 연평균 생산량의 300%, 10년 분할로 하며(제7조, 제8조), ⅱ) 농민상환은 연평균 생산량의 300%를 10년 분할로 하고(제13조), ⅲ) 농지를 매수당한 지주는 희망과 능력에 따라 유망한 사업에 참여하도록 정부가 알선한다(제10조)[54] 등이었다. 산업위원회안은 정부의 기획처안보다 지주에게 유리한 보수적 내용이어서 많은 논란의 대상이 되었다. 산업위원회안을 둘러싸고 지주 중심의 민국당계열과 혁신적인 소장파의원들 간의 대립이 격화되었다.

제헌의회에서 산업위원회는 농림분과, 상공분과, 광공분과, 수산분과로 세분되었으며 총 34명의 의원이 소속되어 있었다. 그중에서 농지개혁법안을 직접 작성한 농림분과위원회에는 12명의 의원이 소속되어 있었다.[55] 먼저 산업위원회 소속의원들의 직업배경을 살펴보면 34명의 산업위원회 소속의원 중에서 농업이 직업인 사람이 19명, 정치활동가가 7명, 의사가 1명이었다. 교육배경을 보면 대학졸업자가 13명, 전문학교 졸업자가 5명, 중학교(6년제) 졸업자가 12명, 서당 출신이 2명이었다. 이들의 소속정당을 보면 민주국민당이 13명, 대한노농당 5명, 以正會 8명, 청구회 3명, 同仁會 1명, 成人會 1명, 대한노총 1명 등이었다.[56]

산업위원회 중에서도 농림분과위원들의 직업배경을 살펴보면, 농업이 직업인 자가 7명, 정치활동가가 3명, 사업가 1명, 의사 1명이었다. 이들의 교육배경을 보면 대학졸업자가 4명, 전문학교 졸업자가 2명, 중학교 졸업자가 5명, 서당 출신이 1명이었다. 이들의 정당소속을 보면 민주국민당소속이 4명, 대한노농당 3명, 以正會 2명, 청구회 1명, 同仁會 1명, 대한노총 1명 등이었다.[57]

이상을 종합해 볼 때 산업위원회와 농림분과위원회의 소속의원 가운데 민주국민당 출신과 지주계층이 제일 많은 비중을 차지하고 있었다. 이런 배경에서 국회의 산업위원회안이 여러 형태의 농지개

---

54) 농지개혁사 상, pp.397‒399.

55) 농림분과의 소속의원은 1948년 5월 31일 제헌의회 제1회 정기국회당시 14명이었으나, 1949년 12월 20일 제2회 정기국회에서는 12명으로 줄었다. 국회 10년지 (대한민국국회, 민의원사무처 법제조사국, 1958), pp.42‒45.

56) Zeon Young Cheol, *The Politics of Land Reform in South Korea*, p.150.

57) *Ibid.*, pp.150‒153.

혁법안 중에서도 가장 지주들에게 유리한 보수적인 내용으로 되어 있었다는 것을 이해할 수 있다.

제헌국회의 개회당시 원내 세력분포는 무소속 102명, 대한독립촉성국민회 53명, 대동청년단 14명, 한국민주당 29명 등으로 되어 있었다. 무소속 중에서 약 40명 정도는 사실상 한민당 계열이었고, 나머지 무소속의원들은 여러 번의 교섭단체 변경을 통해서 한독당계의 同仁會, 급진이론파인 成仁會, 민족청년단계의 청구회 등을 중심으로 약 60여 명의 소장파그룹을 형성하여 정치적 영향력을 발휘하였다.58)

소장파의원들은 여러 가지 정치적 쟁점을 둘러싸고 한민당 및 한민당의 후신인 민국당과 대립하였다. 소장파의원들은 반민족행위자의 처벌에 있어서도 적극적이었으며 실제 상당수의 소장파의원들이 반민특위의 조사위원과 검찰관으로 행동하였다. 이들은 특히 농지개혁법을 둘러싸고 민주국민당 및 지주 출신 의원들과 대립하여 국회산업위원회안의 보수적인 내용을 최종적으로 변경시키는데 있어서 주도적 역할을 했다.59)

1949년 1월말 작성된 산업위원회안은 3월 10일에야 제2회 정기국회 50차 본회의에 상정되었다. 제1독회(제50차, 52차, 53차 본회의)에서 질문한 의원은 17명이었는데 이들의 정당소속은 무소속이 4명, 대한노농회 소속 2명, 민주국민당 소속 2명, 成仁會, 靑丘會, 以正會 등 소장파의원들이 9명이었으며, 소장파의원들은 산업위원회안을 맹렬히 비판하는 질문공세를 폈다. 55차와 57차 본회의에서 질문한

---

58) 이기하, 한국정당 발달사 (서울: 의회정치사, 1961), pp.200 - 203.

59) 서병조, 주권자의 증언, pp.67-69. 그러나 1949년 5월부터 7월사이에 국회부의장 김약수를 포함하여 소장파의원 13명이 국회내에서 공산주의 조직을 결성하려고 했다는 "국회프락치 사건"에 연루되어 소장파세력은 결정적인 타격을 입고 이후 정치적 영향력을 상실하였다. 국회 10년지, pp.86 - 87.; 서병조, 주권자의 증언, pp.65 - 66.

의원은 27명인데 이중에서 2명만이 산업위원회안을 분명히 지지했으며 몇 사람이 중간적 입장을 취했고, 대다수가 비판적인 견해를 표명했다.[60]

1949년 4월 1일부터 시작된 제2국회 축조심의가 진행되어 1949년 4월 27일 최종적으로 국회의 농지개혁법안이 결정되었다. 국회의 최종법안은 (ⅰ) 지주보상은 150%, 5년 연부로 하며, (ⅱ) 농민상환은 125%, 5년연부로 한다는 것이었다. 이것은 산업위원회안에 비해서 농민에게 유리한 방향으로 수정된 것이었다. 1949년 4월 27일 국회에서 통과된 농지개혁법안은 5월 2일 정부로 이송되었으나 정부는 수정을 요청하고 국회로 환부했다. 그런데 국회가 휴회중이여서 이 법안은 5월 16일에 소멸되었다.

정부의 수정 요구사항은 주로 국가재정부담과 관련된 것이었다. 이것은 첫째, 농민상환액과 지주보상액의 격차인 25%를 정부가 부담해야 되는 문제, 둘째, 영세농민이나 소지주에게 농지대금의 3할을 국가가 보조하기로 한 사항(제7조 5항), 셋째, 자유 양도가 가능하게 된 정부발행 지가증권을 산업시설 투자에만 사용하도록 수정할 것 등이었다.[61]

소장파의원들은 정부의 농지개혁안 소멸통고는 지주 출신의 정부 각료들이 농지개혁법통과를 지연시키려는 것이라고 인식하였다. 또한 이 문제는 보다 큰 맥락에서 봤을 때 반민특위법이나 지방자치법의 경우와 마찬가지로 대통령과 국회 간의 권한경쟁의 성격을 띤 것으로 인식되었다. 결국 대통령의 농지개혁법안 소멸통고문제는 합헌성 여부에 대한 논란을 거쳐서 1949년 6월 15일 최종 확정되었다. 정부는 재회송된 법률을 1949년 6월 21일 법률 제31호로 공포하였다.[62]

---

60) Zeon Young Cheol, *The Politics of Land Reform in South Korea*, pp.164－165.
61) George M, McCune and Arthur L. Grey, Jr., *Korea Today* (Cambidge: Harvard University Press, 1950), p.138.

2) 농지개혁법안의 수정

1949년 6월 21일 농지개혁법안은 법률로 공포되었으나 입법과정에서 여러 가지 논란이 제기되었을 뿐만 아니라 적용상의 여러 문제로 수정이 요구되었다. 국무총리 명의로 된 수정요구안이 있었으며 이승만대통령도 국회연설에서 농지개혁법안의 개정을 주장했고, 국회의원들도 여러 개의 수정안을 제출하였다.

국회의 산업위원회는 여러 수정안을 참고로 하여 1949년 12월에 농지개혁수정안을 작성했다. 수정안의 주요 내용은 (i) 지주보상은 연평균 생산량의 240%로 8년 연부로 하고(제7조 1항), (ii) 농민상환은 연평균 생산량의 240%로 8년 연부로(제13조 1항), (iii) 소작인의 경우 상환액의 25% 정부보조, 중·소지주에 대한 30% 정부보조 조항의 삭제(제7조 5항), (iv) 자유롭게 양도가 가능했던 정부보증 융통식증권을 자유양도가 불가능한 지가증권으로 바꾸고 이 지가증권을 기업자금에 사용할 경우에는 정부가 융자보증을 한다(제8조 1항)[63] 등이었다.

여기에서 특히 중요 쟁점은 국가가 재정부담을 피하기 위해서 여러 조항의 수정을 요구했다는 점이며, 산업위원회의 시주 출신 의원들이 법안 수정을 계기로 지주보상액 인상을 기도했다는 점이다.

국가가 지주보상액과 농민상환액의 차액인 25%를 부담하고 소작인 및 중·소지주에게 자금보조를 함으로써 발생하게 될 재정부담에 대해서 이범석 국무총리, 김도연 재무부장관, 이종현 농림부장관들이 계속 주의를 환기시켰다. 특히 김도연 재무부장관은 국회답변에서 농민들의 상환예상액이 총 632억 원인데, 지주보상 예상액은

---

62) 농지개혁사 상, P.463.
63) 위의 책, pp.472 – 476.

총 758억 원이기 때문에 정부가 126억 4,800만 원을 부담해야 된다는 점을 밝혔다. 결국 정부의 이런 주장이 받아들여져서 지주보상액과 농민상환액을 동률로 하고 상환금에 대한 정부보조금 조항도 삭제되었다.[64]

농지개혁법안의 원안에 의하면 지주보상액은 150%였는데, 산업위원회 수정안은 지주보상액을 240%로 인상하였다. 그리고 이와 함께 박해극 의원은 보상액을 200%로 하는 내용의 수정안을 제안하였다. 이 세 가지 안을 표결에 부친 결과 원안대로 150%안이 통과되었다.[65]

표 1. 농지개혁법안의 수정

	농림부초안	기획처안	국회산업위원회안	국회결정안	국회산업위원회수정안	개정확정안
지주보상액	연평균생산량의 150%	200%	300%	150%	240%	150%
보상기간	3년 거치 10년 분할지급	10년 연부	10년 연부	5년 연부	8년 연부	5년 연부
농민상환액	연평균생산량의 120%	200%	300%	125%	240%	150%
상환기간	연 20%씩 6년 상환	10년 연부	10년 연부	5년 연부	8년 연부	5년 연부

농지개혁법 개정법률안은 1950년 3월 10일 법률 제 108호로 공포되었다. 농지개혁법 실시를 위한 예산 확보를 위해서 정부는 처음 1년 동안의 농지개혁 실시경비를 5억 2백만 원으로 책정하고 1949년 12월 추가경정예산안을 국회에 제출하였다. 그러나 국회의 심의지연으로 정부는 예비비 1억 44만 원을 지출하였다. 그 후 이승만대통령의 조속한 심의통과 요청이 있은 뒤 1950년 3월 21일 정부예산안보

---

64) Zeon Young Cheol, *The Politics of Land Reform in South Korea*, pp.181 – 182.

65) 농지개혁사 상, p.483.

다 삭감된 3억 4천 9백 69만 원의 예산이 국회에서 확정되었다.[66]

1공화국은 정권수립 초기 행정적 침투력과 국가재정 면에서 상당히 취약하였고, 치안불안으로 시달리고 있었으며, 국회에서는 한민당과 대립하였다. 이런 배경에서 이승만정권은 농지개혁법안을 통과시킴으로써 최소한의 정당성기반을 확보하는 한편 지주계급의 정치·경제적 기반을 붕괴시키고 사회적 통제력을 확대하는 데 성공하였다.

농지개혁과정에서 이승만은 농지개혁의 조속한 실시를 원하였으나 지주나 농민의 어느 한 측의 이익을 대변하기보다는 양측을 상호 견제함으로써 자신의 통치기반을 확대하려고 했다. 이승만은 조봉암을 농림부장관에 임명하여 한민당을 견제하는 한편 농지방매금지법안의 제정을 요청하기도 했다. 그러나 이승만은 농지개혁을 위해서 농민조직을 동원하지는 않았다. 또한 농지개혁을 실시한 뒤에도 농업 생산성향상을 도모하거나 농민조직을 육성하는 행동은 하지 않았다. 이승만은 농지개혁을 통해서 최소한의 정치적 목적을 달성하고 지주나 농민이 주요 정치세력으로 성장할 수 있는 가능성을 차단하였다.

지주 출신의 한민당계 의원들이 국회의 다수당을 차지하고 있는 상황에서 지주들의 구상보다 진보적인 내용의 농지개혁법안이 마련될 수 있었던 가장 중요한 이유는 국가관료들이 한민당계로부터 격리되어 있었다는 점과 국회 내의 급진적 소장파 의원들의 활동에서 찾을 수 있다.

한민당이 초대 내각에서 배제됨으로써 국가기구에 대한 한민당의 침투력은 매우 낮은 수준에 머물렀다. 국가관료들은 한민당과 관련을 맺기보다는 이승만의 보호 아래서 보다 안전하게 지위를 유지할

---

66) <u>위의 책</u>, pp.495 – 496.

수 있다고 믿었다. 국가기구 중에서도 농림부와 각 도의 농업경제 담당 관료들이 한민당의 영향력으로부터 단절되어 있었으며 이들이 정책발의를 주도했다는 점이 주목된다. 그러나 국가기구 내에서 농림부의 자율성은 제한되었다. 이것은 농지개혁법안의 조속한 통과를 위해서 지주들에게 어느 정도 양보를 해야 된다는 인식과 국가 재정부담이 고려된 결과였다고 할 수 있다.

재무부는 농지개혁으로 인해 발생하게 될 재정부담을 피하기 위해서 기획처 수정안을 마련하고, 국회결정안을 환송했으며 수정안을 요구하는 데 있어서 적극적이었다. 뿐만 아니라 재무부는 소지주에 대한 정부보조금 조항을 삭제하고, 지가증권의 자유양도가 불가능하도록 하는 데도 성공했다. 국가재정과 관련된 사항에 있어서 재무부는 최소한의 이익을 확보하는 데 성공했다.

한민당계열은 국가기구에 진출하는 데 실패하고 다수당으로서 여러 면에서 국가와 대결을 모색하였으나 그때마다 실패하고 농지개혁을 통해서 결정적으로 정치·경제적 기반을 상실하였다. 한민당계는 지주들에게 유리한 조건으로 국회 산업위원회안을 작성하고 산업위원회 개정안을 마련했으나 소장파의 강경한 반대로 뜻을 이루지 못했다. 그런 상황에서도 한민당계는 농지방매금지법 통과를 지연시킴으로써 농지개혁의 효과를 경감시키는 데에는 성공하였다.

소장파의원들은 국가와 한민당을 상대로 투쟁을 전개하였으며 정부기획처안이나 산업위원회안보다 진보적인 내용의 농지개혁법안을 마련하는 데 있어서 결정적인 기여를 했다. 그렇지만 소장파의원들도 국가재정부담 문제에 대해서는 양보를 하지 않을 수 없었다.

전반적으로 농지개혁법안에 대한 정치적 논의는 국회와 국가기구를 중심으로 진행되었으며 지주층이나 농민의 자발적인 정치활동이나 이들을 적극적으로 동원하려는 노력은 찾아보기 힘들었다.

3) 농지개혁의 정치·경제적 영향

농지개혁이 한국사회에 미친 정치·경제적 결과를 다음과 같은 몇 가지 측면에서 살펴볼 수 있다.

첫째, 농지개혁은 농촌지역의 불평등을 어느 정도 완화하고 소작 영농의 정치적 지지를 획득하는 데 기여했다. 농지개혁대상 농지의 약 70%가 실제로 재분배되었으며, 전체 2백만 가구 정도의 농가 중에서 약 백만 가구 이상의 농가가 농지분배의 혜택을 받았다. 1947년에 1정보 이하의 토지를 경작하는 농가가 전 농가의 41% 내지 45% 정도였는데, 1953년에는 약 30%의 농가만이 1정보 미만의 토지를 경작하게 되었다.[67]

그러나 한국의 농지개혁은 농업생산성향상으로 연결되지는 못했다. 농지소유상한선으로 설정된 3정보(7.3에이커)는 한 농가가 생존할 수 있는 최소한도의 농지면적이었다. 따라서 농지개혁 이후 생산성향상에 의해서 상업적 농업자본이 형성될 가능성은 거의 없었다. 영농설비 및 농사자금의 부족, 정부관리의 소홀 등으로 영세자영농들은 농업생산성을 향상시키거나 경제적 기반을 확립할 수는 없었으며 소작농의 비율이 점차 다시 증가하기 시작했다.[68]

농지개혁의 중요한 정치적 결과 가운데 하나는 급진좌파세력이 농촌지역에서 지지기반을 상실하고 정치적 갈등의 초점이 농촌지역

---

67) David C. Cole and Princeton N. Lyman, *Korean Development: The Interplay of Politics and Economics* (Cambridge, Mass.: Harvard University Press, 1971), pp.21 – 22.

68) 이 점은 대만이 농지개혁 이후 소규모 독립자영농에 대한 계획적 지원 및 관리정책으로 농업생산성 향상을 이룩한 것과는 대조적이다. 이 점에 대해서는 다음을 참조하기 바람. Alice H. Amsden, "The State and Taiwan's Economic Development," in Peter B. Evans, Dietrich Rueschemeyer, and Theda Skocpol, eds., *Bringing the State Back In*, pp.78 – 106.

에서 도시지역으로 옮겨졌다는 점이다.[69] 물론 농촌지역에서 급진
좌파세력이 영향력을 상실한 데에는 1949년부터 1950년 초반까지
급진좌파세력에 대한 탄압과 한국전쟁으로 남한지역에서 좌파세력
의 제거가 근본적 요인으로 작용하였다. 농지개혁의 정치적 영향을
조사한 한 설문조사에 의하면, 농지개혁이 급진좌파의 농촌침투를
방지하는 데 기여했느냐는 질문에 대해서는 지주들의 8.5%만이 긍
정적인 반응을 보인 반면, 소작인들의 24.4%가 긍정적인 반응을 보
였다. 그리고 농지개혁이 정치안정에 미친 영향에 대해서는 지주들
의 22.5%가 긍정적인 대답을 한 반면, 소작인들의 43.1%가 긍정적
인 대답을 한 것으로 나타났다. 또한 농지개혁이 정부의 정치적 기
반을 강화시키는 데 도움이 되었느냐는 질문에 대해서 지주의 89%,
소작인의 94%가 긍정적인 대답을 했다.[70] 대체적으로 지주들은 농
지개혁이 급진세력의 영향력제거와 정치적 안정에 미친 영향을 과
소평가한 반면, 소작인들은 농지개혁이 정치안정에 미친 영향을 인
정했다고 보여진다.

농지개혁이 전국적 수준과 지방수준에서 지주와 소작인 간의 권
력구조에 어떤 영향을 미쳤느냐는 질문에 대해서 지주와 소작인의
대다수가 농지개혁이 권력구조에 중요한 변화를 야기했다고 응답했
다. 위의 설문조사에 의하면, 지주의 68.5%, 소작인의 72.1%가 농지
개혁으로 전국적 수준에서 지주들의 권력기반이 완전히 상실되었다
고 응답했다. 그리고 지주들의 61.5%, 소작인의 61.9%가 지역적 수
준에서 지주들의 권력기반이 완전히 상실되었다고 응답했다. 한편
지주들의 8.5%, 소작인의 3.5%가 전국적 수준에서 지주들의 영향력
이 약화되기는 했지만 여전히 그들이 사회적 지위를 유지하고 있다
고 응답했다. 그리고 지주들의 26.5%, 소작인의 25.4%가 지역적 수

---

69) David C. Cole and Princeton N. Lyman, *Korean Development*, p.21.
70) Zeon Young Cheol, *The Politics of Land Reform in South Korea*, pp.221－226.

준에서 지주들이 약화되기는 했지만 여전히 정치적 영향력을 행사하고 있다고 응답했다.[71]

한국의 산업화와 관련하여 농지개혁이 지니고 있는 중요한 의미는 지주계층의 몰락과 이들이 산업자본으로 전환하는 데 성공하지 못했다는 점이다. 이것은 산업화정책에 반대할 만한 대지주계층의 몰락과 동시에 자발적으로 산업화를 주도할 만한 자본가계층의 미성장을 뜻하며, 결과적으로 국가주도 산업화를 가능하게 한 요인이 되었다.

농지개혁에 의하면 지주들은 3정보 이상의 토지를 매각하고 그 대가로 정부공채를 상환받고 이것을 산업시설에 투자할 수 있도록 되어 있었다. 실제 지주보상액은 시세의 약 1/2 내지 1/3 정도로 책정되었으며 그것도 인플레이션과 한국전쟁으로 지가증권의 실질가치는 급격하게 하락했다. 중·소지주들은 자신들의 지가증권을 실제가격의 약 10%에 중개인들에게 매각했다. 결과적으로 지주들은 원래 농지가격의 약 1/20도 못되는 가격으로 지가증권을 팔았다고 할 수 있다.[72] 그 결과 지주계층은 농촌지역에서 정치·경제적 기반을 상실했으며, 극소수를 제외하고는 상업자본이나 산업자본으로 전환하지 못하고 도시의 쁘띠부르주아로 전락하였다. 정치가 및 관료들과 유대관계를 맺고 있는 극소수의 지주만 산업채권의 할당과 기업투자를 통해서 기업가로 성장할 수 있었다. 그러나 이들은 원조에 의존한 수입대체산업에 기반을 두고 있었으며 국가의존에서 벗어나서 독자적인 산업기반을 마련하지는 못했다.

---

71) *Ibid.,* p.228.

72) 송인상, "안정구축과 성장의 모색," 전국경제인연합회 편, <u>한국경제정책 30년사</u> (서울: 사회사상사, 1975), pp.117-118.; 김병태, "농지개혁의 평가와 반성," 김병태 외, <u>한국경제의 전개과정</u> (서울: 돌베개, 1981), p.57.

Ⅳ. 1공화국의 국가구조와
수입대체산업의 정치구조

2차대전 후 미·소냉전과 국내 정치세력 간 이데올로기 대립이 격화되는 가운데 반공국가로 수립된 1공화국의 국가는 한국전쟁 후 방대한 군대를 보유함으로써 사회에 비해서 과대성장한 국가로 자리잡았다. 1공화국의 국가는 전국적인 경찰조직을 장악하고 원조자금을 분배함으로써 사회세력에 대해 통제력을 확보하고 영향력을 행사할 수 있었다. 그러나 국가기구의 팽창이 곧 국가자율성의 증대와 연결되었는지는 의문이다. 국가는 재정, 금융정책, 군사문제 등에 있어서 미국의 엄격한 통제를 받았다. 뿐만 아니라 국가는 정책집행과정에서 사회세력들을 완전하게 통제하지 못했으며 전문관료의 부족으로 정책집행능력은 상당히 제한되었다. 그럼에도 불구하고 지주계급이나 토착부르주아계급 또는 중심부의 자본가계급의 이익이 명확하지 않고 패권적 단일계급이 존재하지 않는 상황에서 국가는 사회조직들에 대해서 상당히 높은 정도의 자율성을 유지할 수 있었다.[1)]

1공화국에서 수입대체산업은 원조물자의 최종가공산업 형태를 띠었으며, 이로 인해 대미의존이 심화되었다. 그런 상황에서도 높은

1) Bae-Ho Hahn, "The State and Culture in Korean Development," pp.11-12.

관세장벽과 미국원조에 힘입어 섬유산업과 경공업분야에서 어느 정도의 성장이 가능하였다. 남미와 비교할 때, 한국의 수입대체산업은 산업화의 정도나 기간에 있어서 훨씬 제한된 성격을 지니고 있었다. 따라서 한국에서 1960년대의 수출산업화정책은 남미와 같이 수입대체산업의 고갈(exhaustion of import substitution industry)이나 심화위기(deepening crisis)[2]에서 발생한 것이라기보다는 국가엘리트의 정책적 선택의 결과로 추진되었다.

또한 남미의 수입대체산업의 추진세력이 민중주의 연합이었던 반면, 한국의 수입대체산업은 국가, 자유당, 기업가의 연합구조에 의해서 추진되었다.[3] 이러한 정치연합구조에서 1950년대 중반 이후 자유당은 정치권력의 핵심으로 등장하였다. 기업가들은 자유당을 통해서 자신들의 이익을 부분적으로 표출하기 시작했으며 국가엘리트들의 자율성은 점차 제한되었다. 이런 맥락에서 정치연합구조의 기본골격을 와해시킬 국가주도의 경제개발계획이 실시되기는 어려웠다.

1. 자유당 과두체제와 국가관료

이승만정권은 정당기반이 없이 국가관료기구를 핵심기반으로 하여 출발하였으나 제헌의회에서부터 야당의 반대에 직면하여 많은 어려움을 겪었다.

이승만은 야당의 정치적 반대에 직면하여 준동원적 정치·사회단

---

2) 남미에서 수입대체산업의 고갈과 심화위기로 관료적 권위주의체제가 등장했다는 주장에 대해서는 다음을 참조하기 바람. Guillermo O'Donnell, *Modernization and Bureaucratic−Authoritarianism* (Berkeley: University of California, 1979), pp.51−111.

3) 장달중, "경제성장과 정치변화: 정치적 권위주의의 정치·경제적 분석," <u>사상과 정책</u>, Vol.2, No.4 (1985 가을호), p.24.

체들을 동원하고 지방자치단체를 조직하는 한편 자유당을 조직함으로써 정치기반을 강화하고자 했다. 이승만정권의 집권정당인 자유당은 몇 번의 정치적 위기를 겪는 동안 점차 관료 출신의 과두지배세력에 의해서 장악되었다. 과두지배세력은 각료 임명, 정치자금분배, 중요 정책결정 등에 있어서 실질적인 권한을 장악하게 되었다. 그 결과 1950년대 중반부터 국가관료들은 사회·경제세력 및 정치세력으로부터 격리성을 상실하고 보수적 권위주의체제의 현상유지정책을 타파할만한 자율성을 결여하게 되었다.

1950년 5.30선거로 구성된 제2대 국회의 세력분포는 총210석에서 여당인 대한국민당이 24석, 야당인 민주국민당이 24석, 나머지 군소정당이 36석, 무소속이 126석을 차지하였다.[4] 이승만정권은 2대 국회에서도 계속 야당의 반대에 직면하였다. 우선 민주국민당은 1950년 1월 27일 내각책임제 개헌안을 발의함으로써 이승만에게 도전하였으나 표결결과 부결되었다.[5] 그리고 초대부통령인 이시영의 사임에 따라 1951년 5월 실시된 제2대 부통령선거 결과 여당후보인 이갑성 대신 민국당후보인 김성수가 당선되었다.[6] 또한 1951년 11월 대통령직선제와 양원제를 골자로 하는 정부 측 개헌안이 국회에서 부결되었다. 뒤이어 야낭은 다시 내각책임제 개헌안을 국회에 제출하여 이것도 부결되었다. 이 같은 정치적 도전에 직면하여 이승만은 애초의 구상과는 달리 정당기반을 구축하기로 결정하였다.

자유당은 초기에 대중조직을 기반으로 했던 이승만·이범석체제로부터 출발하여 이승만 직접 통치기를 거쳐서 관료 출신 당간부들이 주도권을 장악하는 이기붕 중심의 과두지배체제로 변화하는 과정을 겪었다. 초기에 자유당 하부조직은 경찰·관료기구와의 대립

---

4) 대한민국선거사 (서울: 중앙선거관리위원회, 1964), p.396.
5) 국회 10년지, pp.86‒87.
6) 대한민국선거사, p.470.

에서 열세에 놓여 있었다. 그러나 당관료 중심의 과두체제가 형성되면서 자유당은 국가관료기구에 침투하기 시작하였고 국가정책결정에서 중요한 영향력을 행사하게 되었다.

이승만은 1951년 8월 15일 광복절 기념식사에서 노동자·농민에 기반을 둔 전국적인 대중정당의 필요성을 제기하였다. 이에 호응하여 국회 내에서 공화민정회7)를 중심으로 1951년 12월 23일 원내자유당이 결성되었다. 그러나 원내자유당은 대통령직선제와 양원제를 골자로 하는 개헌안에 반대하고 내각책임제 개헌안을 지지함으로써 이승만으로부터 소외되고 결국 해체되었다.

한편 원내자유당과 별도로 국민회, 대한청년단, 대한부인회, 대한노동조합총연맹, 대한농민조합총연맹 등 기존 사회단체들을 중심으로 원외자유당 결성운동이 추진되어 1951년 12월 23일 원외자유당이 창당되었다. 원외자유당 창당에서 특히 이범석은 민족청년단 조직8)을 활용하여 적극적인 활동을 전개했다. 민족청년단과 각종 사회단체의 조직에 힘입어 자유당은 짧은 시간 안에 전국적인 조직을 갖춘 정당으로 등장하였다.

1952년 4월부터 실시된 시·읍·면의회 의원선거와 그 뒤에 있은 도의원 선거에서 자유당은 전국적인 하부조직을 공고히 할 수 있었다. 내무부장관에 임명된 이범석의 선거운동지원, 정부의 재정지원, 전국적인 경찰조직에 힘입어 자유당은 지방의회선거에서 다수의석을 확보하였다. 그다음 1952년 7월 대통령직선제를 골자로 하는 발췌개헌안을 통과시키는 데 있어서도 이범석과 자유당, 대중조직은

---

7) 공화민정회는 민정동지회와 국민구락부의 연합체인 신정동지회와 공화구락부가 연합하여 결성된 원내교섭단체로서 94명의 의원을 확보하고 있었으나 조직적 응집력을 결여하고 있었다. 이기하, 한국정당발달사, p.218.

8) 민족청년단은 1946년 중순 이범석, 안호상 등의 주도로 조직되어 급격히 세력이 확대되다가 1949년 이승만의 담화에 의해 자진 해산하여 대한청년단에 통합되었다. Gregory Henderson, *Korea: The Politics of the Vortex*, p.141.

중심적인 역할을 했다. 이 기간까지 자유당은 이승만·이범석 중심 체제로서 사회단체들을 근간으로 하여 전국적인 지방조직을 확보할 수 있었다. 이것은 이승만과 자유당, 대중조직, 경찰·관료기구가 연합하여 상호지원하고 협조체제를 이룩한 결과였다.

자유당의 기본조직과 연합세력 간의 역학구조는 1952년 8월 5일 정부통령 선거를 계기로 변화했다. 자유당은 7월 19일 대전에서 전당대회를 개최하고 대통령후보로 이승만과 부통령후보로 이범석을 지명하였다. 그러나 이승만은 대통령후보지명을 수락하지 않은 채 부통령후보로는 함태영을 선정하였다. 선거결과 대통령으로는 이승만이 당선되었으나 부통령으로는 자유당후보인 이범석이 아니라 무소속인 함태영이 당선되었다. 선거과정 및 선거 후 자유당하부조직을 기반으로 한 이범석의 족청계열과 이승만의 지원을 받은 장택상 국무총리 및 김태선 내무부장관 휘하의 관료·경찰조직 간 대립이 격화되었다. 선거결과 자유당의 하부조직이 막강한 기반을 구축하고 있었지만 경찰·관료기구의 영향력에는 미치지 못한다는 것이 입증되었다.9)

1952년 8월 정부통령선거 시기부터 1954년 5월 3대 국회의원 총선거에 이르는 동안 이범석의 족청계열은 자유당에서 제거되고 이기붕 중심의 당간부 체제가 정비되었다. 먼저 도전을 제기한 것은 이범석의 족청계열이었다. 이범석은 선거 기간 동안의 경찰개입을 이유로 장택상 국무총리와 김태선 내무부장관의 해임을 위해 노력하는 한편, 자유당 전 조직의 족청화를 기도했다.10) 이에 대해 이승만은 족청계의 제거를 결심하고 1953년 9월 특별담화를 발표하여 족청계 인사들을 자유당에서 제거하고 11월에 전당대회를 개최하여 이기붕을 중앙위

---

9) 함태영은 294만표를 획득하고 이범석은 181만표, 조병옥은 57만표를 얻는 데 그쳤다. 대한민국선거사, p.313.

10) 서병조, 주권자의 증언, pp.162－163.

원회 의장으로 선출함으로써 이기붕 과두체제의 막이 올랐다.[11]

1953년 10월 간첩사건과 연루되어 족청계의 제2인자인 양우정의원이 구속되는 것을 계기로 족청계 제거작업이 본격화되었다. 이와 관련하여 족청계라고 알려졌던 진헌식 내무부장관, 신중목 농림부장관, 이재형 상공부장관이 해임되었다. 족청세력을 제거하고 자유당조직을 재정비하는 과정에서 배은희, 이갑성, 이기붕이 중심적인 역할을 담당했다. 이들은 이승만 다음 서열의 최고위원으로 선정되어 자유당 조직은 세 사람을 중심으로 하는 3두체제로 형성되었다. 이들은 1954년 5월 3대 총선거를 앞두고 배은희, 이갑성파와 이기붕파로 분열되어 경쟁하였으나 배은희와 이갑성이 3대 총선에서 낙선함에 따라 이기붕의 지배체제가 자리잡게 되었다.[12]

자유당은 족청계를 제거한 후 5개 사회단체로부터 선출한 12명의 중앙위원을 중심으로 당체제의 정비를 시도하였다. 그러다가 이승만은 1953년 11월 중앙위원회제도를 폐지하고 중앙당 부장제도를 채택하여 이기붕을 총무부장으로 삼고 통제를 강화했다.[13] 그러나 실제로는 이기붕과 임철호가 실질적인 권한을 행사했으며 뒤이어서 관료 출신인 한희석, 장경근, 이재학 등이 이 대열에 가담하였다. 자유당은 이와 같이 이승만을 정점으로 하고 그 밑에서 자유당 간부들이 핵심층을 이루는 2중 권력구조를 갖추었다가 점차 이승만의 통제력이 약화되면서 과두적 권력구조가 자리잡았다.

당조직을 정비한 자유당은 1954년 5월 20일 제3대 국회의원 총선에서 총 203석 가운데 114석을 얻음으로써 원내 제1당의 위치를 확보했다. 무소속이 67석이고 야당인 민주국민당은 15석을 얻는 데 그쳤다.[14] 자유당

---

11) 손봉숙, "제1공화국과 자유당," 안청시 외, 현대한국정치론 (서울: 법문사, 1986), p.149.

12) 서병조, 주권자의 증언, pp.162－166.

13) 손봉숙, "제1공화국과 자유당," p.150.

은 3대국회의 개헌 후 한 달이 지난 후 무소속의원을 흡수하여 137석의 의석을 확보하였다. 이것은 전체 의석의 2/3보다 1석이 더 많은 것이었으며, 2대 국회 때 자유당의석의 2배가 넘는 숫자였다.[15]

자유당은 개헌을 할 수 있는 국회 의석수를 확보하자 1954년 9월 6일 초대 대통령의 3선제한 폐지를 주 내용으로 하는 개헌안을 제출했다. 이 개헌안은 부결된 지 이틀 후인 11월 29일 다시 가결됨으로써 이승만의 권력연장이 가능하게 되었다. 그리고 이 개헌에서 국무총리제가 폐지되었는데, 이것은 이승만의 공식적 권력계승자가 없어졌을 뿐만 아니라 자유당 간부들이 직접 행정기구를 통제할 수 있는 가능성이 증가했다는 것을 의미했다.

그리고 1955년 1월 개정된 정부조직법에서 국무총리에 소속되어 있던 총무처, 기획처, 법제처가 폐지되고 이 부처의 업무는 각각 기존 정부기구나 신설기구로 이관되었다. 정부조직법개정안의 제안자는 자유당의 장경근, 한희석, 이충환 의원이었다. 이 같은 국가기구의 개편은 대통령 권한의 강화를 의미했지만 실질적으로는 국가기구에 대한 자유당 간부들의 직접적 통제력의 증가를 뜻했다. 결과적으로 이승만대통령과 자유당 간부의 이중적 권력구조가 정치구조의 핵심으로 작용하게 되었다.[16]

자유당은 1956년 3월 5일 임시전당대회를 개최하고 3대 정·부통령선거의 후보로 이승만과 이기붕을 추천하였다. 선거결과 이승만은 대통령으로 당선되었으나 이기붕은 약 380만 표를 획득하여 약 400만 표를 획득한 장면에게 패배하였다.[17]

자유당은 선거 직후인 1956년 6월 20일 당대표자회의를 개최하여

---

14) 대한민국 선거사, p.407.

15) 한승주, 제2공화국과 한국의 민주주의, p.25.

16) 이한빈, 사회변동과 행정 (서울: 박영사, 1968), pp.122－123.

17) 대한민국 선거사, p.479.

부통령선거에서 패배한 사후대책을 협의하였다. 여기에서 자유당 내 주류파와 비주류파가 대립하였으나 관료 출신의 주류파가 주도권을 장악하게 되었다. 이 당대회를 통해서 의장에 이기붕, 부의장에 이재학이 선출되었으며 신진주류인 한희석, 장경근, 이익흥, 최인규가 부상하였다.[18] 관료 출신의 당간부들로 당체제를 정비한 자유당은 1956년 8월 제2차 지방의회선거에서 압도적인 승리를 거둠으로써 이기붕과두체제의 기반을 확고하게 다질 수 있었다.

이기붕과두체제의 골격을 갖춘 자유당은 1957년 3월 28일 8차 전당대회를 개최하여 당헌을 개정하고 당기구의 개편을 단행했다. 그때까지 부장과 차장 중심으로 운영되던 당무회의가 당무위원 중심으로 개편되었다. 이후 이기붕과 관료 출신의 당간부들이 과두지배체제를 형성하고 국내정치, 각료 임명, 자원분배를 비롯하여 국가정책의 세부적인 부문에까지 막강한 영향력을 행사했다. 이기붕은 국회의장이고 자유당의 실질적인 의장이었으며 사실상 행정부의 권력을 장악하고 있었다. 이기붕은 장관, 장군, 정부기업체의 장, 정부의 모든 중요 직책의 공무원들의 임명과 승진, 파면에 대한 권한을 장악하였다.[19] 이기붕의 아들인 이강석이 이승만의 양자가 됨으로써 이승만과 이기붕의 관계는 정치적 유대관계를 넘어서 친족관계가 되었다.

이기붕이 정치권력의 정점으로 부상하자 파벌지도자들 간 경쟁이 심화되었다. 정부직책의 중요직은 모두 이기붕이 개인적으로 잘 알고 이승만과 자신에 대한 충성심이 확실한 사람들로 충원되었다. 그때까지 전적으로 이승만 대통령의 권한에 속했던 장관들의 임명에도 이기붕과 당관료들이 관여하였다. 행정적 능력과 업적을 인정

---

18) 손봉숙, "제1공화국과 자유당," p.154.

19) Quee Young Kim, *Social Structure and the Revolutionary Movement: A Sociological Study of the 4.19 Uprising in South Korea,* pp.126 – 128.

받아 자유당의 영향력으로부터 독립적이었던 장관들도 더 이상 자유당의 영향으로부터 벗어날 수 없었다.[20] 이에 따라 경제정책의 초점도 경제개발보다 정권기반을 확대하는 데에 맞춰졌다.

1958년 5월 제4대 국회의원 총선에서 자유당은 다수당의 지위를 유지하였다.[21] 1958년을 기점으로 자유당 과두체제의 영향력과 행정부에 대한 자유당 강경파의 통제가 한층 증가했다.[22] 자유당은 4대 국회에서 3석의 국회의장 및 부의장, 1석의 전원위원장, 14개의 상임위원장직을 독점했다.[23] 행정부에 대한 자유당의 영향력은 1959년 3월 21일 대통령선거를 앞둔 개각과 5월 13일 실시된 도지사 임명에서 극적으로 나타났다.[24] 이와 함께 이들은 대통령선거에 대비해서 1958년 12월 국가보안법을 통과시켰으며 지방자치법 개정을 통하여 시·읍·면장의 선거제를 임명제로 바꾸었다. 이처럼 이승만의 노령화와 권력승계문제를 앞두고 정치권력이 점차 자유당과두지배 세력에게 집중됨으로써 이승만정권은 헤어나기 힘든 정치적 부패, 무능력, 경제정책 실패의 늪으로 빠져들었다.

---

20) 석탄증산에 공이 컸고 1955년 9월 이후 상공부장관직을 맡고 있던 김일환은 1958년 8월에 내무부장관으로 전임되었고 1955년 이후 재무부장관직을 맡고 있던 김현철은 1959년 5월 자유당의 간섭으로 재무부장관에서 해임되었다. 이한빈, <u>사회변동과 행정</u>, p.142.

21) 선거결과는 자유당 126석, 민주당 79석, 통일당 1석, 무소속이 27석이었다. <u>대한민국 선거사</u>, p.142.

22) 한배호, "경향신문 폐간 결정에 대한 연구," 진덕규, 한배호 외, <u>1950년대의 인식</u> (서울: 한길사, 1981), p.135.

23) 서병조, <u>주권자의 증언</u>, pp.276–277.

24) 이 개각으로 내무부장관에 최인규, 내무부차관에 이성우, 재무부장관에 송인상, 농림부장관에 이근식, 부흥부장관에 신현확, 교통부장관에 김일환, 서울특별시장에 임흥순, 경기지사에 최헌길, 강원지사에 홍창섭, 충북지사에 정인택, 충남지사에 김학응, 전북지사에 박정근, 전남지사에 이하영, 경북지사에 오림근, 경남지사에 신도성, 제주지사에 전인홍이 임명되었다. 손봉숙, "제1공화국과 자유당," p.158. 주67 참조.

이상에서 자유당과두지배체제가 확립되면서 이들이 정권유지와 정치권력 강화를 위해서 국가관료기구에 대한 영향력을 확대하고 경제정책결정에도 관여하는 과정을 살펴보았다. 이승만정권 초기에 국가관료들은 사회·경제세력과 정당으로부터 격리성을 지니고 있었으나 1공화국 말기로 접어들면서 이것이 점차 상실되는 현상이 나타났다. 이것은 서로 다른 방향에서 진행된 두 가지 흐름이 수렴된 결과였다. 한편에서는 이승만정권의 유지를 위해 자유당과두체제가 형성되어 이들이 국가정책결정과 국가관료기구에 대한 영향력을 확대하는 움직임이 진행되었다. 다른 한편에서는 국가관료기구가 점차 일제시대 관료 출신에 의해서 충원되는 과정이 전개되었다. 이같이 두 가지 방향에서 전개된 상황이 1공화국 말기에 이르러 접합되면서 자유당과두체제가 국가관료기구에 대한 침투력을 확대하고 국가관료의 격리성이 상실되는 결과를 빚었다. 다음에서 이 같은 국가관료기구의 충원과정과 격리성 상실과정을 살펴보고자 한다.

1공화국의 각료는 주로 교육자, 전직 관료, 법률가, 정치가 등으로부터 충원되었다. 자유당이 각료 임명에 대해 영향력을 행사하기 시작한 다음부터 관료들의 진출이 두드러지게 증가했다.[25] 이승만정권 초기에는 각료들이 주로 교육가, 의사, 정치운동가, 사업가로부터 충원된 반면, 후기에 이르러 일제시대의 관리, 경찰관, 은행가, 법률가 등으로부터 충원되었다. 국가기구에서 관료 출신엘리트의 비중이 증가하는 것과 함께 자유당 조직 내에서도 관료 출신 당간부들의 영향력이 증대했다. 이 같은 두 가지 현상의 결과 고위층 관료들과 자유당간부들의 출신 및 정책성향이 비슷하게 되는 현상이 나타났다. 더욱이 주목할 점은 자유당과두엘리트들이 과거 고위층 관료들의 상급자였기 때문에 국가관료에 대한 자유당과두엘리트

---

25) Bae-Ho Hahn and Kyu-Taik Kim, "Korean Political Leaders (1952-1962): Their Social Origins and Skills," p.321.

의 영향력 행사가 가능했다는 점이다.[26)]

표 2. 이승만정권에서 각료들의 직업배경의 변천과정

(%)

	국민형성기 1948~1953	복 구 기 1953~1958	과두정치기 1959~1960	이승만정권 전기간
공 무 원				
법 조 계				
은 행				
경 찰				
(소계)	23 %	44 %	58 %	35 %
교 육 계				
의 사				
정 객				
실 업 계				
(소계)	69 %	46 %	25 %	55 %
군 부	8 %	10 %	17 %	10 %
합 계 (인 원 수)	100 % (52명)	100 % (39명)	100 % (12명)	100 % (103명)

* 출처: 이한빈, <u>사회변동과 행정</u>, p.146.

이승만정권 말기의 관료들은 다음과 같은 특징을 지녔다. 첫째,
고급관료 가운데 많은 사람들이 정계로 진출하고 그 대신 하급공무
원들이 고위직으로 승진했다. 둘째, 새로운 엘리트의 충원이 적었고
고급공무원에 대한 재교육이 없음으로써 관료제가 폐쇄적 경향을
띠었다. 셋째, 관료 출신 자유당과두엘리트들이 관료기구에 대해서
막강한 영향력을 행사했다.

해방 후 국가관료기구에 충원된 사람들은 크게 보면 두 가지 유
형으로 구분된다. 첫째는 일본 식민통치하에서 관리였던 사람들이

---

26) 이한빈, <u>사회변동과 행정</u>, pp.146-147.

고 다른 부류는 교육계, 종교단체 등 관료기구 외부에서 충원된 사람들이다. 일제시대 관리가운데 극소수만이 국장급의 고위직에 임명되었고 대부분은 중하급 직위에 임명되었다. 국장급 이상의 직위에 임명된 소수의 전직관료 출신들은 일제 식민통치기구에서 초급관료의 경험이 있거나 고등문관시험에 합격한 사람들이었다. 일제시대 지방행정조직의 하급관리였던 사람들이 정부 하부조직에 충원되었다. 일제시대의 관료 출신들이 주로 중하급의 직위에 임명된 반면, 관료기구 외부에서 충원된 사람들은 주로 상층의 고위직에 임용되었다. 두 부류 간에는 미묘한 갈등과 균형이 존재했다. 전직관료 출신들은 자신들이 전문가라고 생각하고 관료기구와 외부에서 충원된 사람들이 행정능력을 결여하고 있다고 여겼다. 반면 관료기구 외부에서 충원된 사람들은 일제시대 관료들의 정통성 결여를 비난하였다.

그런데 시간이 지남에 따라 점차 관료기구 외부에서 충원된 사람들의 영향력이 감소하고 전직 관료 출신들의 영향력이 증가했다. 여기에는 몇 가지 원인이 작용했다. 첫째, 한국전쟁으로 국내치안유지, 징병, 조세징수, 양곡수집 등 행정업무가 급증함에 따라 전직관료 출신들의 실무경험이 중요해졌다. 그리고 전쟁이 끝난 후에도 경제재건과정에서 행정경험이 있는 전직 관료들의 필요성이 증가했다. 이와 함께 고위층관료들이 자유당을 통해서 정계로 진출함에 따라 하위직 관료 출신들이 이들의 후원에 힘입어 승진할 기회가 늘어났다.[27]

이같이 1공화국에서 한편으로는 관료 출신의 자유당 간부들의 과두체제가 확립되는 것과 함께, 다른 한편으로는 국가관료기구 내에서 일제시대 관료 출신들이 점차 상위직을 차지하는 현상이 접목되었다.

---

27) 위의 책, pp.151 - 154.

그 결과 국가관료들이 사회·경제 세력으로부터의 격리성과 정책적 자율성을 상실하는 현상이 나타났다. 이러한 상황에서 자유당 엘리트들은 국가기구의 개혁이나 경제정책의 실행보다는 보수적 권위주의 체제의 유지와 집권 연장에 일차적인 관심을 기울였다.

2. 원조체제와 국가재정 및 환율정책

1공화국은 정치·군사적인 측면에서 미국에게 전적으로 의존하고 있었을 뿐만 아니라 국가재정과 산업구조 또한 미국의 원조체제에 의존하고 있었다. 이 같은 1공화국의 대미의존은 이승만정권의 대외 자율성을 심각하게 훼손하였다. 그러나 이승만은 대미의존의 대가로 국내정치에서는 사회·경제세력으로부터 어느 정도의 자율성을 향유할 수 있었다. 1공화국에서 이승만정권의 자율성을 증가시킨 경제적 자원은 원조였으며, 국가가 이용가능한 정책망은 저환율정책과 저금리정책이었다. 그러나 원조와 저환율정책은 국가엘리트의 자율성을 증가시키기보다는 자유당과두엘리트와 수입대체산업기업가들의 연결고리를 공고히 하고 보수적 권위주의체제를 존속시키는 데 기여하였다. 이 같은 결과가 빚어진 근본적인 이유는 국가엘리트들이 자유당과두엘리트들로부터 침투당하고 그들의 영향력하에 놓이게 되었기 때문이었다.

1) 미국의 대한원조의 성격과 원조기구

중남미의 정치변화에서 국제 정치·군사적 요인보다 세계자본주의체제의 경제적 요인이 중요한 국제적 요인으로 작용했다.[28] 그러나 2차대전 후 동북아시아지역은 일차적으로 군사전략적인 측면에서 미국의 관심대상이 되었다. 한국은 대만, 일본과 함께 동북아시아에서 공산주의 세력의 저지를 위한 완충지대로 설정되었다. 1970년대까지 한국에 대한 미국의 주요 관심은 정치적·전략적인 것이었으며 경제적인 것은 아니었다. 이 같은 맥락에서 한·미관계에서는 다른 3세계국가들의 경우에 비해서 신식민주의적 종속관계가 두드러지게 나타나지 않았으며, 한국은 미국의 원조수혜국이 되었다. 그리고 원조의 성격도 경제적인 것보다는 군사적인 측면이 농후했다.[29]

미국의 대한원조는 시기별로 원조의 성격, 내용, 원조기구가 변화했다. 1945년 이후 미국의 대한원조는 ⅰ) 점령지역 구호원조와 ECA원조(1945~1950), ⅱ) 한국전쟁 동안의 전시원조(1950~1953), ⅲ) 부흥·군사원조(1953~1960)로 구분될 수 있다.

(1) 점령지역 구호원조와 ECA원조(1945~1950)

미국의 대한원조는 1945년 9월 미군의 "점령지역 행정구호계획"(Government and Relief in Occupied Area, GARIOA)원조로부터 시작되었다. GARIOA원조는 미군정 기간 동안 긴급 구호물자제공을 통한 경제안정에 우선적 목적을 두었다. GARIOA원조는 기본적으로 구호원조의 성격을 띠고 있었기 때문에 원조물자는 소비재 중심이

---

28) 그러나 콜리에(David Collier)는 중남미의 군부·관료 권위주의체제의 등장에서 쿠바혁명의 확산과 더 큰 맥락에서는 세계냉전구조의 영향력이 작용했다고 지적했다. David Collier, "The Bureaucratic Authoritarian Model: Synthesis and Priorities for Future Research," in David Collier, ed., *The New Authoritarianism in Latin America* (New Jersey: Princeton University Press, 1979), p.384.

29) Hyug Baeg Im, "The Rise of Bureaucratic Authoritarianism in South Korea," p.243.

었고 한국의 산업개발과 같은 장기적 계획은 고려되지 않았다.

1948년 12월 10일 한·미 간에 "대한민국과 미합중국 간의 원조협정" (ECA협정)이 체결됨으로써 한국은 유럽과 같은 조건으로 ECA원조를 받게 되었다. ECA원조는 구호물자제공과 함께 산업시설 건설을 위한 원조를 부분적으로 실시하고자 했다. ECA원조협약에 의해서 원조액이 대충자금으로 적립되어 재정적자를 보충하도록 되었다. 이와 함께 ECA원조는 원조제공의 조건으로 한국경제의 재정, 금융, 산업, 무역에 대한 감독 및 조정권한을 지니게 되었다.[30]

(2) 한국전쟁 동안의 전시원조(1950～1953)

한국전쟁이 발발하자 국제연합은 1950년 7월 31일 유엔군사령부가 한국에 대한 군사·경제원조를 관장하도록 하였다. 이 조치로 제공된 것이 한국민간구호계획(Civil Relief in Korea, CRIK)이었다. CRIK계획은 미육군성에서 제공하는 SKO원조(Supplies for Korea)와 국제연합 가맹국 및 비가맹국에서 제공하는 SUN원조(Supplies United Nations)로 구분되었다. 도입량의 비율은 SKO원조가 SUN원조의 10배 정도였다. 이와 함께 ECA원조가 CRIK원조에 포함되었다. CRIK원조제공을 위해서 한국과 국제연합과의 협의기관으로 중앙구호위원회(Central Relief Committee, CRC)가 설치되었다. 그 후 이 업무는 1950년 12월 주한 국제연합군 민사처(United Nations Civil Assistance Command on Korea, UNCACK)로 이관되었으며, 다시 1953년 7월에는 한국민사처 (Korean Civil Assistance Command, KCAC)로 이관되었다.

한편 1950년 12월 유엔총회는 국제연합 한국재건단(United Nations Korean Reconstruction Agency, UNKRA)을 설치하고 UNKRA가 한국

---

30) 홍성유, 한국경제의 자본축적과정 (서울: 고려대학교 아세아문제연구소, 1964), pp.267－270.

의 재건사업을 담당하도록 하였다. 그러나 한국전쟁 동안 URKRA
는 CRIK원조를 보조하는 역할만을 수행했으며 휴전협정이 체결된
1953년 이후에야 재건사업을 위한 업무를 개시하였다.31)

국제연합의 대한원조가 본격화되던 1952년 5월 주일 미국공사 마
이어(C.E.Myer)가 미 대통령특사로 파견되어 "대한민국과 통일사령
부 간의 경제조정에 관한 협정"(마이어협정)이 체결되었다.32) 마이
어협정은 대한원조의 내용과 조건을 명시하였으며 이후 대한원조의
기본골격을 결정하였다. 이 협정은 특히 미원조의 효과적인 사용을
위해서 한국정부의 재정정책과 예산체제의 개혁이 필요하며, 대충
자금을 포함하여 미국의 대한원조는 미원조당국의 감독과 통제를
받아야 한다는 내용을 포함하였다. 한국 국회가 마이어협정의 비준
을 거부한 것은 이 같은 조항이 한국의 경제적 독립성을 침해한다
는 이유때문이었다.

마이어협정으로 합동경제위원회(Combined Economic Board)가 설
치되어 실제적인 업무를 관장하였다. 합동경제위원회는 한·미 양
측의 경제조정관과 그를 보좌하는 수명의 위원으로 구성되었다. 이
위원회 설치의 목적 중의 한가지는 주한유엔군의 군사활동을 위한
한화를 대한원조금에서 충당하도록 하기 위한 것이었다. 이런 이유
때문에 이 위원회는 유엔군사령관의 직접 통제를 받았다. 합동경제
위원회는 양측 의장 및 위원의 참석하에 매주 전체회의를 가졌으며
안건의 성격에 따라서 약 30명 정도의 한·미 관계자들이 참석했다.
한국 측 위원은 재무부장관, 상공부장관, 농림부 장관, 한국은행 총

---

31) 위의 책, pp.270 - 272.

32) 마이어협정은 1952년 5월 24일 체결되었으나 한국 국회의 비준거부로 1953
년 12월 14일이 되어서야 최종적으로 행정결정의 형태로 체결되었다. Roy
W. Shin, *The Politics of Foreign Aid in South Korea,* 1945 - 1966, unpublished
Ph.D. Dissertation, University of Minnesota, 1969, p.212.

재, 산업은행 총재였다. 이들은 위원회 산하에 있는 각 분과위원회의 의장직을 맡았다. 합동경제위원회 산하에는 기획분과위원회와 재정분과위회가 있었으며, 이외에도 필요에 따라 수시로 각종 분과위원회가 설치되었다. 기획분과위원장은 부흥부차관이 담당했고 재정분과위원장은 재무부차관이 담당했다.[33]

합동경제위원회의 설립으로 지금까지 여러 통로를 통해서 제공되던 대한원조들이 통합되었다. 합동경제위원회에서 주요 쟁점이 되었던 것은 다음과 같은 사항들이었다. 첫째, 한국정부가 균형예산을 편성해서 적자재정에서 벗어날 것이 요구되었다. 과도한 정부지출과 낮은 조세징수율의 개선문제가 주로 논의되었다. 그리고 지방정부의 재정에 대한 중앙정부의 통제력 회복, 정부기업의 적자 등도 주요 쟁점이 되었다.

둘째, 정부재정적자와 밀접히 관련된 문제로 인플레이션의 방지대책에 관심이 집중되었다. 이와 관련하여 은행대부 제한, 환율재조정 등의 문제가 논의되었다.

셋째, 한국의 재정균형과 관련하여 대충자금과 외환보유고의 사용에 대해서는 합동경제위원회의 엄격한 통제를 받을 것이 요구되었다.[34]

당시까지 한국정부는 평가절상된 환율정책, 외환분배, 대충자금의 사용 등에 있어서 재량권을 지니고 있었다. 국가관료와 자유당 간부들은 이 같은 경제적 자원의 분배로부터 막대한 이익을 얻고 있었다. 또한 정치적 요인에 의한 은행대부정책도 인플레이션을 유발하는 중요한 원인 중의 하나였다. 은행대출은 경제적 요인보다는 정치적 이해관계에 의해서 이루어졌으며 그 대가로 정치자금이 제

---

33) 송인상, 재계회고 8: 역대 경제부처 장관편 II (서울: 한국일보사, 1981), pp.59 - 60.

34) Wan - Hyok Pu, "The History of American Aid to Korea," "*Koreana Quarterly*, III(Summer 1961), pp.91 - 94.

공되었다. 이런 상황을 감안하면 미경제원조기구 측이 은행대부정책, 외환보유정책, 환율정책, 대충자금 사용문제 등에서 개혁을 요구한 것에 대해서 한국정부 측이 소극적 반응을 보였던 것을 이해할 수 있다. 금융정책, 환율정책, 대충자금의 사용 등에 있어서 미원조기구 측의 통제력 증가는 이 같은 경제적 자원에 대한 한국정부의 영향력 상실을 뜻했다.[35]

(3) 부흥 · 군사원조(1953~1960)

한국전쟁 후 미국의 대한원조는 부흥 · 군사원조라고 할 수 있다. 이것은 기본적으로 한국의 국방비 충당을 위한 군사원조의 성격을 지녔으며, 한국의 경제개발보다는 재정안정과 인플레이션 억제를 중시했다.

미국은 1953년 8월 상호안전보장법(Mutual Security Law, MSA법)을 개정하여 대외활동본부(Foreign Operation Administration, FOA)에서 대한원조업무를 담당하게 하였다. 그리고 대통령 행정명령에 의해서 대한경제원조업무를 협의 · 조정하는 경제조정관실(Office of the Economic Coordinator)을 신설하였다. 이에 따라 우드(Tyler Wood)가 초대 경제조정관(Economic Coordinator)으로 임명되었다. 경제조정관은 장관 직위를 부여받음으로써 원조정책에서 보다 많은 재량권을 행사할 수 있었다. 경제조정관은 전반적인 경제원조계획을 관장하였으며, 미국무성과 백악관으로부터 세부지침을 하달받지 않고도 한국정부와 정책협상을 할 수 있는 권한을 부여받았다. 우드 경제조정관은 1953년 12월 합동경제위원회 협약(우드협약)을 체결하고 재정안정계획, 환율정책, 대충자금계정의 사용비율문제 등에 대해서 규정했다.

---

35) Roy W. Shin, *The Politics of Foreign Aid in South Korea, 1945–1966*, pp.216–219.

1953년 이후 방위·군사원조는 FOA원조, UNKRA원조, ICA원조, PL 480에 의한 미잉여농산물도입 등이 주요 내용을 이루었다. FOA 원조는 1953년 11월부터 1955년 6월 말 (FOA해체)까지 약 2년간 우드협약에 근거하여 주로 군사원조와 방위원조 형태로 제공되었다. UNKRA원조는 CRIK원조와 함께 한국전쟁 때부터 제공되었으나 본격적인 원조는 휴전협정 이후 시작되었다.

ICA원조는 1953년부터 1961까지 대한원조의 가장 많은 비중을 차지했으며 이 기간 동안 원조총액은 17억 4천 3백만 달러로 이것은 동기간 동안 한국이 받은 총 원조의 76%에 해당했다. 국제협조처(International Cooperation Administration, ICA)가 이 원조의 담당기구였다. 이에 따라 주한 경제조정관도 ICA 주한대표로 바뀌었다. 그리고 경제조정실은 주한 미국경제협조처(United States Operations Mission to the Republic of Korea, USOM)로 개편되었다. USOM으로의 기구개편으로 그때까지 유엔군과의 원조관계는 전부 청산되고 주한미국대사가 원조업무를 총괄하게 되었다.[36]

미공법 480에 의한 미잉여농산물 도입은 대충자금 계정과 관련하여 특히 중요하다. 미공법 480에 의한 잉여농산물은 수입국 통화에 의해서 민간인들이 구매하는 것이었지만 판매금의 80~90%가 한국 재정의 국방비로 전입되었으며 나머지는 미국 측의 사용분으로 할당되었다. 잉여농산물 판매로 생긴 대충자금은 한국의 국방비 재원 조달에서 가장 중요한 비중을 차지하였다. 한·미 간 대충자금 사용비율은 시간이 흐름에 따라 한국에게 유리하게 되었다.[37]

---

36) 홍성유, 한국경제의 자본축적과정, pp.272 – 277.
37) 위의 책, pp.311 – 320.

표 3. PL 480호 제1관 물자판매대전 한미 간 사용비율

(%)

연도별	한국측사용비율 (국방비전입)	미국측사용비율
1955	40	60
1956	90	10
1957	85	15
1958	82	18
1959	85	15
1961	88	12

* 출처: 홍성유, 한국경제의 자본축적과정, p.317

이상에서 살펴본 바와 같이 미국의 대한 원조는 주로 국방비 충당을 위한 군사원조 목적으로 제공되었다. 미국의 원조는 한국전쟁 후 반공이념에 입각하여 통치구조를 확립한 이승만정권의 물적 기반을 뒷받침하는 데 결정적 역할을 했다. 그러나 한국과 미국은 원조규모, 원조물자 가운데 소비재와 자본재의 비율 등에 대해서 심각한 견해 차이를 드러냈다. 미국의 대한원조가 이승만정권의 국내 정치경제구조와 관련하여 특별히 중요한 의미를 갖는 것은 재정정책, 환율정책, 원조자금의 분배, 대충자금의 사용 등의 파급효과 때문이었다. 이러한 쟁점에 대해서 한·미는 날카롭게 대립했다.[38] 전체적으로 볼 때 미국의 원조기구는 원조와 한국의 경제문제를 정치와 분리하여 생각하려고 했다. 그러나 미국의 원조와 이를 기반으로 한 한국의 경제정책은 이승만정권의 정치·경제적 기반과 밀접하게 관련되었다. 따라서 1공화국의 정치연합구조를 변혁하지 않는 한 미국의 주장에 따라 재정정책과 환율정책 등을 변경한다는 것은 현실적으로 어려웠다.

---

38) 박을용, "제2차 대전 이후의 한·미 경제관계," 구영록 외, 한국과 미국: 과거, 현재, 미래 (서울: 박영사, 1983), p.235.

2) 원조와 국가재정

1공화국은 한국전쟁 후 비대해진 군부를 유지해야 하는 부담을 안고 있었다. 한국전쟁 후 한국의 정치경제는 국방비충당이라는 목적을 위해 기본골격이 마련되었고 그 부산물로 정치연합구조와 경제정책들이 택해졌다고 할 수 있다. 1공화국에서 세출부분의 압도적 비중을 차지하고 있는 국방비는 주로 원조에 의해 충당되었다. 이승만 정권은 대외적으로는 미국과의 원조협상에 노력을 기울이면서 대내적으로는 원조물자의 분배를 통해서 물질적 기반을 마련하고 정책적 자율성을 유지했다. 다음에서 원조체제의 기본성격과 관련하여 1공화국의 세출·세입 구조의 특징과 그 변천과정을 살펴보고자 한다.

표 4. 재정규모의 추이(일반회계,일반재정부문) 1949~1965

단위: 백만 원

년 도	세출총액 (A)	불변가격 세출총액	GNP (B)	A/B (%)
1949	91	9,192	–	–
1950	243	6,568	–	–
1951	618	5,328	–	–
1952	2,151	10,146	–	–
1953	6,068	22,898	41,620	14.6
1954	14,239	41,879	59,720	23.8
1955	28,144	45,763	101,810	27.6
1957	35,003	37,198	171,520	20.4
1958	41,097	46,595	182,010	22.6
1959	40,022	44,321	196,430	20.4
1960	41,995	41,995	243,140	17.3
1961	57,153	50,489	293,350	19.5
1962	88,393	71,400	338,600	26.1
1963	72,839	48,787	471,530	15.4
1964	75,180	37,384	666,720	11.3
1965	94,652	42,790	779,400	12.1

출처: 김명윤, <u>한국재정의 구조</u>, p.114.

1공화국의 세출구조는 1960년을 불변가격으로 했을 때 1949년에 91억 원에 불과했던 것이 한국전쟁 후 계속 증가하여 1958년에는 약 5배가 되었다. 아울러 세출의 팽창속도는 경제성장률보다 더 빨랐다. <표 4>에 의하면 GNP 대비 정부지출 비율이 1953년에 14.6%였던 것이 1958년에는 22.6%, 1962년에는 26.1%까지 상승하였다. 이 같은 정부지출 증가의 주요 원인은 국방비, 교육비, 경제적 경비, 일반행정 및 사법경찰비 등에서의 지출증가 때문이었다. 1957년부터 1965년까지의 주요 항목별 평균세출 비율을 보면 국방비가 30.8%, 경제적 경비가 24.8%, 교육비가 13.3%, 일반행정 및 사법경찰비가 12.1%를 차지하였다. 이 네 가지 항목의 합계가 총 정부지출의 81%에 이르렀다.[39]

표 5. 국방비재원의 추이(1953~1964)

단위: 백만 원

년 도	국방비	국내재원		원조재원	
		금 액	%	금 액	%
1953	3,260	3,094	95	166	5
1954	5,992	3,992	65	2,070	35
1955	10,638	5,518	52	5,120	48
1957	11,246	6,413	57	4,833	43
1958	12,732	7,902	62	4,830	38
1959	13,919	8,619	62	5,300	38
1960	14,707	9,360	64	5,346	36
1961	16,599	649	4	15,950	96
1962	20,474	5,474	27	15,000	73
1963	20,479	5,479	27	15,000	73
1964	23,878	8,878	37	15,000	63
누 계	153,924	65,308	42	88,616	58

* 출처: 김명윤, 한국재정의 구조, p.135.

---

39) 김명윤, 한국재정의 구조 (서울: 고려대학교 아세아문제연구소, 1966), pp. 113 - 120.

정부지출 중에서도 가장 높은 비율을 차지하는 것이 국방비인데 국방비는 1949년에 총 정부지출의 26.3%이던 것이 한국전쟁 기간 동안 평균 51.5%에 이르렀다. 그리고 한국전쟁 이후에도 국방비는 계속 팽창하여 1957년의 국방비는 1953년의 3.4배 이상에 달했다. 그런데 국방비의 팽창과 함께 경제재건을 위한 재정투융자도 팽창하여 총 세출에서 국방비가 차지하는 비율은 1953년의 53.7%에서 1957년에는 32.1%로 하락하였다. 그리고 GNP에서 차지하는 국방비의 비율은 1953년에 7.8%이던 것이 1960년에는 6.7%에 이르렀다.

표 6. 국방비와 대충자금의 대비

단위: 백만 원

년 도	국방비 (A)	대충자금 (B)	국방비에 전입된 대충자금(C)	A/B (%)	C/B (%)
1953	3,260	796	166	400.0	20.8
1954	5,992	4,470	2,070	133.7	46.3
1955	10,638	14,054	5,120	75.7	34.0
1957	11,246	22,451	4,833	50.1	21.7
1958	12,732	24,580	4,830	51.8	19.9
1959	13,919	18,910	5,300	73.6	28.0
1960	14,707	16,763	5,346	87.7	31.9
1961	16,599	24,059	15,950	69.0	66.3
1962	20,474	28,725	15,000	71.3	52.2
1963	20,479	26,312	15,000	77.8	57.0
1964	23,878	25,529	15,000	93.5	58.8
누 계	153,924	207,649	88,616	74.1	42.7

* 출처: 김명윤, 한국재정의 구조, p.136.

이처럼 막대한 양의 국방비는 한국전쟁 동안에는 주로 국내자원에 의해서 충당되었으나 1953년부터 많은 부분이 대충자금에 의해서 충당되었다. <표 5>에 의하면 1954년 국방비에서 대충자금이 차지하는 비율은 35%이며 이것이 1955년에는 48%로 증가했다. 1961년 이후부터 대충자금 수입이 우선적으로 국방비에 충당됨으로써 국방비에서 대충자금의 비율이 96%, 73%에 이르렀다. 이상과 같이 1953년부터 1964년까지 국방비의 평균 58%가 미국원조에 의해서 충당되었다. 미국의 대한원조의 총액 중에서 국방비로 사용된 자금의 비율을 나타낸 것이 <표 6>이다. 이 표에 의하면 이 기간 동안 대충자금 총액의 약 43%가 국방비의 재원에 충당되었다.[40)

한국의 재정세입구조도 정부지출과 비례하여 급격하게 팽창했다. 1965년의 정부세입은 1949년에 비해서 4.6배 이상 증가했다. 세입구조의 추이를 살펴보면 1949년에는 조세수입이 총 세입의 16%에 불과했다. 한국전쟁이 발발할 때까지 정부의 재정적자는 주로 한국은행으로부터의 차입금(총 세입의 49.5%)과 국채발행으로 보충되었다. 한국전쟁 기간 동안에는 조세수입이 1950년에 23.6%, 1951년에 74%, 1952년에 57.4%, 1953년에 37.3% 등으로 증가했다. 이것은 주로 농민들의 토지수득세납부에 의한 것이었다. <표 7>을 보면 1949년부터 1953년까지의 항목별 평균 세입비율은 조세가 33.3%, 전매수익금 11%, 적자재원충당금(국채, 산업부흥국채, 차입금) 36%, 대충자금 6.3%로 되어 있다.

표 7. 정부수립 후 재정수입의 구성비(%) 1949~1965

구 분	1949-53평균	1954-60평균	1961-65평균	1949-65평균
조 세	33.3	37.7	42.6	37.9
전매수익	11.0	4.2	5.0	6.7
기타잡수익	14.8	4.4	11.3	10.2
국 채	4.9	2.9	0.8	2.9
산업부흥국채	1.5	4.1	4.7	3.4
차입금	28.2	4.2	1.2	11.2
대충자금	6.3	42.5	34.4	27.7
총 계	100.0	100.0	100.0	100.0

* 출처: 김명윤, 한국재정의 구조. p.186.

40) 위의 책, pp.131-138.

한국전쟁 후 조세수입도 증가했지만 이보다 더 높은 비율로 원조가 증가함에 따라서 총 세입에서 원조가 차지하는 비중이 높아졌다. 1954년부터 1960년까지 항목별 평균세입비율을 보면 조세수입이 37.7%, 전매수익금이 4.2%, 적자재원 충당금이 11.2%, 대충자금이 42.5%였다.[41)

이와 같이 1공화국의 세입구조의 가장 큰 특징은 조세수입의 비중이 적은 반면, 원조자금에 대한 의존도가 너무 높으며, 국채, 산업부흥국채, 차입금 등과 같은 적자재정충당자금에 대한 의존도가 너무 높다는 점이다. 한국의 높은 인플레이션은 이 같은 적자재정구조의 필연적 산물이었다. 이 같은 재정구조는 1공화국 정치·경제체제의 부산물이었다. 1공화국은 한국전쟁 후 막대한 군대를 보유한 반공국가로서 조세징수율을 상회하는 국방비를 부담해야 했으며, 이러한 국방비는 주로 대충자금(counterpart fund)이라는 형태의 원조로 충당되었다. 이승만정권은 조세징수를 위해 노력하는 번거로운 방법을 택하기보다는 최대한 많은 대충자금을 확보하는 한편 국채발행과 한국은행차입에 의하여 적자재정을 보충하려고 했다. 이러한 재정정책은 1957년 미원조가 축소되기 시작할 때까지 지속되었다.

미국의 대한원조의 실질적 내용을 이루는 대충자금은 한국재정에서 특히 중요한 의미를 지녔다. 대충자금은 미원조물자를 수혜국 내에서 판매하여 수혜국정부가 그 판매대금을 특별계정으로 적립하여 미원조기구와의 협의하에 사용하도록 된 자금이었다. 대부분의 대충자금은 미공법 480이나 상호원조법(Mutual Security Act) 402조에 의해 수입된 미잉여농산물의 판매에서 생기는 한화자금으로 적립된 것이었다. 1957년 이후 대충자금의 96% 내지 100%는 잉여농산물 판매에서 얻어지는 자금으로 충당되었다. 미잉여농산물을 도입하는 실제적 이유는 수혜국의 농산물 공급부족을 충당하기 위한

---

41) 위의 책, pp.185 - 188.

것이 아니라 잉여농산물의 판매대금인 대충자금을 국방비에 사용하도록 하기 위한 것이었다. 1956년부터 1960년 동안의 곡물수입량은 국내공급 부족량보다 매년 백만 석가량을 초과하였다.[42]

대충자금의 사용과 관련하여 한·미 간 의견이 대립했던 사항은 우선 한·미 간 대충자금할당비율 문제였다. 이것보다 더 근본적인 문제는 대충자금의 사용에 대한 한국정부의 재량권 문제였다. 미국은 한국정부가 대충자금의 대부분을 국방비에 충당하기를 원했고, 한국정부는 대충자금의 많은 부분을 국내 경제건설을 위해서 투자하고자 했다. 미국은 조세징수를 건의했으나, 한국정부는 경제발전의 초기단계에서 세율인상으로 민간기업활동을 위축시키는 것은 논리에 맞지 않으며, 또한 한국경제의 실정을 고려할 때 세금부담능력이 없다고 주장했다.[43]

<표 8>을 보면 1공화국에서 국민소득에 대한 조세비율인 조세부담률이 1953년에 6.4%였던 것이 1957년에는 8.6%에 이르렀다. 1957년부터 재정안정화계획의 실시와 미원조의 감축으로 증세가 실시된 결과 조세부담률이 1959년에는 13.3%까지 상승하였다. 1960년 이후 조세 부담률이 저하한 원인은 1960~65년의 국민소득의 수치재조정으로 이 기간의 GNP가 증액 조정되었기때문이다.

다음에는 조세수입에서 직접세와 간접세의 비율을 살펴 볼 필요가 있다. 1949년의 조세구조를 보면 직접세는 17.4%, 간접세가 82.6%로 간접세가 압도적으로 많은 비중을 차지하였다. 그러나 한국전쟁 동안 도시에서의 세금 징수가 거의 불가능함에 따라 농촌에서의 토지수득세가 주요세금원이 되었다. 1949년부터 1953년까지 연평균소득

---

42) Roy W. Shin, *The Politics of Foreign Aid in South Korea, 1945-1966*, p.121, p.135.

43) 인태식, 재계회고8: 역대 경제부처 장관편Ⅱ, pp.37-38.; 김현철, 재계회고7: 역대 경제부처 장관편Ⅰ, pp.365-366.

세는 국세총액의 10.8%이고, 법인세는 3.3%인데 토지소득세는 국세
총액의 20.3%에 이르렀다. 그 결과 직접세 비율이 총 국세의 34.5%
에 이르렀다. 동일한 기간 동안 간접세는 국세총액의 65%였으며 이
중에서 전매수익금이 18.7%로 간접세 중에서 최대비율을 차지하였
다. 한국전쟁 이후 간접세 중심의 세제개편으로 1954년부터 1960년
동안 직접세는 30.6%로 하락한 반면 간접세는 68.8%로 상승하였다.
이것은 직접세 중에서 토지수득세의 비율이 감소한 반면, 간접세 중
에서 물품세와 관세가 증가한 결과였다.[44]

표 8. 한국의 조세부담의 추이 1953~1965

단위: 백만 원

년 도	GNP (A)	국 세 (B)	지방세 (C)	조세총액 (D)	조 세 부 담 율 (%)		
					국 세 B/A	지방세 C/A	조세총액 D/A
1953	41,620	2,457	214	2,671	5.9	0.5	6.4
1954	95,699	5,728	758	6,487	6.0	0.8	6.4
1955	182,536	11,938	1,783	13,722	6.5	1.0	7.5
1957	171,520	13,210	1,495	14,705	7.7	0.9	8.6
1958	182,010	16,470	1,714	18,184	9.1	0.9	10.0
1959	196,430	23,868	2,155	26,023	12.2	1.1	13.3
1960	243,140	22,217	2,195	24,412	9.1	0.9	10.0
1961	293,350	25,593	2,580	28,173	8.7	0.9	9.6
1962	338,600	32,976	5,179	38,155	9.8	1.5	11.3
1963	471,530	36,690	7,349	44,039	7.8	1.5	9.3
1964	666,720	43,357	8,729	52,086	6.5	1.3	7.8
1965	779,400	57,977	10,387	63,364	6.5	1.3	7.8

* 출처: 김명윤, 한국재정의 구조, p.192.

---

44) 김명윤, 한국재정의 구조, pp.191 - 196.

3) 원조체제와 환율정책

1공화국은 전 기간을 통해서 평가절상정책을 고수했다. 이승만정권은 평가절상정책을 통해서 수입품의 국내판매이윤을 최대화하고 대충자금사용에 있어서 재량권을 높이는 한편, 유엔군대여 한화금을 유리한 조건으로 상환받고자 했다. 결과적으로 평가절상정책은 이승만정권으로 하여금 대미의존적 원조체제의 틀 내에서 최대한의 이익을 확보하고 국내 정치·경제세력들에 대해서 통제력을 행사할 수 있도록 하는 중요한 정책망의 하나였다. 이런 점에서 볼 때 1공화국의 평가절상정책은 국가, 자유당엘리트, 기업가들의 정치연합을 유지하는 확실한 연계고리의 하나였다. 그러나 이러한 평가절상정책은 미국의 원조정책이 지속되고 정치연합구조의 응집력이 유지되는 상황에서만 가능하였다.

1공화국에서 달러수요가 공급을 초과하였으며 환율이 과대평가되었다. 공정환율은 정부의 해외물자 및 용역 구매의 기준이었으며 유엔군대여 한화의 상환에도 적용되었다. 대충자금예치 환율은 원조물자의 국내판매대금을 대충자금계정으로 적립할 때 적용되는 환율이었다. 1954년 특별 환율제의 채택으로 생겨난 대일수출불은 일본에 상품을 수출한 자들이 취득한 엔화를 수입업자에게 미달러로 매도할 때 적용되는 환율이었다. 이 환율들을 미본토불 환율(암시장에서의 미달러 시세)과 비교해 보면 공정환율과 대충자금환율이 매우 과대평가되었다는 있다는 것을 쉽게 알 수 있다. 1948년 10월 당시 암시장환율은 공정환율의 약 1.7배였다. 1949년 6월에는 이것이 약 4.8배였으며, 1950년 6월에는 이 비율이 약 1.3배 정도로 줄었으나 한국전쟁이 끝난 1953년 8월에는 다시 약 4.4배로 증가했다. 이같이 암시장환율의 프리미엄이 공정환율의 200~300%가 될 정도

로 환율이 과대평가되어 있었다.[45]

이처럼 과대평가된 환율정책에 대해 한·미는 날카롭게 대립했다. 미국은 평가절하를 통해서 수입수요를 억제하고 수입허가제와 관련된 부당이득 취득과 부패를 줄이는 동시에 수출을 증진시키고 또한 원조물자의 판매로부터 더 많은 대충자금을 적립할 것을 요청했다. 한국정부가 평가절하에 반대하는 표면적인 이유는 자본재를 낮은 가격에 수입하기 위해서는 평가절하가 불리하다는 것이었다.[46] 그러나 한국정부가 평가절하를 반대하는 근본적인 이유는 이것보다 좀 더 복잡한 것이었다.

첫째, 평가절상정책에 의해서 수입업자들이 막대한 초과이윤을 얻을 수 있었기 때문에 정부의 수입허가권은 큰 이권이었다. 또한 공정환율이 과대평가되어 있었기 때문에 수입업자에 대한 정부의 외환 경매입찰도 큰 이권이었다. 정부는 평가절상정책에 의해서 수입허가와 외환분배과정에서 영향력을 행사할 수 있었기 때문에 평가절하에 의해서 이러한 정책망이 무력화되는 것을 원하지 않았다.

둘째는 대충자금과 관련된 사항이다. 미국의 주장대로 평가절하를 실시하면 대충자금 적립금액이 증가하게 되는 데 한국정부는 대충자금 규보가 커짐으로써 대충자금 지출에 대한 미국의 감독이 강화되는 것을 원하지 않았다.

이와 함께 이승만정권이 평가절상정책을 고수하고자 한 최대의 원인은 유엔군대여 한화의 상환과 관련된 것이었다. 한국전쟁이 발발하자 한국에서 활동하는 유엔군이 사용할 수 있는 한국화폐가 필요하게 되었다. 그 결과 1950년 7월 대전에서 당시 최순주 재무장

---

45) A.O. 크루거 저, 전 영학 역, <u>무역·외원과 경제개발</u> (서울: 한국개발연구원, 1984), pp.53-57.
46) E.S.메이슨, 김만제, D.H.퍼킨스, <u>한국 경제·사회의 근대화</u> (서울: 한국개발 연구원, 1985), p.212.

관은 미국 측과 한국은행이 유엔군이 필요로 하는 한화 비용을 지불한다는 협정을 맺었다. 그러나 이 협정에는 나중에 한화대여금을 달러로 상환하는 문제에 대한 명확한 규정이 없었다.[47]

유엔군 대여금의 급증으로 한국전쟁발발 이후 통화량이 4배나 증가하고 이것은 전시인플레이션의 근본적인 원인이 되었다. 유엔군 한화 대여금의 달러상환은 1951년 10월 처음으로 1억 2천만 달러가 실시되었다. 본격적인 달러상환이 시작된 것은 1952년 5월 24일 체결된 마이어협정에 의해서였다. 이 협정에 의하면 1951년 11월 31일부터 1952년 9월 1일까지 유엔군 대여 한화는 6,000환 대 1달러의 한화로 상환하기로 하였다. 그리고 1952년 9월 1일 이후부터는 유엔군이 한국은행에 달러를 적립시켜 놓은 뒤 이것을 필요에 따라서 공매에 부쳐서 사용하기로 했다[48](이것은 달러옵션이라고 불리웠다).

이 협정이 체결된 뒤에도 적용환율문제에 관한 견해대립으로 유엔군 한화대여금의 상환은 지연되었다. 한국은 한화 대여 당시에 과대평가되었던 환율로 대여금을 상환받고자 했으며, 미국은 상환 시의 타당한 환율로 상환하겠다고 주장했다. 인플레이션이 엄청난 비율로 증가하고 있었기 때문에 대여금 상환액을 대여금 제공 시로 할 때와 상환 시로 할 때의 차이는 엄청났다.[49]

상환액에 대한 환율적용문제에 관해 한·미 간의 대립이 격화되던 중[50] 1953년 2월 새로운 협정이 체결되었다. 이 협정에 의하면

---

47) 김유택, <u>재계회고10: 역대금융기관장 편</u>, p.78.
48) 안 림, "전시경제와 달러 론(1951 - 1953)," 전국경제인 연합회 편, <u>한국경제정책 30년사</u>, pp.454 - 455.; 백두진, <u>재계회고7: 역대 경제부처장관편 I</u>, pp.136 - 138.
49) A.O. 크루거 저, 전영학 역, <u>무역·외원과 경제개발</u>, pp.47 - 48.
50) 한국 정부는 1952년 12월 15일자로 한화 대여금 지불을 중단할 것을 선언하고 유엔군사령부에게는 한화 대여금을 상환하고 필요한 원화는 한국은행으로부터 매입할 것을 통고했다. 유엔군사령부는 이에 대해 민간

앞으로의 한화 대여금은 한화를 대여한 뒤 다음달 20일까지 상환받도록 되었다. 이 협정에 의해 설치된 합동경제위원회(Combined Economic Board)에서는 1953년 1월 7일 이전에 대여된 한화에 대해서는 1달러 대 18원의 환율을 적용하기로 하고, 인플레이션으로 환율이 비현실적이 될 경우 재조정하기로 합의했다. 이런 이유로 이후 유엔군대여 한화상환금에 적용된 환율은 수시로 변경되었으며, 일반적으로 공정환율보다 높았다. 1955년까지 유엔군대여 한화의 상환액인 달러는 한국정부의 가장 중요한 달러수입원이었다. 1952년과 1953년에 달러상환으로 생긴 외환수입은 각각 6천 2백만 달러와 1억 2천 2백만 달러에 이르렀다. 이것은 이 기간의 총 외환수입의 62%와 70%에 해당했다.[51]

앞에서 설명한 대로 1953년 이후에는 유엔군이 필요한 한화를 한국은행에서 공개입찰에 의해 조달하도록 하는 달러 옵션제도가 실행되었다. 달러공매 업무는 한국은행이 담당하고 있었지만 미국이 적립한 3천만 달러에 대한 입찰이었기 때문에 실제로 미국이 권한을 지니고 있었다. 한국은 적은 액수의 한화로 달러를 많이 구입하려고 한 반면, 미국은 적은 액수의 달러로 한화를 많이 구입하려고 했기 때문에 양측의 입장은 대립하였다. 한 예로 1955년 2월 간접군사원조 2백만 달러에 대한 공개입찰이 실시되었다. 미국 측은 475환 대 1달러를 최저 낙찰환율로 책정하고 2백만 달러의 공매기금 중에서 이 환율 이상으로 응모한 106만 8천여 달러만을 낙찰액으로 한다는 것을 한국 측에게 통고했다. 그런데 462환 대 1달러 이상의 환율로 응모한 총액이 2백만 달러에 달했다. 따라서 한국정부측은

용 석유제품의 공급을 중단하는 조치로 맞섰다. 이것은 한국 측의 양보로 해결되었다. 김광석, 래리 E·웨스트팔, 한국의 외환·무역정책(서울: 한국개발연구원, 1984), p.39, 주9) 참조.

51) 김광석, 래리E·웨스트팔, 한국의 외환·무역정책, pp.39 - 40.

462환 대 1달러의 환율에 의해서 2백만 달러 전액을 공매할 것을 요구했다.52)

이처럼 이승만정권의 평가절상정책은 미국의 원조로부터 최대의 이익을 확보하고 획득하기 힘든 달러를 가능한 한 많이 배당받는 한편, 경제자원분배에서 최대한의 재량권을 누리기 위해서 필요한 정책수단이었다. 이 같은 정책망에 의해서 국가, 자유당엘리트, 기업가들이 상호 연계되었다. 이 가운데서도 자유당엘리트와 기업가가 중심세력으로 등장하여 정책망으로부터 발생하는 혜택의 수혜자가 되었다.

3. 수입대체산업의 정치구조: 자유당엘리트와 기업가

이승만정권에서 국가관료, 자유당엘리트, 기업가들의 정치연합을 지탱한 중요한 정책망은 평가절상정책과 저금리정책이었다. 이승만정권은 평가절상정책에 의해서 재정적 기반을 마련하고 정치적 지지세력을 육성할 수 있었다. 또한 은행에 대한 통제권을 장악하고 저금리정책에 의해서 기업가들에게 영향력을 행사하고 정치자금을 동원할 수 있었다.

자유당엘리트가 정치권력의 핵심으로 등장하게 되면서 이들과 기업가 간에 후원·수혜관계가 형성되고 국가관료의 권한은 축소되었다. 자유당엘리트는 기업가들의 정치자금에 의존해야 했기 때문에 국가관료는 자유당을 통해서 표출되는 기업가의 이익을 때때로 충족시켜야 했다. 따라서 자원분배과정에서 국가의 자율성은 위축되었으며 자유당과 연계된 기업가의 경제적 이익 때문에 국가의 정책집행능력

---

52) 이중재, <u>재계회고7: 역대 경제부처장관편 I</u>, pp.226–227.

은 제한되었으며 일관된 정책집행이 때때로 어려움에 직면했다.[53]

1) 지배연합과 환율정책

이승만정권의 평가절상정책으로 인해 수입허가권을 얻는 것과 달러배정을 받는 것은 큰 특혜였다. 자유당은 수입허가와 달러배정문제에 깊이 개입해서 정치자금을 마련하는 한편 수입대체산업가들의 정치적 지지를 획득하였다.

1953년부터 1960년까지 환율정책은 평균 2년 이상 지속되지 않았으며 원화는 평가절상되었다. 정부로부터 수입허가권을 얻은 기업은 낮은 환율 덕분에 많은 이익을 얻을 수 있었다. 이들은 국내시장가격보다 훨씬 낮은 가격으로 물품을 수입해서 그것을 높은 가격으로 국내시장에서 팔았다. 예를 들면 제조업자들은 1달러당 650환의 가격으로 원자재를 수입해서 완제품을 1달러당 1,200환의 수준에서 판매하였다.[54] 한국전쟁 후 경제복구를 위해서 시멘트는 수요가 많은 품목의 하나였다. 수입시멘트는 약 3% 높은 가격으로 판매되었다. 더욱이 시멘트 생산업자들이 시멘트 수입할당권을 지니고 있었기 때문에 자기들이 국내에서 생산한 시멘트도 수입시멘트와 거의 동일한 가격으로 판매했다.[55]

1956년의 국방부 원면사건도 수입물자의 국내판매이윤이 막대했던 것과 관련하여 발생한 사건이었다. 이것은 국군 월동용 방한복

53) Bae-Ho Hahn, "The State and Culture in Korean Development," p.18: Dennis L. McNamara, "Soft State Interlude in South Korea, 1948-1960," p.16.

54) Stephan M. Haggard, *Pathways from the Periphery: The Newly Industrializing Counries in the International System,* unpublished Ph. D. Dissertation, Univ. of California, Berkeley, 1983, p.118.

55) Kyong-Dong Kim, "Political Factors in the Formation of the Entrepreneurial Elite in South Korea," *Asian Survey*, Vol.XVI, No.5(May 1976), p.469.

제작을 위해서 50만 불에 이르는 FOA자금으로 도입되었던 원면의 99.7%가 시중에 부정방출된 사건이었다. 여기서 생겨난 십수억 환에 이르는 부정이익금은 1956년의 정부통령선거를 위해서 자유당의 선거자금으로 유용된 것으로 추정되었다.[56]

앞에서 지적했듯이 공정환율과 암시장 달러의 시세 간에는 엄청난 차이가 있었기 때문에 달러배정을 받는다는 것 자체가 큰 이권이었다. 1950년대 말 정부의 외환보유고는 2억 달러 내지 3억 달러였다. 정부의 달러불하가 있을 경우 자유당엘리트들은 공정환율보다 낮은 환율로 특정기업인에게 달러를 불하하도록 재무부에 압력을 가했다. 국가관료들은 자유당의 끈질긴 요구 때문에 그들이 추천하는 업자들에게 달러를 불하하지 않을 수 없었다.[57]

정부는 1952년 12월 "특별외화대부 취급규정"에 의해서 중석불[58]과 유엔군대여 한화 상환금을 통해 적립된 달러를 불하하였다. 이에 따라 1953~54년 동안 달러배분이 있었는데 원료 및 소비재 도입을 위한 제1특별외화 대부와 자본제 도입을 위한 제2특별외화 대부로 구분되었다. 1952년 12월부터 1954년 7월까지의 달러 배부는 제1특별외화 대부가 7,200만 달러이고 제2특별외화 대부는 2,300만 달러에 이르렀다.[59]

1954년 7월부터 특별외화 대부제도가 폐지되었다. 그 대신 정부보유달러는 1961년까지 총 8천 8백만 달러가 공매되었으며 미군달러는 1955년까지 총 3천 9백만 달러가 공매되었다. 이 같은 외화공

56) 한국 군사혁명사 편찬위원회 편, 한국군사혁명사 제1집 (서울: 한국혁명재판사 편찬위원회, 1962), pp.96 - 97.

57) 김현철, 재계회고7: 역대 경제부처장관편 I, pp.389 - 390.

58) 중석불은 1950년대에 한국의 수출품목 중에서 중요한 비중을 차지하였던 중석(텅스텐)의 수출로 획득된 달러를 적립한 것이다.

59) 김대환, "1950년대 한국경제의 연구: 공업을 중심으로," 진덕규, 한배호 외, 1950년대의 인식 (서울: 한길사, 1981), p.192.

매에 대한 경쟁이 아주 심해서 1차 정부 달러공매 시 500만 달러의 매각액에 대한 공매환율은 693－461환(당시 공정환율은 180환)일 정도였다.[60]

달러배분과 관하여 정치적 사건으로 대두했던 것이 1952년의 중석불 불하사건이었다. 1952년 자유당정권은 중석수출로 획득한 400만 달러를 14개 기업에 할당하고 이 기업들은 곡물과 비료를 수입해서 막대한 이익을 남겼다. 자유당은 달러를 분배받은 기업들로부터 정치자금을 제공받아서 이 자금으로 1952년의 헌법개정과 대통령선거에 소요되는 자금을 충당한 것으로 추정되었다.[61]

2) 지배연합과 금융정책

금융정책면에서 한국과 일본의 큰 차이점은 일본에서는 산업화과정에서 재벌들이 직접 은행을 장악하였으며 2차대전 이후에는 금융계를 중심으로 대기업들이 연계체계를 이룬 반면, 한국에서는 산업화과정에서 국가가 금융계를 직접 통제했다는 점이다. 한국에서 1945년 이후 국가의 은행통제가 가능했던 이유는 귀속재산이었던 은행주식들이 정부관리하에 있었기 때문이다. 정부는 은행인사권을 장악하고 대출업무에 영향을 미침으로써 기업가에 대한 통제력을 확보할 수 있었다. 뿐만 아니라 저금리정책은 기업가들을 정부에 대해 의존적으로 만들고 대부제공의 조건으로 정치자금을 염출할 수 있는 효과적인 정책수단이었다.

정부는 재무부를 통해서 시중은행들에 대해서 직접 영향력을 행사하고자 했고 한국은행은 금융의 중립성을 내세워서 시중은행 업

---

60) <u>위의 글</u>, pp.193－194.

61) 이병도 외, <u>해방 20년사</u> (서울: 희망출판사, 1965), pp.613－617.

무를 관장하고자 했다. 시중은행 감독권을 둘러싸고 정부와 한국은행 간에는 대립관계가 지속되었다. 그 한 예로 1954년 재무부는 한국은행이 장악하고 있던 시중은행에 대한 은행감독부를 재무부 소관으로 이전하려고 했다. 그리고 1956년에는 당시 김유택 한국은행 총재가 한국은행법과 은행법의 개정을 둘러싼 정부와의 대립에서 한국은행총재에서 해임되는 사건이 발생했다. 이 은행법개정은 재무부의 권한을 대폭 강화하여 한국은행을 재무부의 직접 통제하에 두려는 것이었다. 이와 함께 자유당은 정치자금 확보를 위해서 김유택 한국은행 총재의 자유당 입당을 강요했다. 실제로 김유택 한은총재를 자유당 상임위원으로 임명하는 기사가 신문에 게재되고 본인에게 임명장과 입당원서가 전달되는 사태까지 벌어졌다. 김유택 한은총재는 자유당 입당을 거절하고 결국 한은총재에서 해임되는 것으로 사건은 일단락되었다.[62]

1954년 당시 국책은행은 한국은행과 산업은행이었으며 시중은행은 조흥은행, 저축은행(제일은행으로 바뀜), 상업은행, 흥업은행이었다. 정부는 1954년부터 한국은행이 소유하고 있던 시중은행의 주식과 시중은행이 서로 보유하고 있던 상호주를 민간에게 불하하기 시작했다. 이에 따라 관재청, 재무부, 한국은행으로 구성된 시중은행 불하추진위원회가 조직되고 1954년 10월 은행귀속주 불하요강이 발표되었다. 그러나 1인당 입찰이 가능한 주의 수와 양도가 제한되는 등 공매조건이 매우 까다로웠다.[63] 이처럼 공매조건이 까다로웠던 것은 자유당이 귀속주의 불하로 은행에 대한 지배권을 상실할 것을 우려하고 있었기 때문이었다. 자유당은 은행주의 불하로 친야당적인 민간인들이 은행운영권을 장악하여 자유당의 정치적 영향력을 잠식할 것을 염려하고 있었다. 공매가 부진하자 1인당 5주로 한정

---

62) 김유택, 재계회고10: 역대 금융기관장편, p.137.
63) 위의 글, pp.134−135.

되었던 공매단위가 1인당 10주로 늘었으나 결과는 마찬가지였다.[64] 결국 대량주식소유를 인정하는 규정에 의해 조흥은행은 민덕기에게, 흥업은행은 이병철에게, 상업은행은 진영득에게, 제일은행은 윤석순에게 불하하기로 결정되었다. 그런데 복잡한 과정을 거쳐서 상업은행은 설경동에게, 제일은행은 정재호에게로 입찰자가 바뀜으로써 여러 가지 의혹이 발생했다.[65]

1950년대에 사채금리가 평균 20% 내지 25%에 이르고 금융통화위원회가 결정한 일반자금의 최고이자율이 18.25%였다.[66] 은행대출금리가 인플레이션 상승률에도 못 미치는 상황에서 은행자금의 대출을 받는 것은 큰 이권에 속했다. 자유당 엘리트들은 이 같은 저금리정책의 정책망에 의해서 기업가들에게 영향력을 행사하고 정치자금을 조달할 수 있었다.

기업에 대한 은행대출은 일반시중은행보다 주로 산업은행에 의해서 이루어졌다. 총 대출에서 일반은행대출이 차지하는 비율은 1955년의 45%에서 1960년에는 29%로 하락하였다. 산업은행은 1954년부터 1958년까지 은행대출에서 압도적인 비중을 차지하였다. 이 기간 동안 특수은행의 비중이 증가한 것은 당시 유일한 특수은행이었던 농업은행의 대출 때문이었다.[67]

국가관료와 자유당은 일반은행의 매각을 추진하면서 재무부의 직접 통제하에 산업은행을 신설함으로써 금융 대출에 대한 통제권을 유지하고자 했다. 한국산업은행은 1953년 12월 30일 법률 제302호로

---

64) 이중재, 재계회고7: 역대 경제부처 장관편Ⅰ, pp.232 – 233.
65) 인태식, 재계회고8: 역대 경제부처 장관편Ⅱ, pp.50 – 51.; 제일은행 귀속주 불하자의 변경에 대해서는 다음을 참조하기 바람. 서병조, 주권자의 증언, pp.289 – 291.
66) 김대환, "1950년대 한국경제의 연구," pp.196 – 197.
67) D.C.콜, 박영철, 한국의 금융발전: 1945 – 1980 (서울: 한국개발연구원, 1984), p.68.

공포된 한국산업은행법에 근거하여 1954년 4월 1일 설립되었다. 산업은행은 부흥사업에 대한 산업자금융자를 주요업무로 하였으며 정부출자금 4억 환을 기본자산으로 하였다.(한국산업은행법 4조). 산업은행은 예금에 대한 중앙은행의 통제를 제외하고는 한국은행법과 은행법의 구속을 받지 않고 직접 재무부의 관할하여 놓였다(동법 53조). 그리고 산업은행의 자금은 주식증자, 재정자금 차입, 산업금융채권 발행, 예금 등에 의존하였다.[68] 산업은행의 자금원천의 구성비는 1957년까지는 정부자금이 약 60%를 차지하다가 그 이후 30% 미만으로 감소하였다. 정부자금은 산업부흥국채, 귀속재산적립금 등으로 이루어졌는데 이 중에서 국채가 가장 높은 비율을 차지했다. 대충자금은 국방비로 충당되고 남은 부문만이 산업자금으로 융자되었는데 그중에서 산업은행이 가장 높은 비율을 차지하였다.[69]

산업은행의 대출금리 체계는 <표 9>에서 알 수 있는 것과 같이 복잡하게 되어 있었다. 이것은 당시의 20~30%에 달하는 사채시장 이자보다는 물론이고 18.5% 정도의 일반은행이자보다도 훨씬 낮았다. 이러한 저금리의 이점에 착안하여 자유당엘리트들은 산업은행 대출에 대해서 영향력을 행사하고자 했다.

산업은행대출과 관련하여 1958년 산업은행연계자금 사건이 발생한 것은 이 같은 배경하에서였다. 이것은 1958년 5월 2일의 4대 국회의원 선거를 앞두고 4월 20일부터 5월 7일까지 산업은행 연계자금이 12개 기업에게 대출되고 이것이 자유당의 선거자금으로 유통된 사건이었다. 산업은행 연계자금은 산업은행의 자금고갈로 인해 앞으로 발행될 산업금융채권을 담보로 산업은행이나 다른 시중은행이 기업에게 대출해 준 자금이었다. 이 자금은 총 80억 환으로 알려졌는데 실제 선거가 있기 전까지 대출된 것은 약 40억 환인 것으로 밝혀

---

68) 한국산업은행 조사부, 한국산업경제 10년사, 1945-1955, pp.418-421.

69) 김대환, "1950년대 한국경제의 연구," p.195.

졌다. 융자를 받은 기업들은 1할 내지 3할 정도의 자금을 자유당에 기부한 것으로 추정되었다. 그중에서도 주요 기업의 대출자금과 이들이 자유당에 기부한 금액을 <표 10>에서 알 수 있다.

표 9. 산업은행의 대출금리체계

(1957년 말 현재)

구 분	금 리
산업자금	
정부보증	10% 이하
수리자금	4.7%
수리자금(8회 국채)	3.7%
일반산업자금	15% 이하
귀속재산 중소기업자금	12%
귀속재산 주택자금	10%
대충자금	
ECA 대충자금	7.3%
ICA 대충자금	
기간산업자금	미 정
시설자금	(시설전) 3% (시설후) 8 - 12%
운영자금	8%
UNKRA 대충자금	
기간산업자금	(시설전) 3% (시설후) 미 정
공공사업자금	(시설전) 5% (시설후) 7%
민영사업자금	(시설전) 8% (시설후) 10%
UNKRA 대리대출	7%

* 출처: 김대환, "1950년대 한국경제의 연구," p.197.

4대국회가 개원된 후 이것이 국회에서 정치적 문제가 되었다. 더욱이 산업은행법에 의하면 산업은행은 4억 환의 기본출자금의 20배에 해당하는 80억 환까지 대출할 수 있도록 되어 있었는데, 정부는 이미 산업연계자금을 대출했기 때문에 4억 환의 산업은행출자금의 자본증식안을 국회에서 통과시켜야만 했다.[70] 그 결과 국회에서 자유당과 야당의 대립이 격화되었고 야당은 김현철 재무부장관, 구용서 산업은행총재, 김진형 한국은행 총재의 불신임안을 제출했다. 그러나 불신임안은 부결되고 그 이튿날 구용서 산업은행총재는 상공부장관으로 발탁되었다.[71]

표 10. 산업은행 연계자금 대출과 자유당기부금

	대출자금	자유당 기부금
태창방직주식회사	1 억 환	1 억 환
대한중공업주식회사	4억 6천 8백만환	?
중앙산업주식회사	6억 7천만환	5 천만환
금성방직주식회사	2 억 환	1 억 환
수도영화사	2 억 환	1 억 환
동립산업주식회사	7 억 환	1억 2천만환
삼호방직주식회사	2 억 환	수 천 만 환
동양시멘트주식회사	1억 5천 4백만환	5 천만환
조선방직주식회사	1억 5천만환	1억 5천만환

* 출처: 한국혁명재판사 I, pp.139 – 140에서 작성.

또한 1960년 정부통령선거에 대비해서 자유당 기획위원 한희석, 자유당 총무위원장 박용익, 재무부장관 송인상, 산업은행총재 김영찬 등은 1960년 2월 50억 환의 산업금융채권을 책정하여 12개 기업체에게 대부하고 그들로부터 기부금을 받았다.[72]

이처럼 이승만정권에서 자유당엘리트들은 은행에 대한 통제권을 장악하고 대출을 통해서 기업가들에게 영향력을 미치는 한편 정치비용을 염출하였다. 저금리정책은 자유당과 기업가들 간의 연계관

---

70) 이병도 외, 해방20년사, pp.962 – 965.; 한국혁명재판사, pp.139 – 140; 서병조, 주권자의 증언, pp.256 – 257.

71) 김현철, 재계회고7: 역대 경제부처 장관편 I, 378 – 386.

72) 한국혁명재판사 I, pp.140 – 144.

계를 공고히 해주는 정책망의 하나였으며 이 같은 정치연합구조의 성격이 변화되지 않는 한 저금리정책의 변경은 힘들었다.

4. 재정안정화정책과 경제개발계획의 좌절

1공화국의 후반기에 경제구조에 변화를 가져올만한 몇 가지 중요한 정책들이 실시되었다. 첫째, 1954년부터 1958까지 행정업무 개선과 경제복구가 부분적으로 실시되었다. 그중에서도 대한석탄공사의 석탄증산이 주목된다. 둘째, 1957년부터 미원조의 감축과 함께 재정안정화정책이 실시되어 경제성장률이 둔화되는 대신 어느 정도의 물가안정이 이루어졌다. 셋째, 장기경제개발계획을 수립하려는 움직임이 구체화되어 1958년 산업개발위원회가 창설되고 이 위원회에서 경제개발계획이 작성되었다.

이 같은 몇 가지의 변화의 시도들이 구체적으로 어떤 방향으로 전개될 수 있었으며 어떤 성과를 가져왔을지를 정확하게 예측하기는 힘들다. 한 가지 분명한 것은 서로 보완적이기도 하고 상충적이기도 한 변화의 조짐들이 구체적인 형태로 나타나는 것을 제약하는 이승만정권의 구조적 한계가 있었으며, 이러한 구조적 제약을 극복하기 위한 시도가 이루어지기 전에 정권이 붕괴하였다는 점이다.

자유당엘리트가 지배권을 장악하기 이전인 1954년부터 1958년까지 이승만의 정치적 지도력과 과업지향적 행정엘리트의 결합으로 행정업무의 개선과 경제복구가 부분적으로 가능하였다. 이 기간 동안 백두진, 김현철, 김일환, 송인상 등 전문지식을 지닌 장관들이 발탁되어 이들이 행정업무의 효율성을 신장시켰다. 한 가지 사례는 특별한 정책적 조치의 결과로 대한석탄공사의 석탄생산이 증가한 것이다. 1954년 12월 이승만은 대한석탄공사로 하여금 군대로부터 기술지원을 받도록 하고 김일환 중장을 단장으로 하는 특별반을 편성하여 석탄생산 5개년 계획을 작성하고 증산계획을 관리하도록 했다. 이 결과 1년 만에 국유탄광의 석탄생산이 46% 증가하고 이 같은 경험이 다른 분야로 파급되었다.[73] 이 같은 업적이 가능했던 것은 업무지향적 엘리트들이 이승만의 후원하에 자유당의 간섭으로부터 자유롭게 업무에 전념할 수 있었기 때문이었다. 그러나 1공화국의 정치경제적 틀을 고려할 때, 이 같은 국가관료의 정책집행 자율성이 지속적으로 나타나기는 어려웠다.

미국은 1958년 상호안전보장법(MSA)의 개정을 통해서 개발차관기금(Development Loan Fund)을 신설하고 그때까지의 무상원조를 점차 차관 형태로 바꿔나가기로 했다.[74] 이에 따라 미국의 대한원조는 전반적으로 1957년을 정점으로 감소하였다. 미국원조의 감소는 대충자금 및 투융자재원의 감소로 재정투자활동의 위축을 가져오는 동시에 외환공급의 감소로 국제수지악화를 초래했다.[75]

미원조감소를 계기로 한·미 경제협의기구인 합동경제위원회는 재정안정화정책을 본격적으로 제안했다. 한국정부 측은 그때까지는 재정안정보다는 최대한의 미원조를 획득하는 데 정책의 우선순위를 두었으나 미원조의 감소로 재정안정화정책을 실시하지 않을 수 없었다.

재정안정화정책의 실시로 부분적인 성과가 나타나기 시작했다. 통화량의 증가율이 1957년에 20.1%, 1958년에 32.6%, 1959년에 9.0%, 1960년에 4.4%, 이 기간 동안 평균 16.5%로 크게 하락하였다. 또한 물가지수도 1953년~1956년 동안에는 평균 증가율이 41.5%였는데, 1957년~1960년 동안에는 평균 5.8%로 하락하였다.[76]

---

73) 이한빈, 사회변동과 행정, pp.126-130.
74) 홍성유, 한국경제와 미국원조(서울: 박영사, 1962), pp.80-82.
75) 이열모, "안정을 위한 건전금융기조의 정책," 전국경제인연합회 편, 한국경제정책 30년사, p.165.

재정안정화정책은 균형재정을 위해서 세출을 줄이고 세입을 늘리는 기본방침을 택했다. 1953년부터 1955년 동안 세입총액에서 재정적자의 비율은 연평균 25.7%였던 것이 1957년~1960년 동안에는 연평균 7.5%로 하락하였다. 세입 면에서 대충자금 비율이 1957년의 52.9%에서 1960년에 34.6%로 하락하는 반면, 조세수입은 1957년의 31.1%에서 1960년의 56.2%로 급증하였다. 따라서 조세부담률이 이 기간 동안 9.0%에서 14%로 급증하였다. 세출 면에서는 국방비, 일반행정비, 사법경찰비 및 교육비 등의 소비적 경비는 계속 증가한 반면 경제적 경비와 공익사업비에 대한 정부투자규모는 감소되었다.[77] 이렇게 본다면 이 기간의 물가안정과 재정안정은 재정투융자부분의 감축과 조세증가에 기인했던 것이라고 할 수 있다. 이것은 장기적으로 경제개발계획을 추진할 수 있는 재정팽창정책과는 거리가 멀었다.

　이 같은 몇 가지 변화의 움직임 중에서도 1958년 부흥부의 산업개발위원회에서 경제개발계획이 마련된 것은 가장 주목할 점이다. 그 이전에도 1953년에 타스카(Henry J. Taska)를 단장으로 하는 경제조사단이 파견되어 "타스카보고서"가 작성되었으며,[78] 1953년에 UNKRA와 네이산(Robert R. Nathan)연구진이 경제개발계획을 작성한 적이 있었다. 그러나 이 계획들은 여건의 미비와 정치적 이유로 실현되지 못했다.[79]

---

76) 김명윤, 한국재정의 구조, pp.85 - 86.

77) 위의 책, pp.87 - 90.

78) Wan - Hyok Pu, "The History of American Aid to Korea," pp.89 - 90.

79) 네이산보고서가 실행되지 않았던 이유에 대해서는 한국정부 측이 종합적인 계획에 의한다기보다는 원조제공 측과 융통성을 가지고 해당 문제에 대해서 그때마다 최대의 이익을 얻으려고 했기 때문이라는 해석이 있다. 또한 네이산 연구팀은 미국의 민주당과 정치적 연계를 맺고 있었는데 1952년 가을 공화당이 선거에 승리함에 따라 이승만은 네이산보고서를 채택할 경우 미국의 공화당행정부로부터 충분한 원조를 받지 못할 것을 우려했다는 해석이 있다. Joe Won Lee, "Planning Effort for Economic

한국의 기획업무는 1948년 이후 기획처가 담당하고 있었으나 기획처장은 장관급보다 하급직이었고 권한도 적었다. 1955년 부흥부가 신설되고 부흥부장관이 경제장관들로 구성된 부흥위원회의 위원장이 됨으로써 경제개발계획을 담당할 수 있는 전문국가기구가 마련되었다.[80] 그리고 1958년 9월 송인상 재무부장관이 미국에 가서 허터 국무차관과 협의한 후 부흥부산하에 장기경제개발수립을 목적으로 산업개발위원회(Economic Development Committee, EDC)가 신설되었으며 오레곤대학의 교수단이 한국에 파견되어 경제개발계획 수립을 위한 사전조사가 실시되었다.[81]

산업개발위원회는 1960년부터 1962까지의 3개년을 1차 기간으로 하는 경제개발계획안을 작성하여 1959년 봄에 국무회의에 제출하였다. 이 계획안은 GNP의 연평균 5% 성장, 실업감소, 대외의존도 축소 등을 목표로 하였다. 그러나 이 계획안은 국무회의에 상정된 지 1년이 지나도록 심의조차 유보되었다. 그러다가 1960년 4월 15일에야 국무회의에서 통과되었으나 곧 이어서 이승만정권의 붕괴를 맞이하였다.[82]

자유당엘리트들은 1958년을 고비로 경제정책의 기본방향에 대한 중요한 결정을 하였다. 이것은 그때까지의 경제복구를 기반으로 하여 본격적으로 경제발전을 추구하느냐 아니면 경제발전문제는 차치

Development," in Joseph S. Chung, ed., *Patterns of Economic Development: Korea* (Kalamazoo, Michigan: Western Michigan University, 1965), pp.1 - 9.; David C. Cole and Young Woo Nam, "The Pattern and Significance of Economic Planning in Korea," Irma Adelman, ed., *Practical Approaches to Development Planning* (Baltimore: Johns Hopkins University Press, 1969), p.32.

80) 사공 일, L.P.존스, 경제개발과 정부 및 기업가의 역할 (서울: 한국개발연구원, 1986), pp.71 - 73.

81) 송인상, 재계회고8: 역대 경제부처장관편 II, pp.57 - 58.

82) 이한빈, 사회변동과 행정, pp.138 - 139.

하고 정권유지에 보다 몰두하느냐 하는 것에 대한 결정이었다.

1956년 정부통령선거에서 민주당의 장면에게 패배한 후 자유당엘리트들은 향후 정국운영 방향, 1958년 국회의원 선거 및 1960년 대통령선거에 대한 대비책 등에 대해서 논의했다. 장경근을 중심으로 하는 자유당강경파와 이재학 중심의 온건파는 견해를 달리했다. 이재학을 중심으로 하는 자유당온건파는 조병옥 중심의 민주당 구파와 정치적 성향에서 상당부문 공감대를 이루고 있었다. 이들은 1960년 대통령선거의 지나친 경쟁을 우려하여 내각책임제로의 헌법개정을 추진하기 위해 비공식적인 접촉을 한 것으로 알려졌다. 그러나 이들의 움직임은 자유당내의 강경파와 민주당의 장면 중심의 신파의 반대로 결렬되었다. 자유당온건파는 이와 함께 1960년의 선거에 대비해서 일련의 경제개혁을 단행하고 행정관료의 부패를 일소하고 경제발전계획을 수립할 것을 제안했다. 부흥부 내에 산업개발위원회가 설치되고 경제개발계획이 작성될 수 있었던 것은 부분적으로 이러한 제안이 받아들여진 결과라는 견해가 있다.[83]

이러한 점들을 고려할 때, 1958년의 경제개발계획이 실행에 옮겨질 수 없었던 데에는 자본 및 기술의 부족, 미원조의 감축 등의 요인보다 자유당이 임박한 선서에 대비해서 경제개혁조치를 취할 만한 여유가 없었던 요인이 더 큰 것 같다. 경제개발계획은 수입대체산업정책의 혜택을 받고 있는 국가관료, 자유당엘리트, 기업가들 간의 정치연합구조의 개편을 수반하고 이것은 결국 자유당의 지지기반 및 정치자금의 상실을 의미하는 것이었다. 당시의 지배연합은 다가오는 선거를 앞두고 근본적인 행정개혁과 경제개혁을 할 만한 여유와 자율성을 결여하고 있었다.

이승만정권의 보수연합체제가 택할 수 있는 몇 가지 대안이 있었

---

83) Quee-Young Kim, *Social Structure and the Revolutionary Movement: A Sociological Study of the* 4.19 *Uprising in South Korea*, p.139, p.160.

다. 한 가지 대안은 그때까지 원조를 바탕으로 추진되었던 설탕, 제분, 면방직 등의 비내구성 소비재중심의 수평적 수입대체산업화정책(horizontal import substitution industrialization policy)에서 내구성 소비재중심의 수직적 수입대체산업화정책(vertical import substitution industrialization policy)으로 전환하는 것이었다. 미국은 재정안정화정책에 의한 물가안정과 균형재정만을 강조했으며 구체적으로 한국경제에 대한 장기계획을 지니고 있지 않았다. 한국의 입장에서 볼 때, 원조중단 상황에서 수직적 수입대체산업화정책을 위한 자본은 조세징수나 차관도입에 의존해야 했다. 그러나 경제성장이 둔화되고 있는 실정에서 더 이상의 조세징수도 한계가 있었으며, 차관도입도 용이하지 않았다.

다른 한 가지 대안은 1960년대에 추진된 것과 같은 수출주도산업화정책으로의 전환이었을 것이다. 그러나 국내자본 및 기술의 부족, 해외시장 미확보 등의 상황에서 당시로서는 수출주도산업화정책이 성공적일 것으로 보이지 않았다. 이것은 1960년대 초반 처음부터 수출주도산업화정책이 추진된 것이 아니라 몇 번의 정책변경과 시행착오를 거친 후에야 추진된 것을 보아도 알 수 있다. 더욱이 이승만정권의 보수연합체제의 성격을 고려할 때 이들로서는 수출산업화정책보다는 수직적 수입대체산업화정책으로의 전환이 보다 받아들이기 쉬운 측면이 있었을 것이다. 이같이 경제정책의 딜레마, 정통성의 상실, 정권교체의 불안정 등의 요인이 혼재한 가운데 이승만정권은 붕괴의 길로 다가서고 있었다.

V. 3공화국의 국가구조와 수출주도산업화정책

1960년대 이후 한국의 산업화는 국가주도에 의한 산업화로 특정 지워진다. 5·16쿠데타에 의해서 권력을 장악한 군부엘리트들은 전략적 국가엘리트로서 국가권력을 장악하고 기존의 지배적 사회·경제세력에 대한 통제력을 확보하는 데 성공했다. 이들은 국가기구를 개혁하고 국가기구의 침투력을 향상시키는 한편 국가의 물적 기반 확대에도 노력을 기울였다. 국가기구의 확대, 국가관료의 팽창, 조세의 증가 등이 국가엘리트의 자율성을 더욱 증가시키는 방향으로 작용하였다. 더욱이 대규모의 외국차관의 도입으로 국가엘리트는 시민사회에 의존하지 않고 물적 기반을 확보하는 한편 사회·경제세력에 대한 영향력을 확대할 수 있었다. 국가엘리트는 새로운 정치연합구조를 형성하는 데 있어서 기업가를 동반자로 선택하였으며 정책결정 및 자원배분과정에서 정당을 배제시켰다. 따라서 교도자본주의의 틀 내에서 국가관료의 자율성이 계속 유지될 수 있었다.

1960년대 이후 국가주도산업화정책은 수출산업화전략을 중심으로 추진되었다. 그러나 한국의 수출산업화전략은 몇 차례의 정책변경과 시행착오를 거친 뒤에야 본격적으로 추진될 수 있었다. 국가엘리트들은 평가절하와 금리인상에 의해서 수입대체산업구조의 기반을 붕괴시킨 다음 수출산업화정책이 추진될 수 있는 기본 골격을 마련하였다. 국가는 이같이 정책망을 변경하는 것에서 그치지 않고 더 나아가서 각종 특혜조치, 정치적 개입, 수출촉진정책 등에 의해서 수출산업화정책을 적극적으로 주도했다.

1. 군부·관료권위주의체제의 성립과 정책방향

5·16쿠데타는 한국의 국가와 사회와의 관계에 있어서 중요한 변화의 계기였다. 한국전쟁 이후 사회부문에 비해서 과대성장된 군부는 5·16을 계기로 국가사회의 전면에 등장하였다. 한국의 군부엘리트는 특정한 계급적 이해관계를 대변하기보다 정책선택의 자율성을 지닌 전략적 국가엘리트로서 정치권력의 확립과 경제·사회 구조의 개편에 착수하였다. 이들은 기존의 국가관료기구를 개편하는 한편 군부엘리트와 기술관료를 국가기구에 충원함으로써 군부관료엘리트의 연합체제를 형성하였다.

1) 군부엘리트의 정치개입

군부의 정치개입을 설명하는 이론들은 대체로 군부의 정치개입을 유발하는 정치사회부문의 유인요인(pull factor)을 강조하는 이론과 군부의 제도적 성장, 내적 요인 등과 같은 촉발요인(push factor)을 강조하는 이론으로 구분된다. 정치사회부문의 유인요인으로는 민간정부의 정통성 및 정책수행력의 정도, 노동자와 농민의 정치적 활성화정도, 정당구조, 정치문화, 사회·경제적 근대화의 정도, 사회·경제적 갈등의 정도 등이 지적된다. 그리고 군부개입을 촉진하는 촉발요인으로는 군대의 규모, 군대의 위계적 조직체계의 특성, 군부의 직업전문주의의 정도, 군장교들의 계급적 성분, 군장교의 정치사회화과정, 외국의 군사원조가 군대에 미친 영향 등이 고려된다.[1] 군부의 정치개입은 정치사회부문에서의 유인요인과 군부의 정치개입 동기라고 하는 촉발요인이 복합적으로 작용한 결과다. 여기에 특정 사회의 역사적 조건, 군부의 전통, 군부와 정치세력과의 관계 등이 덧붙여져서 군부의 정치개입 유형과 그 후의 군부통치유형이 결정된다.

5·16쿠데타에는 사회·경제불안이라는 유인요인보다 군부의 제도적 성장과 내적 갈등이라는 촉발요인이 보다 중요하게 작용한 것으로 보인다. 2공화국의 장면정권에서 나타난 위기와 균열구조는 계급적 갈등이나 심각한 경제적 위기에 바탕을 둔 것이었다기보다는 보수적인 정치·행정엘리트와 대학, 언론을 중심으로 하는 도시중산층 엘리트들 간 대립이라는 성격을 띠고 있었다. 이승만정권하에서 어용화된 대한노총은 4·19 이후 약화되었으며, 교원노조가 조직되었으나 아직 정치적 조직화 단계까지 이르지는 못했다. 혁신세력과 보수세력 간 대립이 있었으나 이들의 대립은 정치적 하부조직을 동원하지 않은 채 중앙정치 수준에서 정치엘리트들 간 이념적·정치적 대립이라는 성격을 띠었다. 그리고 급진적 학생운동이 활성화되었으나 이것이 다른 사회·경제세력과 연대를 형성하지는 못했다.[2] 또한

1) Jerry J. Wiatr, "The Military in Poltics: Realities and Streotypes," *International Social Science Journal,* Vol.XXXVII, No.1(1985), pp.101 - 103; Robert D. Putnam, "Toward Explaining Military Intervention in Latin American Politics," in Abraham F. Lowenthal, ed., *Armies and Politics in Latin America* (N.Y. and London: Holmes and Meier Publishers, Inc., 1976), pp.88 - 106.

2) Jang - Jip Choi, "The Strong State and Weak Labour Relations in South Korea: Their Historical Determinants and Bureaucratic Structure," Prepared for a Conference on the Dependency Issue in Korean Development: Comparative Perspectives, June 6 - 8, 1985, The Institute of Social Science, Seoul National

5·16쿠데타는 토지 지배계층의 정치적 기반을 붕괴하기 위하여 중산계급의 이념을 반영한 돌파쿠데타(breakthrough coup d'etat)나 민중부분의 정치적 활성화를 저지하기 위한 거부쿠데타(veto coup)는 아니었다.3)

5·16쿠데타의 발생에는 사회·경제적 측면의 유인요인보다 군부의 제도적 성장과 내적 갈등이라는 촉발요인이 직접적으로 작용하였다. 군부의 양적 팽창과 그에 따른 진급정체, 그리고 미군사원조의 일부를 정치자금으로 제공함으로써 발생한 군부의 제도적 이익의 손상 등과 같은 요인들이 복합되어 4·19 후 소장파장교들을 중심으로 숙군운동이 발생했고 이것은 5·16쿠데타의 직접적인 계기가 되었다.

1948년 정부수립 당시 한국군의 규모는 5만 명 정도였으며 1950년 6월 한국전쟁이 발발할 당시 한국군은 10만 명 정도를 상회하였다. 한국전쟁의 발발로 1954년 한국군은 20개 전투사단과 10개 예비사단으로 편성된 65만 명에 이르렀으며 이후 60만 명 정도의 수준을 유지했다.4) 한국전쟁을 통해서 급격하게 팽창한 한국의 군부는 막대한 국방비부담, 파벌대립, 이승만에 의한 군의 정치적 이용 등 갈등요인을 안고 있었다.

한국군부의 장교들은 ⅰ)중국과 만주에서 활동하던 독립군 출신, ⅱ)일본군 장교와 하사관 출신, ⅲ)만주군 출신, ⅳ)북한에서 월남한

University, pp.10‒11.; 2공화국의 보수와 혁신 간의 이념적 대립의 성격에 대해서는 다음을 참고하기 바람. 한승주, 제2공화국과 한국의 민주주의, pp.79‒104, pp.171‒201.

3) 헌팅톤은 사회·경제적 근대화와 정치참여수준에 따라서 군부쿠데타를 돌파쿠데타와 거부쿠데타로 구분하였다. Samuel P. Huntington, *Political Order in Changing Societies* (New Haven and London: Yale University, Press, 1968), pp.192‒237 참조.

4) Se‒Jin Kim, *The Politics of Military Revolution in Korea*, pp. 39‒40.

출신 등으로 구성되었다. 독립군 출신들은 나이가 많고 근대식 전
문훈련을 받을 기회가 없었으며, 더욱이 김구와 정치적 연계를 맺
고 있다는 이유에서 군 요직에서 배제되었다.

정부수립 이후 한국전쟁을 거쳐서 1950년대 중반까지 일본군 출
신 장교들이 군대의 핵심을 이루었다. 일제 식민통치기간 동안 일
본육사의 한국인 졸업생(1912년 제26기부터 1945년 제61기까지)은
79명에 이르렀으며 이외에도 크게 보면 학도병 출신, 항공학교 출
신, 지원병 출신 등이 이 범주에 포함되었다.5) 이들은 한국전쟁 동
안 군대의 핵심직책을 맡았으며 이 동안에는 군부의 정치적 중립이
유지되었다.

휴전협정이 체결된 후 이승만은 정치적 목적을 위해서 군대를 이
용하기 시작했는데 이 과정에서 군의 정치적 중립을 유지하려고 했
던 일본 육사 출신들은 차례로 제거되었다. 그 결정적인 계기가
1952년 이종찬 육군참모총장의 해임사건이었다. 당시 이승만대통령은
대통령직선제 개헌을 위해 부산에 계엄령을 선포하고 2개 사단을 배
치하려고 했으나 이종찬 장군은 이에 대해 반대하다가 해임되었다.
이것을 계기로 이승만은 일본육사 출신들을 제대시키는 한편 나이가
젊고 자기가 조정하기 쉬운 사람들을 군요직에 임명하고 군파벌 간
상호견제를 통해서 군부에 대한 영향력을 확보하고자 했다.6)

1952년부터 1958년까지 젊고 대체로 경험이 없는 만주군관학교와
북한 출신들이 군대에서 주요 세력을 형성하였다. 일본육사 출신들
이 제거된 상황에서 그나마 군사기술을 습득한 부류로 남아있는 것
은 만주군관학교 출신밖에 없었다. 그리고 정부수립 직후부터 계속
된 군대주도의 폭동사건으로 남한 출신 군인들이 제거됨에 따라 북
한 출신들이 군요직에 임명되었다. 그중에서도 정일권을 중심으로

---

5) 한용원, 창군(서울: 박영사, 1984), pp.33 - 37, pp.48 - 66.
6) Se - Jin Kim, *The Politics of Military Revolution in Korea*, pp. 44 - 51.

하는 북동부 출신과 백선엽을 중심으로 하는 북서부 출신은 각기 파벌을 형성하여 대립·견제하였다. 이승만은 이 양 세력 사이에서 균형을 유지하기 위해서 상당한 노력을 기울였다.

한편 이승만은 방첩대를 통해서 고위 장성에 대한 통제력을 확보하고 있었는데 1953년 3월 국방부산하에 헌병대를 신설하고 원용덕 중장을 헌병사령관으로 임명하여 방첩대의 김창룡과 경쟁관계를 이루도록 했다. 그런데 1956년 김창룡 방첩대장의 저격사건과 관련되어 정일권 중심의 북동부 출신들은 영향력을 상실하게 되었다. 그 결과 군부 내의 팽팽했던 세력균형관계가 와해되었다. 이러한 세력균형의 와해가 이승만이 4·19 당시 군부의 지지를 얻을 수 없었던 요인이었다는 견해도 있다.[7]

1공화국 기간 동안 이승만은 군부 내의 파벌을 이용하여 자신의 영향력 확대를 시도했을 뿐 아니라 군부를 정치적으로 이용하였다. 이승만은 1952년 헌법개정을 위해서 계엄령을 선포하고 군대를 동원함으로써 군부를 정치적으로 민감하게 만들었다. 또한 장교살인사건과 관련된 혐의로 구속되었다가 무죄 판결을 받은 서민호 의원을 다시 군사재판에 회부하여 사형선고를 언도했다.[8] 이승만은 이같이 군부를 정치적으로 이용하여 국회와 사법부의 권한을 침식했다.

한편 미원조가 군사원조로 제공됨에 따라 이승만정권은 군부를 정치자금획득의 통로로 이용하였다.[9] 1956년 군인 월동용 원면을 시중에 판매하여 부당이익금을 획득했던 것은 대표적인 사례에 속한다. 이승만이 군부를 정치적으로 동원하고 정치자금확보의 통로로 이용함에 따라 군부의 제도적 이익[10]이 손상되고 군 내부에서

---

7) *Ibid.*, pp.52 - 60.

8) 서민호의원에 대한 구형은 이후 8년형으로 감형되었으며, 서민호에 대한 유죄판결을 거부했던 최경록 헌병사령관은 경질되었다. *Ibid.*, pp.71 - 72.

9) *Ibid.*, pp.69 - 76.

숙군운동이 발생할 수 있는 여건이 조성되었다.

한편 한국전쟁 후 군장교의 인사정체는 커다란 문제가 되었는데, 이것은 군부의 정치개입을 유발하는 직접적인 원인이 되었다. 1960년 현재 한국 군부의 영관급이상 장교는 대장이 5명, 중장이 20명, 소장과 준장이 145명, 영관급이 7,000명 정도였다. 이중에서 군사영어학교와 조선경비사관학교(1948년 9월 1일 육군사관학교로 개칭됨) 6기 졸업생들이 대부분 장군과 대령급이었다.[11]

군사영어학교 출신들은 1946년 약 6주의 훈련을 받고 110명이 임관되었는데 이 중에서 공산주의자로 판명되어 제거된 자와 사망자를 제외하고 5명을 뺀 78명이 장군으로 진급했다. 휴전 후 조선경비사관학교 5기생부터 진급정체현상이 발생했는데 그중에서도 육군사관학교 8기생에서 진급정체가 가장 심했다.

육사8기생은 6개월의 훈련을 받은 정규반과 3주부터 9주까지의 훈련을 받은 특별 1기부터 특별 4기로 구분되는데 총 1,911명이 임관되었다. 이들은 그때까지의 육사 출신 중에서 숫자가 제일 많았으며 상대적으로 교육수준도 높은 편이었다. 이들의 경우 소위에서 소령까지 진급하는 데 4년이 걸렸는데 소령에서 중령까지 진급하는 데는 8년이 걸렸다.[12] <표 11>을 참고하면, 1957년까지 이들 가운데 7명만이 대령으로 진급했으며 1961년까지 140명만 대령으로 진급했다. 140명의 대령진급자 가운데 80%가 1961년에야 대령으로 진급하였다. 이것은 그들이 육사를 졸업한 지 12년이 지난 뒤였다. 8기생

---

10) 군부의 제도적 이익(institutional interest)은 군부가 충원, 인사, 교육, 예산 등에 있어서 자율성과 내적 응집력을 유지하고 조직으로서 군부전체의 존속에 일차적 관심을 두는 것이다. Abraham F. Lowenthal, "Armies and Politics in Latin America," Abraham F. Lowenthal, ed., *Armies and Politics in Latin America,* p.21 참조.

11) Se‐Jin Kim, *The Politics of Military Revolution in Korea,* p.40.

12) 한용원, 창군, pp.72‐74, pp.86‐87.

들은 숫자가 다른 기에 비해서 많았으며, 교육 기간이 6개월로 그 이전의 졸업생에 비해서 비교적 긴 편이었고, 정부수립 후 최초로 배출된 장교집단이었으며, 출신성분에서도 일본군이나 만주군을 거치지 않은 순수 민간인 출신이 많았다.[13] 이 같은 8기생의 동질성이 군부쿠데타를 주도하도록 하는 요인으로 작용했다.

표 11. 육사8기(1949년 임관) 졸업생의 진급상황

(%)

임관한 후의 연수	소위·중위	대 위	소 령	중 령	대 령
1	91.6				
2	8.2	97.2	4.5		
3	0.1	2.6			
4	0.1		80.5	2.6	
5		0.1	7.0	1.8	
6			6.8	47.0	
7		0.1	0.8	29.6	
8				8.9	4.8
9			0.1	7.8	
10			0.3	2.2	4.8
11				0.1	8.3
12					78.6
13					3.5
전체(%)	100	100	100	100	100
전체 수	1,207	898	763	683	145

※출처: Jae Souk Sohn, "Political Dominance and Political Failure: The Role of the Military in the Republic of Korea," in Henry Bienen, ed., *The Military Intervenes* (New York: Russell Sage Foundation, 1968), p.109.

이승만에 의한 군부의 정치적 동원과 군 내부의 파벌 및 진급문제로 인한 갈등은 4·19 직후 소장파장교들에 의한 숙군운동으로 표면화되었다. 숙군운동은 4·19 직후인 1960년 5월 2일 박정희 소

---

13) 강인섭, "육사 8기생," <u>4.19 그 이후: 군·정계·미국의 장막</u> (서울: 동아일보사, 1985), p.120.

장이 당시 .참모총장인 송요찬에게 3·15부정선거의 책임을 지고 사임할 것을 요구하는 것으로 시작되었다. 숙군운동은 8월 육사 8기 중심의 8명이 육군참모총장에게 정군운동을 할 것을 요청하는 연판장을 제출하는 것으로 본격화되었다. 이들에 대한 규제조치는 없었고 1960년 5월 20일 송요찬 참모총장은 사임했다. 그 후 9월 24일 8기 중심의 16명의 장교가 다시 최영희 중장에게 참모총장직의 사임을 요구했는데 이것은 하극상사건으로 발전되어 그중의 한 명이 실형을 언도받고 몇 명은 예편되었다. 이후 이들을 중심으로 구체적으로 5·16쿠데타 계획이 추진되었다.[14]

숙군운동의 진행과 함께 2공화국에서 군부의 제도적 이익을 위협하는 몇 가지 사태가 발생한 것에 주목할 필요가 있다. 장면정부는 과도한 국방비를 줄이기 위해서 10만 명의 군인을 감축하고 그대신 군현대화계획을 추진함으로서 이것을 보완하고자 했다. 실제로 1961년 12월 3일 1,535명의 장교의 해임이 결정됨에 따라 군장교의 불안의식이 높아졌다. 이와 함께 급진적 학생들의 통일노선 주장도 군부의 안보적 이익을 부분적으로 위협하였다고 할 수 있다.[15]

일반적으로 군부는 승진, 보직임명, 교육내용, 예산, 전략 등에 있어서 자율성을 유지하고자 하며 민간정부가 이 같은 군부의 제도적 이익을 침해할 때 쿠데타가 발생할 가능성이 있는 것으로 지적된다.[16] 1공화국에서 이승만이 군부를 정치적으로 동원하고 선거에 개입하도록 하는 한편 군부를 통해 정치자금을 확보함으로써 군부의 제도적 이익이 손상받았다고 할 수 있다. 제2공화국에서 군대의

14) 한국군사혁명사 I (국가재건최고회의 한국군사혁명사 편찬위원회, 1963), pp.195 - 196.

15) Yong Soon Yim and Eun Ho Lee, *Arms and Politics on the Korean Peninsula* (Cheongju: Cheongju University Press, 1983), pp.13 - 14.

16) Eric A. Nordlinger, *Soldiers in Politics: Military Coups and Governments* (New Jersey: Prentice - Hall, Inc., 1977), pp.65 - 78.

감축, 급진통일노선의 제기는 군부를 불안하게 하는 요인이 되었다.

그러나 남미의 경우와 달리 한국의 군부는 통일된 이데올로기와 내적 응집력을 지닌 제도로서의 군부(military as institution)[17]로 정치에 개입한 것은 아니었다. 5·16쿠데타는 부패, 진급 정체, 사회적 혼란 등에 대해 민감해진 일부장교(faction)가 정치에 개입한 것이었다. 대체적으로 군부쿠데타에서 개인적인 욕구와 군부의 제도적 이익의 옹호라는 요소가 결합되어 나타나며 쿠데타의 진행 도중 표면적으로는 군부의 제도적 이익의 옹호라는 측면이 더욱 강조되는 경향이 있다.[18] 5·16쿠데타를 주도한 소장파 장교들에게 있어서도 진급정체, 해직 등과 같은 개인적 불만과 군부의 제도적 이익의 옹호라는 문제가 결합되어 작용했다고 할 수 있다.

2) 군부엘리트의 사회적 기원과 정책방향

군부쿠데타의 원인과 함께 군부정권의 통치유형과 사회·경제적 정책방향도 중요한 관심대상이 된다. 군부정권의 정책방향을 설명하는 이론은 군부엘리트의 사회적 출신과 정치참여 정도에 따른 군부역할의 변화, 군부의 교육 및 정치사회화과정 등에 초점을 맞춘다.

군부엘리트의 사회적 출신성분을 통해서 군부정권의 정책방향을 분석하려는 이론들은 군부엘리트의 중간계급적 성격에 초점을 맞춘다. 중간계급 군부쿠데타론(middle class military coup)을 주장한 호세

---

17) 스테판은 군부가 높은 수준의 제도적 응집력을 지니고 통일된 이데올로기에 의해서 집단적으로 행동할 때 이것을 제도로서의 군부(military as institution)라고 하고, 쿠데타에 의해서 정권을 장악하고 있는 정부로서의 군부(military as government)와 구분하였다. Alfred A. Stepan, *The Military in Politics: Changing Pattern in Brazil* (New Jersey, Princeton: Princeton University Press, 1974), pp.352－266 참조.

18) Eric A. Nordlinger, *Soldiers in Politics,* p.66.

눈(Jose Nun)은 남미에서 군부가 쿠데타를 통해서 중간계급의 이익을 대변하는 역할을 한다는 점을 강조했다. 호세 눈에 의하면 패권적 부르주아(conquering bourgeoisie)가 존재하지 않는 상황에서 주로 중간계급에서 충원된 군부엘리트들이 중간계급지향적인 산업화정책을 추진한다는 것이다.[19]

그러나 군부의 중간계급 쿠데타이론은 몇 가지 문제점을 지니고 있다. 첫째, 이 이론의 가정대로 중간계급이 분열되어 있다면 군부엘리트들이 어떻게 통합된 중간계급 전체의 이익을 전제로 정책을 수행할 수 있는가 하는 의문이 제기된다. 그리고 군부와 중간계급은 민중부문이 제기하는 정치적 위협에 대해서는 잠정적으로 견해의 일치를 보이지만 군부정권의 억압적 성격이나 구체적인 정책방향에 대해서는 견해 차이를 보인다는 점도 지적할 수 있다.[20] 또한 군부엘리트들이 중간계급으로부터 충원된다고 해서 군부가 자동적으로 중간계급의 이익을 대변하는 것은 아니다. 군부는 그들의 출신성분과 무관하게 독립적인 조직체로서 제도적 이익을 지니고 있으며 군부쿠데타에 성공한 후 다른 사회·경제세력들과의 역학관계에 의해서 그들의 구체적인 정책방향이 정해진다고 볼 수 있다.[21]

헌팅톤(Samuel P. Huntington)도 군부쿠데타의 중간계급적 성향을 인정하지만 정치참여정도에 따라서 군부의 정치적 역할이 달라진다고 여긴다. 헌팅톤에 의하면 중간계급의 정치참여가 확대되는 급진적 프레토리안체제(radical praetorianism)에서 군부는 사회개혁자 역할을 하는 반면, 민중부문의 정치참여가 확대된 대중 프레토리안체제(mass praetorianism)에서 군부는 민중주의를 억제하는 역할을 한다

19) Jose Nun, "The Middle-class Military Coup Revisited," Abraham F. Lowenthal, ed., *Armies and Politics in Latin America*, pp.70-76.

20) Alfred Stepan, *The Military in Politics*, pp.45-48.

21) Ellen Kay Trimberger, *Revolution from Above*, p.157.

는 것이다.22) 헌팅턴은 정치참여의 정도에 따라서 군부의 역할이 결정된다고 가정함으로써 군부가 독자적 이익을 지닌 제도적 실체로서 정책 선택의 자율성을 지니고 있다는 점을 간과하였다.

요컨대 군부정권이 군부엘리트의 사회적 출신계층의 이익을 그대로 집행하는 것은 아니다. 쿠데타에 의해서 국가기구와 정치권력을 장악한 군부엘리트들은 전략적 국가엘리트로서 정치적 상황, 정치·사회세력 간의 역학관계, 정치적 자원의 분포형태, 대내외적 제약요인들 속에서 정책적 자율성을 지니고 정책선택을 함으로써 사회적 통제와 지배체제를 공고히 하고자 한다. 이런 맥락에서 군부엘리트는 쿠데타에 의해서 권력을 장악한 뒤 찰머스 존슨(Chalmers Johnson)이 개념화한 발전지향적 국가엘리트의 역할을 수행한다고 볼 수 있다.

"발전지향적 국가엘리트들은 정치안정과 최소한의 분배적 평등을 이룩하고자 한다. 이들은 국제지향적이고 비이념적인 국제관계에 기초를 둔 국가목표와 기준을 설정한다. 또한 이들은 관료충원 체계를 정비하며 관료에 대한 정치적 압력을 차단시킴으로써 관료들이 기술관료적 기준에 입각해서 정책을 수행할 수 있도록 한다. 이들은 경제체제 전반을 관리하거나 정책결정 과정을 독점하지 않으며 완전고용을 보장하지도 않고 이데올로기적 정당성을 주장하지도 않는다. 또한 이들은 국가발전 목표에 도전할 수 있는 정치적 다원주의를 허용하지 않으며 자원낭비를 방지하기 위해서 중요하지 않은 부문에 대한 투자는 억제한다"23)

---

22) Samuel P. Huntington, *Political Order in Changing Societies,* pp.192 – 237.

23) Chalmers Johnson, "Political Institutions and Economic Performance: The Government – Business Relationship in Japan, South Korea, and Taiwan," in Robert A. Scalapino, Seizaburo Sato, and Jusuf Wanandi, eds., *Asian Economic Development: Present and Future* (Berkeley: University of California, 1985), p.69.

5·16쿠데타에 참여한 군장교들과 참여하지 않은 군장교들에 대한 비교연구에 의하면 5·16쿠데타에 참여한 자들의 특징을 다음과 같이 요약할 수 있다. 첫째, 5·16쿠데타 참여자들의 나이는 평균 38세이며 비참여자들의 나이는 42세이다. 둘째, 5·16쿠데타 참여자들 중에서 중국군에 복무한 경험이 있는 자는 6%이고 일본군에 복무한 경험이 있는 자는 12%인데, 비참여자들의 이 비율은 각각 5%와 23%다. 셋째, 5·16쿠데타 참여자들의 21%가 미국에서 군사교육을 받은 경험이 있는 반면 비참여자들의 이 비율은 13%에 지나지 않는다. 넷째, 5·16참여자들의 48%가 민간대학 교육을 받은 경험이 있는 반면 비참여자들의 이 비율은 42%다. 그리고 임관 후에 추가로 군사교육을 받은 경험이 있는 자는 5·16참여자들이 41.5%이고, 비참여자들의 비율은 18.7%이다.[24]

이상을 요약하면 5·16쿠데타의 주도세력은 대체로 농촌 출신으로 나이가 젊고 일본군에 복무한 경험이 적으며 민간대학 교육과 미군사교육, 그리고 고등군사 교육을 받은 경험이 많은 것으로 나타난다. 이 같은 특징들로 미루어 이들이 대체로 한국군의 창설 이후 주로 한국전쟁 동안 충원된 새로운 장교계층으로 서구식 근대교육과 고등군사교육을 받을 기회가 많았다는 것을 짐작할 수 있다. 그러나 이 같은 특징들보다 더 중요한 점은 5·16쿠데타 주도세력들이 고위장성급들과는 달리 이승만정권의 정치엘리트와 관련성이 거의 없었다는 점이다. 뿐만 아니라 이들은 기존의 어떤 사회·경제세력이나 집단들과도 거의 연계성을 가지지 않고 쿠데타를 주도했다.

---

24) C.I. Eugene Kim, "The South Korea Military Coup of May, 1961: Its Causes and the Social Characteristics of Its Leaders," in Jacques Van Doorn, ed., *Armed Forces and Society: Sociological Essays* (The Hague: Mouton, 1968), pp.310-316.

한편 스테판(Alfred Stepan)은 군부엘리트의 사회적 출신성분보다 군부의 교육과 사회화과정을 통해서 특정한 정치·경제적 정책방향이 형성된다는 점을 강조했다. 스테판에 의하면 제3세계의 군부엘리트들은 고등군사교육과정을 통해서 대외적 방위에 일차적 관심을 두었던 구직업주의(old professionalism)에서 벗어나서 대내적 정치안정과 경제발전에 보다 많은 관심을 두는 신직업주의(new professionalism)를 발전시키게 되었다는 것이다. 그리고 브라질과 페루에서와 같이 신직업주의의 구체적 내용에 따라서 군부정권의 정책방향이 달라진다고 보았다.25) 스테판은 군내부의 정치사회화과정에 일차적 초점을 맞춤으로써 군부와 다른 정치·사회세력 간의 역학관계에 의해서 군부정권의 정책이 형성·변경된다는 사실을 소홀히 취급했다.

그리고 군대의 정치적 역할과 관련하여 군대를 근대화의 중요한 추진세력으로 보는 견해가 있다. 루시안 파이(Lucian W. Pye)는 제3세계에서 군대가 가장 조직이 잘 되어 있고 합리적 기준에 입각한 조직체이기 때문에 산업화 정책을 추진할 수 있는 중심세력이라고 가정했다.26) 그러나 군부의 근대화주도이론은 사회 전체의 근대화정도, 다른 세력의 근대화정도 등을 종합적으로 고려한 바탕 위에서 논의되어야 한다.

한국군부는 1960년에 이르기까지 각종 전문교육과 고등군사교육에 의해서 근대적 가치관에 접근할 기회가 많았다. 1950년대에 육군사관학교와 함께 보병학교, 전투정보학교, 공병학교, 통신학교, 병참학교, 군의학교, 헌병학교, 경리학교 등 각종 특과학교와 지휘참

---

25) Alfred Stepan, "The New Professionalism of Internal Warfare and Military Role Expansion," in Alfred Stepan, ed., *Authoritarian Brazil: Origins, Policies, and Future* (New Haven and London: Yale University Press, 1977), pp.47 - 65.

26) Lucian W. Pye, "Armies in Process of Political Modernization," in John J. Johnson, ed., *The Role of the Military in Underdeveloped Countries* (New Jersey, Princeton: Princeton University Press, 1962), pp.69 - 89.

모학교인 육군대학이 설립되었다.

특히 1956년에 설립된 국방연구원은 1년 과정으로 영관급장교 및 군장성과 고급공무원에게 군사전략, 정치, 외교, 경제 등을 교육시 킴으로써 군부엘리트의 정치의식을 고양시켰다. 이와 함께 군장교 들을 미국의 포트 베닝(Fort Bening)에 있는 보병학교, 포트 실(Fort Sill)에 있는 포병학교, 그리고 포트 레븐워스(Fort Leavenworth)에 있 는 지휘참모대학에 파견교육하는 계획이 실행되었다. 이 계획으로 1961년까지 약 6,000명의 장교가 미국의 여러 학교에서 군사훈련을 받은 것으로 집계된다.[27] 이같이 한국장교들이 여러 경로를 통해서 근대식 교육에 접하고 군사문제와 함께 정치, 경제의 전반적인 문 제에 대해서 개괄적인 수준이나마 교육받을 수 있었다.

그러나 한국의 군장교들이 5·16쿠데타 이전에 남미의 군부엘리 트들과 같이 정치·경제적 문제에 대해 체계적으로 구체적인 정책 을 개발했다고 보기는 힘들다. 이것은 그들의 신직업주의의 수준이 낮았다는 것을 의미한다. 또한 한국사회에서 군부의 근대화수준이 상당히 높았다고 하더라도 이미 민간교육부문에서 이보다 더 높은 수준의 근대식 서구교육이 행해지고 있었다는 점을 고려해야 한다. 따라서 한국사회에서 군부가 가장 근대화된 집단으로서 근대화의 주된 추진세력으로 등장했다고 보기는 힘들다. 다만 한국에서 군부 엘리트들이 쿠데타에 의해서 권력을 장악한 뒤 경제발전에 높은 정 책우선 순위를 부여하고 경제발전을 수행할 수 있는 국가능력을 팽 창시켰다는 점은 인정하지 않을 수 없다.

5·16쿠데타 주도세력은 기존의 정치집단이나 사회·경제세력으 로부터 격리되어 있었기 때문에 발전지향적 국가엘리트로 등장하여 정책적 자율성을 지니고 발전정책을 추진할 수 있었다. 군부엘리트

---

27) 이한빈, <u>사회변동과 행정</u>, pp.204-210.

들이 쿠데타 이전에 뚜렷한 정책방향을 지니고 있었던 것은 아니었
다. 5·16쿠데타 주도세력은 초기에 농어촌 고리채 정리, 농촌융자
의 확대, 부정축재처리 등 부분적으로 민중주의 정책을 실시하고자
했다. 그리고 1차 경제개발 5개년계획도 처음에는 내포적 산업화정
책을 목표로 했으나 몇 차례의 정책조정과 시행착오를 거쳐서 수출
주도산업화정책으로 조정되었다. 이런 점들을 고려하면, 5·16쿠데
타 주도세력들의 사회적 출신성분이나 그들의 교육과정을 분석함으
로써 선험적으로 특정한 정책방향을 추정하기보다는 전략적 국가엘
리트로 등장한 군부엘리트들이 이용가능한 정책대안과 제약요인 가
운데 정책방향을 선택했다고 보는 것이 타당하다.

3) 군부·관료권위주의체제의 통치유형과 엘리트연합

권위주의체제의 개념과 그 하위유형의 분류에 대해서 여러 가지
이론이 있다. 그중에서도 린츠(Juan Linz), 펄뮤터(Amos Perlmutter),
오도넬(Guillermo O'Donnell)이 대표적이다.

린츠는 권위주의체제의 특징으로 ⅰ)제한된 다원주의(limited plu-
ralism)가 존재하며, ⅱ)이데올로기보다는 의식구조(mentalities)가 중
요하고, ⅲ)정치적 동원화의 정도가 낮고, ⅳ)제한된 범위 내에서 권
력행사방법에 대한 예측이 가능한 것을 지적하였다. 린츠는 이데
올로기와 정치과정의 측면에 초점을 맞추어서 권위주의체제를 개념
화했다. 린츠는 정치참여의 유형과 정도, 이데올로기의 정도, 제한
된 다원주의의 정도 등을 기준으로 권위주의체제를 ⅰ)관료·군부
권위주의 체제, ⅱ)유기체적 국가주의체제, ⅲ)동원적 권위주의체제,
ⅳ)아프리카형 동원적 권위주의체제, ⅴ)인종민주체제, ⅵ)전체주의
이전의 권위주의체제, ⅶ)전체주의 이후의 권위주의체제로 분류했

다.[28) 이 중에서도 군부엘리트와 관료가 권력을 장악하고 실용주의적 정책을 실시하며 민중부문의 정치참여를 억제하고 제한된 수준의 다원주의만을 허용하는 관료·군부권위주의체제가 제3세계 권위주의체제의 성격을 이해하는 데 적실성이 크다.

펄뮤터에 의하면 현대적 권위주의체제는 국가엘리트가 전문화된 정치제도에 의해서 대중의 지지를 동원하고 시민사회 전반에 대해서 지배구조를 확립하는 체제다. 펄뮤터는 권위주의체제가 ⅰ)당기구, ⅱ)관료·군부 복합체(국가기구), ⅲ)평행 및 보조기구(parallel and auxiliary structure) 등 제도적 장치에 의해서 지배 및 통치구조를 확립한다는 점을 중시했다. 이 같은 국가기구 간의 배열형태와 상대적 역학관계에 따라서 권위주의체제를 ⅰ)볼셰비키형, ⅱ)나치형, ⅲ)파시스트형, ⅳ)조합주의형, ⅴ)프레토리안형으로 분류하였다.[29)

오도넬은 권위주의 체제의 하위유형 가운데서도 관료적 권위주의체제 유형의 기원과 특징에 초점을 맞추었다. 오도넬에 의하면 수평적 수입대체산업화정책(horizontal import substitution industrialization policy)에 기반을 두었던 민중동맹세력이 심화위기(deepening crisis)에 직면하여 정치적 위기를 해결하지 못하고 민중부분의 배제와 수직적 수입대체산업화정책(vertical import substitution industrialization policy)을 추구하는 쿠데타 동맹세력에 의해서 관료적 권위주의체제가 성립된다는 것이다. 또한 오도넬은 관료적 권위주의체제의 특징으로 민중부분의 배제, 정치적 탄압, 군부·기술관료의 동맹에 의한 종속적 자본주의 추진, 정치·사회문제의 탈정치화 등을 지적하였다.[30)

28) Juan J. Linz, "Totalitarian and Authoritarian Regimes," in Fred I. Greenstein, Nelson W. Polsby, eds., *Handbook of Political Science Vol.3: Macropolitical Theory* (Massachusetts: Addison−Wesley, 1975), p.264, pp.285−350.

29) Amos Perlmutter, *Modern Authoritarianism: A Comparative Institutional Analysis* (New Haven and London: Yale University Press, 1981), pp.8−30, pp.89−135.

30) Guillermo A. O'Donnell, *Modernization and Bureaucratic Authoritarianism:*

이상의 논의들을 종합하면 군부·관료 권위주의체제의 특징으로
ⅰ)군부·관료의 엘리트 연합체제, ⅱ)제한된 다원주의, ⅲ)정책결정
과정에서 국가기구 간 역학관계, ⅳ)발전주의 등이 중요하다.

첫째, 군부정권은 군부엘리트와 민간관료의 연합에 의해서 체제
유지와 발전정책 추진을 도모한다. 군부엘리트가 군사혁명위원회를
통해서 직접 군사통치를 하는 유형에서 벗어나서 군부통치를 제도
화시키려고 할 때 불가피하게 군부·관료 연합체제를 모색한다. 군
부·관료연합체제는 군부의 한 파벌이 중심이 되어 형성되는 경우
도 있고 제도로서의 군부가 조합주의적 통제방식에 의해서 지배체
제를 구축하는 경우도 있으며 사회주의혁명에 의해 군·당·정부의
혼합체제가 형성되는 경우도 있다.31) 군부·관료 연합체제가 형성
된다고 하더라도 정치권력의 핵심은 여전히 군부엘리트가 장악하며
관료들은 군부엘리트가 인정한 범위 내에서만 정책적 자율성을 행
사할 수 있다.

둘째, 군부·관료권위주의체제는 법적이고 제도적인 측면에서 제
한적 다원주의 요소를 지니고 있다. 또한 군부·관료권위주의체제
에서는 정책결정도 전략적 국가기구의 핵심적 국가엘리트를 중심으
로 폐쇄적인 형태로 이루어진다.

셋째, 정책결정과정에서 국가기구 간 역학관계의 변화가 중요하
다. 당기구, 국가관료기구, 평행 및 보조기구 간의 상대적 역학관계

Studies in South American Politics (Berkeley: University of California,
1979), "Reflections on the Pattern of Change in the Bureaucratic Author-
itarian State," *Latin American Research Review,* Vol.12, No.1(Winter 1978),
"Tensions in the Bureaucratic – Authoritarian State and the Question of
Democracy," in David Collier, ed., *The New Authoritarianism in Latin
America* (Princeton: Princeton Univ. Press, 1979).

31) Amos Perlmutter, "The Comparative Analysis of Military Regimes: Forma-
tions, Aspirations, and Achievements," *World Politics,* Vol.32, No.1(October
1980), pp.96 – 115.

와 권력분포 양상에 따라서 정책결정의 방향과 형태, 결과가 달라진다. 당기구는 권위주의체제에서 최소한의 제한적 다원주의를 가능하게 하는 정치제도이며 정치체제에서 당이 차지하는 위상에 따라서 권위주의체제의 다원주의 정도가 달라진다. 당기구는 제한적인 형태나마 사회·경제 부문의 이익을 국가정책 결정과정에 투입하는 역할을 한다. 관료기구는 사회·경제세력의 영향력행사를 차단하고 자체의 기술관료적 기준에 의해서 정책결정을 하고자 한다. 평행기구(parallel structure)는 국가와 단일지배정당에 버금가는 역할을 수행하며, 단일지배정당과 국가구조의 모태가 되는 것으로 군사혁명위원회, 해방전선 등이 여기에 해당된다. 보조기구(auxiliary structure)는 정치적 통제 수단으로 동원, 침투, 감시 역할을 담당하며 혁명전위대, 비밀경찰기구, 돌격대 등이 여기에 해당된다. 동일한 정치기구라도 정치적 환경과 국가기구 간 상호관계에 따라서 평행기구의 성격을 띨 수도 있고 보조기구의 성격을 띨 수도 있다.[32] 당기구, 국가관료기구, 평행 및 보조기구 간 권력의 궤적(locus of power)에 따라 정치체제의 성격과 정책결정의 양상, 결과 등이 달라진다.

넷째, 현대적 권위주의체제는 어떤 형태로든 발전주의적 성향과 밀접하게 관련되어 있다. 권위주의 체제와 경제발전과의 상관관계에 대해서는 여러 가지 견해가 있지만,[33] 권위주의 체제가 경제발

---

32) Amos Perlmutter, *Modern Authoritariansim: A Comparative Institutional Analysis,* pp.12 – 22.

33) 권위주의체제가 경제발전에 유리하다는 견해가 있으며, 이와는 달리 민주주의체제가 경제발전을 촉진한다는 견해도 있고, 정치체제의 유형과 경제발전과는 상관관계가 없다는 견해도 있다. 여기에 대해서는 다음을 참조하기 바람. Robert M. Marsh, "Does Democracy Hinder Economic Development in the Late Comer Developing Nation?" *Comparative Social Research, Vol.2*(1979), pp.215 – 248.; George W. Dick, "Authoritarian Versus Nonauthoritarian Approaches to Economic Development," *Journal of Political Economy,* Vol.82(July – August, 1974), pp.817 – 827.; 또한 일반적으로 어떤

전을 주요 정책목표로 삼고 있는 점은 분명하다.[34] 이 같은 맥락에서 휘스(Herb Feith)는 아시아의 경제발전지향적 권위주의체제를 억압적 발전주의체제(repressive developmentalist regime)라고 규정하고 그 특징으로 발전주의, 기술주의, 군부통치, 관료기구의 능력확대, 정치적 억압을 지적했다.[35]

5 · 16쿠데타에 의해서 정치에 개입한 한국의 군부엘리트들은 군정 기간을 거친 후 민정이양을 통해서 군부 · 관료권위주의체제를 성립시켰다. 1960년대 이후의 국가주도산업화과정을 이해하기 위해서는 군부 · 관료엘리트 연합체제, 제한된 다원주의의 성격, 국가기구 간 역학관계의 변화, 발전주의적 정책방향을 분석하는 것이 필요하다. 다음에서 우선 군부 · 관료권위주위체제의 통치유형 확립과 군부 · 관료엘리트의 연합형태를 분석하고자 한다.

니들러(Martin C. Needler)는 군부정권이 직면하는 중요 문제로 ⅰ)군부정권의 권력구조와 정책결정의 형태, ⅱ)경제정책, ⅲ)정치 · 경제적 반대세력에 대한 대응책, ⅳ)군부통치의 제도와 통치방식을 지적하였다.[36]

정치체제가 경제발전에 유리하다고 말하기는 힘들며 정치체제의 유형에 따라서 높은 정책수행력을 보이는 분야가 다르다는 견해도 있다. John Sloan and Kent L Tedin, "The Consequences of Regime Type for Public-Policy Outputs," *Compartive Political Studies,* Vol.20, No.1(April 1987), pp.98-121.

34) 군부 · 관료 권위주의 체제가 대체로 발전주의전략을 추진한다고 볼 수 있지만 종속적 자본주의발전전략을 추진하는 유형과 사회주의적 민중주의발전전략을 추진하는 체제로 구분될 수 있다. 여기에 대해서 다음을 참조하기 바람. 김영명, 제3 세계의 군부통치와 정치경제(서울: 한울출판사, 1985), 제3장.

35) Herb Feith, "Repressive-Developmentalist Regimes in Asia," *Alternatives: A Journal of World Policy,* Vol.Ⅶ. No.4.(Spring 1982), pp.491-506.

36) Martin C. Needler, "Sources of Instability in De Facto Military Regimes in Latin America," International Political Science Association Meeting, Rio de

한국의 경우 5·16쿠데타 후 군사통치 기간(1961.5－1963.12)에도 군부통치의 방향, 권력분배 등에 대해서 치열한 권력투쟁이 있었고 10여 차례 반혁명사건이 발생하였다.[37] 그리고 경제정책에 대해서도 농촌지향적인 민중주의 경제정책과 실용주의적 개방정책을 둘러싸고 정책논쟁이 존재했다. 또한 군사정부는 정치적 반대세력에 대한 대응책의 일환으로 1962년 3월 16일 정치활동정화법을 발표하고 4,363명에 대한 적격심사를 거쳐서 최종적으로 3,027명의 정치활동을 금지하였다.[38]

노드링거(Eric A. Nordimger)에 의하면 군부정권의 통치유형은 세 가지 유형으로 구분된다. 첫째, 조정자적 군부(military as moderator)는 직접 권력을 장악하지 않고 여러 가지 정책결정이나 권력승계문제에 대해서 거부권(veto power)을 행사하며 대체로 현상유지적인 정책을 지지한다. 둘째, 수호자적 군부(military as guardian)는 직접 정치권력을 장악하지만 기본적으로 현상유지를 원하고 민간정부의 무능력과 부패를 시정하는 것에 정책목표를 한정한다. 그리고 통치자유형의 군부(military as ruler)는 권력을 장악하고 정치체제의 변혁 및 때때로 사회·경제적 변화까지를 시도한다.[39]

5·16쿠데타 주도세력 내에서 가장 중요한 현안으로 등장했던 것은 직접군사통치의 기간과 그 후의 정치구조에 대한 것이었다. 5·16쿠데타 주도세력 간에 군부통치의 방향에 대해서 3가지 방안이 논의되었다.[40] 첫 번째 방안은 군사정부지도자들이 모두 군에 복귀하

Janeiro, August 10－14, 1982, pp.3－16.

37) 한국군사혁명사 상, pp.347－385 참조.

38) 한국혁명재판사 제5집, pp.1045－1046.; 이들 중에서 1963년 2월 27일까지 최종적으로 해금되지 않은 사람은 269명이었다. 최창규, 해방 30년사 제4권: 제3공화국 (서울: 성문각, 1976), pp.120－121.

39) Eric A. Nordlinger, *Soldier in Politics,* pp.21－27.

40) C. I. Eugene Kim, "Transition From Military Rule: The Case of South

고 정치과정에서 중재자와 조정자의 역할을 담당하는 것이었다. 이럴 경우 8기생 중심의 소장파와 장성급들 간에 세력다툼이 심화되고 쿠데타가 재발할 가능성이 있었다. 노드링거의 분류에 의하면 이 방안은 군부가 조정자적 역할을 담당하는 것이었다. 두 번째 방안은 군사정부지도자들이 모두 예편하여 민간정부에서 특별자문역할을 맞는 방법이었다. 이것은 군부가 수호자적 역할과 유사한 역할을 수행하는 것이었다. 세 번째 방안은 군부가 정당을 창설하고 선거를 통해서 직접 권력을 장악하는 방법이었다. 이것은 군부가 통치자 역할을 수행하는 것이다. 한국의 군사정부 지도자들은 몇 차례의 의사번복과 우여곡절과정을 거쳐서[41] 민주공화당을 창당하고 선거를 통해서 직접 권력을 장악하는 방법을 택했다.

5 · 16쿠데타의 주도 세력들은 군사통치 기간을 거친 후 직접 권력을 장악함으로써 군부 · 관료권위주의체제를 성립시켰다. 이들은 군부 출신 엘리트들을 대폭적으로 국가기구에 충원하는 한편 신진 기술관료를 충원함으로써 의사 민간화된 군부정권[42](quasi-civilianized military regime)을 성립시켰다. 5 · 16쿠데타 이후 군부엘리트는 정치 · 행정기구, 국영기업체, 민간기업체, 각종 단체 등에 다양한 형태로 진출했다. 이중에서도 가장 중요한 점은 군부엘리트가 정치 · 행정엘리트로서 전략적 국가부문을 장악하였다는 점이다. 6대에서 10대까지 국회의원을 지낸 예비역 장성 76명 중에서 5.16과 직접 관계

Korea," *Armed Forces and Society,* Vol.1, No.3(Spring 1975), pp.305 – 306.

41) 민정이양계획, 민정불참선언, 군정 4년 연장안, 민정이양계획의 확정 등의 사태전개에 대해서는 다음을 참고하기 바람. 최창규, <u>해방 30년사 제 4권: 제3공화국</u>, pp.133 – 161.

42) 의사민간화된 군부정권은 이집트, 이라크 등에서와 같이 정당을 새로 창당하고 관료의 충원에 의해서 군부 · 관료연합체제를 형성한 군부정권을 지칭한다. S. E. Finer, *Comparative Government* (New York: Basic Books Inc., Publishers, 1971), pp.552 – 553.

가 있었던 사람들의 비율은 89.2%, 73.5%, 68.8%, 58.3%, 40.5%로 감소하였다.[43) 국가기구와 국회 간 역학관계에서 국회의 역할이 점차 축소됨에 따라 군부 출신 국회의원들이 행사할 수 있는 정치권력의 폭도 점차 줄어들었다.

5·16쿠데타 후 군부엘리트는 대통령, 국무총리, 장관, 도지사 등 핵심적 국가관료의 직위를 점유했다. <표 12>에서 알 수 있듯이 1961년부터 1963년까지 장관의 55.1%, 도지사의 64.7%, 그리고 1963년부터 1975년까지 장관의 35.0%, 도지사의 32.1%가 군부 출신으로 충원되었다.

표 12. 군부엘리트의 정부기관 고위직으로의 진출현황(1948 - 1975)

시 기	군부통치이전('48-61)			군부통치기('61-63)			군부통치기이후('63-75)		
인원수 정부 고위직	전체	군 부 엘리트 (명)	군 부 엘리트의 비율(%)	전체	군 부 엘리트 (명)	군 부 엘리트의 비율(%)	전체	군 부 엘리트 (명)	군 부 엘리트의 비율(%)
대 통 령	4*	–	–	2*	1	50.0	4*	4	100.0
국무총리	7	1	14.3	3	2	66.7	4	2	50.0
장 관	152	11	7.2	49	27	55.1	120	42	35.0
도 지 사	110	–	–	17	11	64.7	56	18	32.1

※출처: Eugene C. I. Kim, "The Value Congruity Between ROK Civilian and Former Party Elites," *Asian Survey*, Vol.XVIII, No.8 (August 1978), p.841.
*대통령 임기기준

군부 출신은 장관 및 도지사급으로 충원되었을 뿐만 아니라 고급 공무원으로 진출하였다. <표 13>에서 행정부에서 정책결정권을 지닌 국장급인 2급 공무원까지의 경력을 보면 군장교 출신 비율이 가장 높다. 그리고 이 비율은 일반직이 12.2%인데 비해서 별정직은 25.1%에 이른다. 5년 이상 군장교의 경력을 지닌 군부 출신이 1급

---

43) 서관모, 한국군부엘리트의 퇴역후 민간경력에 관한 연구, (서울대학교 대학원 사회학과 석사학위논문, 1981), pp.36 - 37.

공무원 전체의 20.3%, 2급 공무원 전체의 18.5%, 3급 을의 10.4%를 차지하였다.[44] 이같이 군부엘리트는 관료기구의 고위층에 충원됨으로써 정책결정과정에서 영향력을 행사할 수 있었다.

표 13. 고급공무원의 경력

(일반직 및 별정직 국가공무원: 1978. 8. 1. 현재)

직급*	총 수	군장교 (경력5 년이상)	군장교 (5년 미만)	개 인 기업체	정 부 투 자 기 관	사회단체 (정당·공공 단체)	사립교 교 원	국 제 기 관	이 전 경 력 없 음
1급	100%	20.3	9.8	12.0	8.3	10.5	12.8	5.3	21.0
	(133)	(27)	(13)	(16)	(11)	(14)	(17)	(7)	(28)
2갑	100%	18.5	11.6	9.8	7.6	5.0	8.4	2.4	36.7
	(379)	(70)	(44)	(37)	(29)	(19)	(32)	(9)	(139)
3을	100%	10.4	14.8	11.0	4.5	2.8	6.5	1.3	49.1
	(464)	(48)	(69)	(51)	(21)	(13)	(28)	(6)	(228)
계	100%	14.9	12.9	10.6	6.3	4.7	7.9	2.2	40.5
	(976)	(145)	(126)	(104)	(61)	(46)	(77)	(22)	(395)

※ 출처: 서관모, 한국군부엘리트의 퇴역후 민간경력에 관한 연구, p.41.
*1급, 2갑, 3을은 새로운 공무원직제로는 각각 1급, 2급,3급임

군부엘리트들은 자신들이 국가관료로 진출함으로써 국가관료기구에 대한 영향력을 확대했을 뿐만 아니라 신진 기술관료들을 충원함으로써 이들과 함께 발전주의전략을 추진하였다.[45] 이승만정권 말기에 한국은행 조사부와 부흥부의 산업개발위원회에 근무했던 기술관료들의 전문지식과 경험이 중요하게 취급되었다. 그리고 관료기구 외부에서 특채에 의해서 새로운 관료층이 충원되었다.

국장 및 차관급의 고위직 국가관료의 교체비율은 1957년부터 1959년까지 16%이었던 것이 1960년부터 1963년까지는 61%, 1964년부터 1967년까지는 28%이다. 특히 군사정부 기간(1961.5 – 1963.12)

---

44) 위의 논문, pp.41 – 42.

45) Edward A. Olsen, "Korea, Inc.: The Political Impact of Park Chung Hee's Economic Miracle," *ORBIS*. Vol.24, No.1(Spring 1980). p.71.

동안 이 비율은 81%에 이르렀다. 고위직 국가관료 교체에서 국가기구 내부에서의 승진과 외부에서의 채용비율을 살펴보면 승진비율이 1960년 이전에는 16%이던 것이 1960년 - 1963년 동안에는 52%, 1964년 - 1967년 동안에는 26%였다. 그리고 외부로부터의 채용비율은 1960년 이전에 1%이던 것이 1960년 - 1963년에는 9%, 1964년 - 1967년에는 2%인 것으로 나타났다.[46] 신진기술관료들은 전략적 국가엘리트들이 중점을 두는 분야에서 뛰어난 정책수행력을 발휘할 수 있었다. 그러나 기술관료들의 정책적 자율성은 어디까지나 전략적 국가엘리트들이 허용하는 범위 내에서만 인정될 수 있었다.

군부엘리트는 신진 기술관료를 충원함으로써 군부·관료엘리트 연합체제를 형성하고 사회부분으로부터의 격리성을 더욱 공고히 할 수 있었다. 특기할만한 사실은 이런 과정을 통해서 군부엘리트의 발전주의이념과 기술관료의 전문적 합리성이 융합·조화되는 결과가 빚어졌다는 점이다.

군부정권의 정책수행에 대한 여러 연구들은 민간정부와 군부정권이 정책방향과 정책수행력 면에서 그다지 차이가 나지 않는다는 점을 지적했다.[47] 이것은 군부엘리트와 민간기술관료의 정책방향과 정책수행력이 많은 부문에서 융합되어 있다는 것을 의미한다. 또한 이것은 권력구조가 군부·관료엘리트 연합체제이기 때문일 수도 있다. 군부엘리트가 핵심적 국가엘리트로서 최종적인 정책방향의 결

---

46) 황인정, <u>행정과 경제개발</u>(서울: 서울대학교 출판부, 1985), pp.90 - 91.

47) Robert W. Jackman, "Politicians in Uniform: Military Governments and Social Change in the Third World," *American Political Science Reivew,* Vol.70 (December 1980), pp.1078 - 1097.; R. D. Mckinlay and A. S. Cohan, "Performance and Instability in Military and Nonmilitary Systems," *American Polititical Science Review,* Vol.70, No.3(September 1976); Phillipe C. Schmitter, "Military Intervention, Political Competitiveness and Public Policy in Latin America: 1950 - 1967," in Abraham F. Lowenthal, ed., *Armies and Politics in Latin America,* pp.113 - 161.

정권을 장악하고 있지만 우선권을 부여하는 정책분야에서는 군부엘리트와 민간엘리트의 가치관이 융합되는 현상이 나타나는 것이다.

한국의 민간 출신 관료와 군부 출신 관료의 정책성향을 연구한 결과에 의하면 국가관료들이 그들의 출신성분과 관계없이 발전목표에 대해서 견해의 일치를 보이고 있는 것으로 나타났다.[48] 또한 민간 출신 국회의원과 군인 출신 국회의원의 정치관에 대한 조사연구에서도 두 출신집단이 국가발전목표, 리더십, 갈등과 불평등의 해결방안 등에 대해서 동일한 가치관을 지니고 있는 것으로 나타났다.[49] 이 같이 한국에서는 군부엘리트가 기술관료와 엘리트연합을 형성함으로써 군부엘리트의 사회적 단절성을 손상당하지 않고 오히려 사회적 통제력을 확보하면서 발전주의 전략을 추진할 수 있었다.

2. 국가기구의 개혁과 경제적 자원

3공화국의 군부·관료엘리트연합체제는 국가기구의 개혁과 확대, 국가관료의 증가, 국가재정 확대 등에 의해서 국가의 자원동원능력과 정책집행의 자율성을 신장시켰다. 국가기구와 관료조직의 개편 및 확대는 경제개발계획업무의 추진을 중심으로 진행되었으며, 국가재정팽창의 가장 큰 이유는 재정투융자부문의 급증이었다. 한편으로는 확대된 국가기구의 존속을 위해서 재정 확대가 필요했으며, 다른 한편으로는 재정확대를 위해서 국가기구 및 국가관료의 팽창

48) Dong-Suh Park and Chae-Jin Lee, "Bureaucratic Elite and Development Orientations," in Dae-Sook Suh and Chae-Jin Lee, eds., *Political Leadership in Korea* (Seattle and London: University of Washington Press, 1976), pp.91-133.

49) Eugene C. I. Kim, "The Value Congruity Between ROK Civilian and Former Party Elites," *Asian Survey*, Vol. XVIII, No.8 (August 1978), p.838-846.

이 필요했다. 국가관료기구의 팽창 및 국가재정 확대와 함께 국가 엘리트의 자율성을 신장시킨 결정적인 요인은 막대한 차관도입이었다. 한·일국교정상화와 베트남파병과 같은 대외적 요인에 의해 국가엘리트는 경제개발계획을 추진할 수 있는 경제적 자원을 마련할 수 있었다. 국가엘리트는 차관도입에 의해서 사회·경제세력으로부터 영향을 받지 않고 경제자원을 분배할 수 있는 권한을 지니게 되었다. 그 결과 국가엘리트는 정책결정의 자율성을 유지하고 사회적 통제와 지배체제를 구축할 수 있었다.

1) 국가기구와 관료조직의 개편

한국의 국가기구는 5·16쿠데타를 계기로 구조적 변화의 결정적 계기를 맞았다. 1960년대의 국가기구 분화에서 주목되는 현상은 경제기획원, 전매청, 농림부, 농촌진흥청, 건설부, 철도청 등 경제개발계획과 밀접히 관련된 분야를 중심으로 국가기구의 분화가 현저하게 발생했다는 점이다. 다음에서 경제기획원, 재무부, 상공부, 농림부, 교통부 등 주요 경제부처를 대상으로 1959년 말의 조직형태와 1967년 7월의 조직형태를 비교하고자 한다. 경제부처의 기구변화를 국수준을 중심으로 살펴보면 국가기구의 분화가 발생한 분야, 국가기구에 변화가 없는 분야, 오히려 국가기구가 축소된 분야로 구분된다.[50)]

첫째, 국가기구의 분화는 업무세분화의 결과로 발생했다. <표 14>를 보면 국수준의 12개의 업무분야가 1960년 이전에 비해서 세분화되었다. 업무가 세분화된 분야는 수출진흥, 국고관리, 금융, 외환, 세제, 공업발전, 지역 및 농업발전, 수산, 산림, 항공, 관광, 고속도로 등이다.

---

50) 황인정, <u>행정과 경제개발</u>, pp.47 - 53.

표 14. 국가기구가 분화된 업무분야

局수준의 주요업무	조직수와 수준			
	1958년12월	1967년7월		
1. 수출 및 수출진흥:通商局	1과	1국	6과	15계
2. 국고 ┐	2과	1국	4과	11계
3. 금융 ─┤ 理財局	2과	1국	4과	11계
4. 외환관리 ┘	1과	1국	3과	6계
5. 稅 政	1국 7과	1국	3과	7계
		국세청내	4국	11과
6. 공업행정	1국 7과	2국	12과	39계
7. 수 산	1국 5과	1청3국	10과	29계
8. 산 림	1국 3과	1청3국	9과	24계
9. 도 로	1과	1국	3과	10계
10. 항 공	1과	1국	4과	12계
11. 관 광	1과	1국	2과	6계
12. 농업행정	1국 5과	2국	7과	23계
합 계	7국 34과	22국	78과	218계
		(3청 포함)		

*출처: 황인정, <u>행정과 경제개발</u>, p.50.

업무가 세분화된 행정분야는 다시 그 원인과 양상에 따라서 몇 가지 유형으로 구분된다. ⅰ) 다른 업무를 동시에 관장하고 있던 국가기구가 동일 수준의 여러 기구로 분리된 경우이다. 1959년까지 이재국이 국고, 금융정책, 외환관리업무 등을 관장하였으나, 1961년 7월에 국고국이 분리설치되고, 1963년 12월에 외환관리국이 신설된 경우가 이런 예에 해당된다. ⅱ) 특정업무를 당당하고 있던 기구가 업무분담을 위해 동일한 수준이나 상이한 여러 수준으로 분리되는 경우다. 예를 들면 1959년에 통상국 수출과가 수출면허, 수출품목 및 가격의 결정 등의 업무를 담당했는데, 수출진흥의 해당업무수행의 단계에 따라 업무별로 동일 국내에 6개 과가 증설되었다. 또한

공업국도 1962년 6월 제1공업국과 제2공업국으로 분리되었으며, 농업국도 농업기획국과 농정국으로 분리되었다. 그리고 1959년에는 사세국이 세무행정과 정책을 맡고 있었는데 이것이 1966년에는 세제국으로 개편되고, 4개국으로 구성된 국세청이 신설되었다. iii)특정한 행정기구가 상위기구로 승격되는 경우인데, 여기에는 수산과 산림업무를 담당하던 국이 청으로 승격된 경우, 도로, 항공, 관광업무를 담당하던 과가 국으로 승격한 경우, 국고관리, 금융, 외환업무 담당 분야의 경우 등이 이런 유형에 해당된다. iv)특정한 정부기구가 여러 하위 조직으로 분리되는 경우인데, 이런 경우 하나의 국이 청으로 승격되어 업무분화가 발생하였다.

둘째, 국가기구의 업무분화가 전혀 없었던 경우가 있다. <표 15>에 나타난 것과 같이 경제부처 중에서 13개국이 담당했던 예산, 관재, 광업, 전력, 식량관리, 농지, 축산, 해운, 철도운송업무 등의 분야는 1960년대 이후에도 기구분화가 없었다.

표 15. 국가기구의 변화가 없는 업무분야

1967년 7월 기준

국수준의 주요업무	조직수와 수준	
	1959년12월	1967년7월
1. 예 산	1국 4과	1국 5과 21계
2. 관 세	1국 3과	1국 4과 10계
3. 광 업	1국 4과	1국 5과 17계
4. 전 력	1국 3과	1국 3과 8계
5. 농지관리	1국 4과	1국 3과 13계
6. 식량관리	1국 2과	1국 3과 10계
7. 축 산	1국 2과	1국 3과 9계
8. 해 운	1국 3과	1국 5과 12계
9. 철 도	5국 20과	5국 24과
합 계	13국 45과	13국 29과

*출처: 황인정, 행정과 경제개발, p.51.

셋째, 업무의 성격상 오히려 국가기구가 축소된 분야가 있는데, 외국원조와 관련 업무분야가 여기에 해당된다. 외국원조는 1959년에 부흥부의 2개 과가 담당하였는데 1961년에 부흥부산하의 물동계획국으로 병합되었으며, 1962년에 다시 경제협력국의 2개 과가 이 업무를 담당하게 되었다. 귀속재산을 관리하던 관재국의 업무는 1959년 6개 과가 맡았었는데 1963년 관재국이 폐기되고 이재국의 3개 과가 그 업무를 맡게 되었으며, 1966년에 이재국의 1개 과가 그 업무를 맡게 되었다. 결과적으로 1959년에 3개국이 담당하고 있던 외국원조 및 귀속재산 관리업무를 1967년에는 3개 과가 맡게 되었다.

이상을 요약하면 1959년 12개의 업무를 담당하고 있던 경제부처의 7개국은 1967년 3청 22개국으로 분화되었다. 그리고 1959년에 2개의 업무를 맡고 있던 3개국은 1967년에도 기구변화 없이 그대로 유지되었다. 한편 1959년에 2개 업무를 관할하고 있던 3국은 1967년에 통합되어서 3과가 맡았다. 전반적으로 보면, 1959년 경제부처의 23개국은 1967년 4개 청, 35개국으로 분화되었다. 외국원조와 귀속재산관리업무에 관한 분야에서는 기구축소가 이루어진 반면 경제계획, 외자유치, 기술개발, 조세징수 등에 대한 국가기구는 분화 및 팽창되었다.

표 16. 국가기구가 통합된 업무분야

1967년 7월 기준

국수준의 주요업무	조직수와 수준	
	1959년12월	1967년 7월
1. 外 援	2국 8과	2과 8계
2. 관 재	1국 6과	1과 3계
합 계	3국 14과	3과 11계

*출처: 황인정, <u>행정과 경제개발</u>, p.52.

경제부처를 중심으로 한 국가기구분화와 함께 주목되는 현상은 1960년대 이후 국가기구의 기획, 조사, 관리업무가 강조되고 부처 간 업무협조 현상이 증가했다는 점이다. 기획업무의 강화를 위해서 1961년 국무총리 산하에 기획통제실이 설치되고 이것이 1963년 12월에는 기획조정실로 개칭되었다. 이 기구는 국무총리를 도와서 장기 및 단기계획을 전반적으로 조정하며, 계획의 실행과 성과를 조정하는 업무를 맡았다. 정부 각 부처에도 차관 밑에 기획조정실이 설치되었으며 이것은 1963년부터 기획관리실로 개칭되었다. 이 기구의 책임자는 차관보의 직급에 해당했으며, 과장급에 해당하는 기획 예산관, 행정관리관, 법무관, 공보관의 보좌를 받도록 되어 있었다. 이 기구는 계획, 정책조정, 기획의 수행과 조정 및 평가, 부처의 홍보기능 등을 담당하였다. 그리고 각 부처의 국수준에서도 기획이나 조사업무를 담당하는 과나 계가 신설되어 국은 전문화된 기획 및 조사기능을 보다 강화할 수 있게 되었다. 기획 및 조사업무의 증가와 함께 여러 단계의 정부 조직에서 관리 및 조정기능이 강조되었다는 것도 주목할 점이다. 정부기구의 분화로 하부조직에 대한 통제와 갈등을 조정하고 업무조정을 위해서 관리 및 조정기능이 중요하게 된 것이다.[51]

1960년대 이후 발전전략을 추진하면서 국가기구 간 업무협조와 긴밀한 연계관계가 강조되었다. 1960년 이전 정부사업의 76%는 단일 부처에 의해서 실행되었으며, 2개 부처가 관여한 사업은 18%, 3개 부처 이상이 관여한 사업은 6%에 불과했다. 그러나 1960년 이후에는 단일부처가 실행한 정부사업은 40%이고 2개 부처가 관여한 것은 21%, 3개 부처 이상이 관여한 것은 39%에 이른다. 국가기구 간 업무협조와 긴밀한 유대관계는 특히 경제개발 5개년계획과 수출

---

51) <u>위의 책</u>, p.56 - 60.

진흥정책에 있어서 두드러졌다. 경제개발계획과 관련하여 경제장관회의, 경제차관회의, 실무자급의 연차계획심의회의, 예산자문회의, 경제계획심의회의 등이 여기에 해당된다. 그리고 경제부처의 장관, 공보부장관, 외무부장관, 여당지도자, 실업계대표, 무역진흥공사사장 등이 참석했던 수출확대회의도 이런 예에 속한다.[52]

국가기구의 개편 및 구조분화현상 중에서도 경제기획원의 창설은 1960년대 이후 한국의 발전전략 수행에 있어서 가장 주목할 만한 사항이다. 1948년 법률 1호로 공포된 정부조직법에 의하면 경제기획업무는 국무총리 밑의 기획처가 담당하도록 되어 있었다. 그 후 1955년 8월 부흥부가 경제기획업무를 담당하게 되었으며 부흥부산하의 산업개발위원회가 경제개발계획안을 작성한 바 있다. 그 후 부흥부의 업무는 1961년 5월 신설된 건설부로 이관되었다.

1961년 7월 22일 건설부의 종합계획국과 물동계획국, 내무부의 통계국, 재무부의 예산국을 흡수하여 4국 19과를 기본 구조로 하는 경제기획원이 발족함으로써 경제개발업무를 본격적으로 전담하는 국가기구가 설립되었다. 경제기획원의 업무는 경제개발계획의 수립, 예산과 외자 등 개발에 소요되는 자본의 동원 및 운영, 제반 경제정책의 종합에 집중되었다. 경제기획원은 경제개발을 주도하기 위한 제도적 방안으로 1961년에 설치된 경제장관회의를 주관하고, 1963년 이후에는 경제기획원장관이 부총리를 겸직하게 되었으며 경제정책 전반에 대해서 월례경제동향 보고회의를 주재하고 부총리를 위원장으로 하는 각종 협의기구 및 조정기구를 관장하였다.[53]

경제기획원은 경제환경과 업무의 변화에 따라 1980년까지 총 27번에 걸쳐서[54] 기구 및 직제변화를 겪었다. 그중에서도 중요한 기구

---

52) 위의 책, pp.114 - 117.
53) 개발년대의 경제정책: 경제기획원 20년사(서울: 경제기획원, 1982), p.7, pp.12 - 14.

변화를 살펴보면 다음과 같다. 우선 장기경제개발계획업무는 종합계획국을 중심으로 추진되었으나, 1962년 6월의 직제개편으로 이 업무는 기획국에서 확대개편된 종합기획국, 1차 산업국, 2차 산업국, 3차 산업국이 담당하게 되었으며, 이것은 다시 1963년 12월의 개편으로 신설된 기획차관보와 4국이 통합된 경제기획국에서 담당하게 되었다. 그리고 외자도입업무와 관련하여 1961년 11월 외자도입국이 신설되고 이것은 1962년 6월 경제협력국으로 개편되었다. 이와 함께 대외경제협력을 위하여 한·독경제각료회담(1964년), 한·중경제각료회담(1965년), 한·월경제각료회담(1965년), 대한경제협의체(IECOK)의 구성이 추진되었다. 아울러 외국인투자진흥을 위해 1967년 3월 투자진흥관이 신설되고, 1968년 12월에는 경제협력국의 외자관리과가 외자관리관(3급 갑 3명)으로 확대되었다. 또한 재정팽창 업무를 감당하기 위해서 1962년 4월 경제기획원의 예산국 산하에 편성기준과가 신설되고 국가기획제도와 성과주의 예산제도가 도입되었으며, 1968년 12월에는 예산관리관(3급 갑 3명)이 신설되었다.[55]

경제기획원은 경제개발계획과 전반적인 경제정책의 입안, 조정, 집행업무를 총괄하였으며 경제부처의 엘리트를 배출하는 데 있어서도 중추적인 역할을 담당하였다. 1963년부터 1967년까지 경제부처 간 전보된 12명의 엘리트 중에서 10명이 경제기획원에서 전출하였으며, 2명은 재무부에서 전출하였다.[56]

한편, 국가기구의 개편 및 분화와 함께 관료조직의 계층분화가 이루어졌다. 1959년 당시 경제부처는 차관, 국, 과로 이루어진 3계층으로 되어 있었고, 공무원 직위는 1급, 2급, 3급 갑, 3급을, 4급, 5급의 6등급으로 이루어져 있었다. 이것이 1967년에는 차관, 차관보

---

54) 대한민국 정부조직 변천사, pp.231 - 268 참조.
55) 개발년대의 경제정책: 경제기획원 20년사, pp.27 - 32.
56) 황인정, 행정과 경제개발, pp.93 - 94.

(또는 동계층의 기획관리실장), 국, 과, 계의 5개 조직으로 구분되었다. 또한 1962년의 공무원법에 의해서 공무원 직위가 1급, 2급 갑, 2급 을, 3급 갑, 3급 을, 4급 갑, 4급 을, 5급 갑, 5급 을의 9등급으로 구분되었다.[57]

5·16쿠데타 이후 공무원의 숙정에도 불구하고 임용확대에 따라 공무원 수가 급격하게 팽창하였다. 군사쿠데타 이후 1961년 말까지 공무원의 숙정과 감원에도 불구하고 1961년부터 1963년까지 매년 공무원 수가 약 17,000명 정도씩 증가했다. 이 같은 추세는 1965년 이후에도 계속되어서 1970년대까지도 매년 15,000명 내지 2만 명 이상의 공무원이 증가했다.[58](표 17참조)

5·16쿠데타를 계기로 국가기구와 관료조직은 제도적으로 분화되고 양적으로 팽창했을 뿐만 아니라 질적인 측면에서 역할과 기능이 전문화되었다. 1공화국의 국가기구는 보수적 권위주의체제를 지탱하고 수입대체산업정책을 유지하는 현상유지적인 정책을 수행했다. 5·16쿠데타 이후 국가기구의 신설과 관료조직의 팽창은 기술관료들이 정책적 합리성에 입각하여 정책을 입안, 집행하는 것을 가능하게 하였다. 국가기구의 전문화와 관료기구의 팽창은 군부관료권위주체제에서 국가엘리트들의 자원동원능력과 정책수행력을 신장시키고 이들의 사회적 통제력을 증대시키는 데 기여하였다.

---

57) 위의 책, pp.53 - 54.

58) 오석홍, "행정개혁의 전개와 과제," 사상과 정책, Vol.2, No.4(1985, 가을호), p.38.; Chang - Hyun Cho, "Bureaucracy and Local Government in South Korea," in Se - Jin Kim and Chang - Hyun Cho, eds., *Government and Politics of Korea* (Maryland: The Research Institute on Korean Affairs, 1972), p.93.

표 17. 연도별 공무원 정원의 변동

1960~1980

구분 기간	합계	장관급	차관급	별정직	1급 ~ 5급	기능직	고용원	전체 공무원의 인구 천명 당 비율
1960	237,476			83,813	108,956		44,707	
1961	237,500			85,358	112,066		40,076	9.22
1962	253,186			88,516	123,629		41,041	9.55
1963	271,725			93,206	127,495	40,686	10,338	9.97
1964	288,234			100,724	131,395	48,586	7,529	10.29
1965	305,316			106,189	139,727	43,566	15,834	10.64
1966	332,688			112,353	153,224	45,013	22,098	11.30
1967	359,955			188,442	165,845	46,736	28,932	11.95
1968	381,918			123,743	174,130	46,674	37,371	12.38
1969	398,050			173,543	141,805	44,402	38,300	12.62
1970	417,348	52	72	181,866	147,690	44,471	43,197	13.28
1971	436,686	62	72	190,289	145,611	73,265	27,387	13.28
1972	438,573	50	68	196,735	142,514	70,421	28,785	13.09
1973	452,054	52	72	202,356	148,457	71,271	29,846	13.26
1974	466,444	52	74	205,200	155,826	73,098	32,194	13.48
1975	478,562	52	74	210,737	161,832	72,621	33,246	13.80
1976	502,702	52	75	216,162	169,490	72,663	44,260	14.02
1977	519,110	52	75	266,043	177,268	71,890	43,782	14.28
1978	540,658	53	75	235,148	183,877	71,780	49,725	14.60
1979	541,552	53	75	235,149	184,606	71,780	49,889	14.40
1980	596,431	33	89	259,526	203,323	74,838	58,622	15.93

*출처: 대한민국 정부조직 변천사, p.147에서 작성.

2) 국가재정

1960년대 이후 한국의 재정규모는 급격하게 팽창했다. 정부세출 팽창의 주된 원인은 사회간접자본 비율의 증가와 재정투융자의 확대에 있었다. 한국에서 재정투융자 규모의 확대는 5·16쿠데타 후에도 몇 번의 정책조정을 거쳐서 1965년 이후 본격적인 형태로 추진되었다. 정부세출 증가를 충당하기 위한 세입은 원조감소에 따라서 조세 징수에 의해서 마련되었다. 조세부담률이 증가한 것은 1960년대 이후 국가능력팽창의 중요지표이다. 국가엘리트는 사회적 단절성에 힘입어 사회·경제세력으로부터 큰 저항을 받지 않고 조세를 확대할 수 있었다. 국가는 조세구조의 확립에 의해 기업가를 통제할 수 있는 강력한 정책망을 확보하게 되었다. 재정 투융자의 확대, 조세기반의 확대와 같은 국가능력의 팽창은 국가엘리트의 자율성을 높이는 데 기여하였다.

(1) 정부세출구조

한국의 국가재정은 1960년 이후 급격하게 팽창했다. 1962년 총 재정규모가 1,199억 달러였는데 1981년에는 경상가격기준으로 약 96배에 달하는 11조 4,811억 원에 이르렀다. 이것을 기간별로 보면 1차 경제개발 5개년계획 기간에는 연평균 25.9% 증가했으며, 2차 5개년계획 기간에는 29.4%, 3차 5개년계획 기간에는 31.1%, 4차 5개년계획 기간에는 31.5% 증가했다. 또한 재정규모의 증가를 GNP성장률과 비교해 보면 1962년-1981년 동안 연평균 재정증가율이 29.5%로 연평균 GNP성장률 28.8%를 능가했다.[59] 재정규모가 급격하게 팽창한 중요한 원인은 경제개발을 위한 국가재정수요가 늘어났기 때문이었다.

재정규모의 급격한 팽창은 1960년대 이후 국가주도 산업화과정의 한 측면을 반영한다. 정부지출 규모의 전반적인 추이를 살펴보면 정부지출은 한국전쟁 기간 동안 팽창한 뒤, 한국전쟁 직후 일정한 규모로 증가하다가 1956년-1958년 기간 동안 급팽창했으며, 1958년-1960년에는 축소하였다. 그러다가 1961년-1962년 동안 정부지

---

59) 대한상공회의소, 한국경제 20년의 회고와 반성 (서울: 대한 상공회의소, 1985), pp.265-266.

출은 다시 급격하게 팽창하였고 1962년-1964년 동안에는 안정화정책으로 재정규모는 축소하였다. 그리고 1965년 이후 경제개발계획이 본격적으로 추진됨에 따라 재정규모는 일정한 수준으로 계속 증가했다.[60]

다음에서 정부지출규모의 변화를 기간별, 주요 항목별로 살펴보고자 한다. 먼저 1960년-1962년은 재정규모가 확대된 기간이었는데, 1962년에 연평균 7.1%의 성장률을 목표로 하는 1차 경제개발5개년계획이 발표됨에 따라 재정투융자규모가 급격하게 팽창했다. 1962년 예산에서 재정투융자규모는 287억 원이었는데 이것은 1961년도의 232억원에 비해서 23.6%가 증가한 것이었다. 재정투융자의 증가로 1962년의 총 재정 예산규모는 689억원으로 1961년에 비해서 12%가 증가했다. 이것이 3회의 추가경정예산안을 거쳐서 결산 시에는 총지출이 884억 원에 이르렀다. 이 기간의 항목별 지출비율을 보면 일반적 경비는 36.8%, 공익사업비는 134%, 사회복지비는 81%, 경제적 경비는 114% 증가했다. 이 기간의 재정규모 팽창의 가장 큰 원인은 재정투융자의 확대에 있었다.[61]

1961년-1962년간 재정, 금융의 확대정책이 극심한 인플레이션을 유발함에 따라 1963년부터 정부는 경제개발 5개년계획을 축소 조정하고 재정안정화정책을 실시하였다. 1962년 예산은 1961년의 최종예산보다 26억 원 감소하였으며, 1964년의 예산안은 1963년보다 6.7% 축소된 균형예산이었다. 1963년-1965년 기간의 긴축정책은 재정투융자의 감축을 목표로 하였다. 이 기간의 일반적 경비가 43.8% 증가하고, 사회복지비, 공익사업비는 각각 30%, 23% 증가한 반면, 경제적 경비는 약 7% 증가했을 뿐이다.[62]

---

60) E.S. 메이슨, 김만제, D.H. 퍼킨스 (공저), 한국경제·사회의 근대화, p.317.
61) 김명윤, 한국재정의 구조, pp.94-96.
62) 위의 책, pp.98-100.

1965년부터 경제개발계획이 본격적으로 추진됨에 따라 재정규모
는 꾸준하게 팽창하였다. 일반적 경비, 공익사업비, 사회복지비는
대체적으로 일정한 수준을 유지한 반면, 재정투융자에 해당하는 경
제적 경비가 팽창하여 재정팽창의 중요원인이 되었다. 1961년에 재
정투융자가 총재정규모에서 차지하는 비율이 19%였던 것이 1981년
에는 44%로 증가하였다.[63]

　1962년부터 1969년까지의 정부지출을 항목별로 살펴보면 우선 총
정부지출에서 국방비가 차지하는 비율이 연평균 28%를 상회했다.
그리고 교육비, 보건비, 사회보장 및 특수 복지비 등 사회복지비는
이 기간 동안 평균 22%에 해당했다. 일반적 경비와 사회복지비가
안정적 추세를 유지하고 있는 데 비해서 공익사업비와 경제적 경비
는 경제개발 계획의 추진과 함께 팽창하는 추세를 보였다. 도로, 소
방, 수도, 위생 등 사회간접자본건설에 대한 공익사업비가 이 기간
동안 평균 4.5%의 수준이었다. 그리고 앞에서 지적했듯이 재정팽창
정책이나 재정긴축정책에 따라 가장 민감하게 영향을 받은 것이 경
제적 비용부문이며, 1966년 이후 경제개발계획의 추진과 함께 이
부문이 급격하게 팽창했다.[64]

　정부지출에서 특히 주목되는 것은 1962년부터 시작된 1차 경제개
발 5개년계획과 관련된 재정투융자의 역할이다. 1960년 이전까지
재정투융자는 일반회계, 대충자금특별회계, 국토건설사업특별회계,
기타 특별회계에 의해 지출되었다. 1962년부터 재정융자는 재정자
금 특별회계로 통합되었으며, 재정투자는 1963년부터 경제개발특별
회계로 통합되었다.[65]

---

63) 한국경제 20년의 회고와 반성, p.84.

64) 위의 책, pp.267-268.

65) 김명윤, 한국재정의 구조, p.163.; 개발년대의 경제정책: 경제기획원 20년
　　사, p.78.

산업별 재정투융자 비율을 살펴보면 농수산부분에 대한 재정투융자는 1962년–1966년 동안 평균 26.4%에서 1977년–1980년 기간에는 평균 15.6%로 감소하여 1962년–1980년 기간 동안 평균 17.3%에 이르렀다. 광공업부분에 대한 재정투융자는 1962년–1966년 동안 평균 30.3%에서 1977년–1980년 기간 동안 평균 26.9%로 감소하였으며, 1962년–1980년 기간 동안 평균 26.7%에 해당했다. 사회간접자본에 대한 재정투융자는 1962년–1966년 기간 동안 평균 43.3%에서 1977년–1980년 기간에는 평균 57.5%로 증가하여 1962년–1980년 기간에 평균 56.0%에 이르렀다. 이처럼 시간이 지날수록 1차산업과 2차산업에 대한 재정투융자는 감소한 반면, 3차산업과 기간산업분야에 대한 재정투융자는 팽창했다. 재정투융자의 경제발전 기여도는 1965년 이후 재정투융자규모의 증가로 1967년–1971년 동안 국내고정 자본형성에 대한 비율이 평균 29.2%에 이르렀다.[66]

(2) 정부세입구조

1960년 이후 조세부담률은 전반적으로 상승추세를 유지했다. <표 18>에서 조세부담률의 추이를 보면 1953년–1961년 기간 동안 연평균 조세부담률은 7.7%였는데 1972년–1976년 기간 동안 연평균 조세부담률은 15.4%에 이르렀다. 이것은 일인당 소득수준의 증가율을 감안하더라도 소득증가 비율보다 더 높은 비율로 조세부담률이 증가했음을 나타낸다.

조세부담률의 추이를 기간별로 살펴보면 1963년부터 1965년까지 조세부담률이 평균 8.3%인데, 1967년–1971년 기간에는 평균 14.5%, 1792년–1976년 기간은 평균 15.4%이다. 1963년부터 1965년까지 조

---

66) 최광편, 재정통계자료집 (서울: 한국개발연구원, 1983), pp.244–245.

세부담률이 하락한 것은 많은 비중을 차지하는 간접세의 낮은 소득 탄력성, 직접세의 완만한 누진도, 기업에 대한 각종 감세조치 때문이 었다.[67] 1966년 이후 조세부담률이 급격하게 증가한 것은 원조감소 와 경제개발에 따른 재정투융자 자금의 필요성이 결합된 결과였다.

1969년 - 1971년 기간을 기준으로 세계적 수준에서 한국의 조세부 담률을 비교하면, 47개 개발도상국에서 한국이 21위이며, 조세비교 지수를 고려한 기준에 의하면 13위로 한국의 조세부담률이 세계적 으로 높은 것으로 나타난다.[68]

다음에서 조세의 기간별 추이와 세입내용의 변화에 대해서 살펴 보고자 한다. 재정투융자규모가 확대되었던 1960년 - 1962년 기간의 조세수입비율을 보면 1961년에 조세수입의 비율은 1960년에 비해 13.7% 감소하고 1962년에는 2.0% 감소했다. 반면 대충자금은 원조 자금이 감소했음에도 불구하고 1961년 두 차례의 환율인상으로 총 세입에서 차지하는 비율은 1961년에 전년에 비해 4.6% 증가했으며, 1962년에는 전년에 비해 2.8% 감소했다.[69]

재정안정화정책이 실시되었던 1963년 - 1965년 기간 동안의 세입구 조를 살펴보면 대충자금 비율은 1962년의 36.4%에서 1965년에는 30.0%로 감소했다. 반면 조세비율은 1962년의 총 세입의 35.8%에서 1965년에는 56.7%로 증가하였다.[70] 1966년부터 1975년 동안의 세입 구조를 보면 조세비중이 꾸준히 증가해서 1966년에 56.9%이던 것이 1970년에 75%, 1975년에는 77%에 이르렀다. 대충자금비율은 계속 감 소하여 1972년에는 0.6%에 이르고 1973년부터는 완전히 소멸하였다.

---

67) 김명윤, 한국재정의 구조, p.196.

68) W.T. Newlyn, "Measuring Tax Effort in Developing Countries," *The Journal of Development Studies*, Vol. 21, No. 3(April 1985), p.394.

69) 김명윤, 한국재정의 구조, p.96.

70) 위의 책, p.101.

이 기간 동안 전매수익금은 대체로 6%-8%의 비율을 차지했다.[71]

표 18. 조세부담률의 추이(1953-1976)

(단위: %)

년 도	조세부담률	년 도	조세부담률
1953	4.8	1965	8.6
1954	6.8	1966	10.8
1955	6.1	1967	12.0
1956	5.9	1968	14.4
1957	7.5	1969	15.1
1958	8.5	1970	15.4
1959	10.1	1971	15.6
1960	10.2	1972	13.5
1961	9.5	1973	13.2
1962	10.8	1974	15.1
1963	8.9	1975	17.1
1964	7.3	1976	18.3

1953-1961 평균 7.71
1962-1966 평균 9.28
1967-1971 평균 14.50
1972-1976 평균 15.44

*출처: 사공 일, L.P. 존스, <u>경제개발과 정부 및 기업가의 역할</u>, p.145.

조세징수액 중에서 직접세와 간접세가 차지하는 비중을 보면 총 세입에서 직접세가 차지하는 비중은 1960년 이후부터 1970년까지 꾸준히 증가했다가 1970년 이후에는 감소하는 경향을 보였다. 간접세가 총 세입에서 차지하는 절대비율이 직접세의 비율보다 높은데, 그 추세는 1960년대에 감소했다가 1970년부터 다시 증가하는 경향을 보였다. 직접세 중에서 개인소득세는 변동이 심한데 조세징수율이 높았던 1959년-1960년 기간에 총 세입의 8.5%였던 것이 1969년-1970년에 이르면 24%에 이르렀다. 그리고 법인소득세는 1960년

---

71) 최광 편, <u>재정통계자료집</u>, p.75.

이후 지속적으로 10%이상의 비율을 나타냈다. 간접세 중에서 중요한 비중을 차지하고 있는 영업세와 물품세의 비율을 보면 영업세는 1960년대 이후 꾸준히 비율이 증가했으며, GNP에 대한 영업세 조세기반(tax base)도 증가했다. 그리고 물품세비율은 1960년대에 간접세에서 가장 높은 비율을 차지하였는데, 물품세의 유효세율(물품세의 조세대상 사업수입에 대한 물품세 징수액의 비율)은 1958년 15%에서 1975년에 21%로 상승했다.[72]

한편 1960년대에 경제개발이 추진되면서 경제개발을 지원하기 위해 여러 번에 걸쳐서 세제개혁이 실시되었다. 그 중에서도 1961년의 세제개혁은 정부수립 후 가장 대폭적인 것이었으며 개발지원세제정책의 성격을 잘 나타냈다. 이 세제개혁의 원칙은 ⅰ)세무행정의 자율화를 위한 간소화 세제, ⅱ)재정수요 충족을 위한 탄력적인 세제, ⅲ)경제발전을 위하여 저축과 투자를 촉진시킬 수 있는 세제, ⅳ)경제적, 사회적 요청에 부합되는 현실적이고 공평한 세제, ⅴ)지방세원을 배양할 수 있는 합리적 세제를 확립하는 것 등이었다. 이같은 원칙하에 1961년 8월 1차적으로 소득세법, 법인세법, 영업세법, 교육세법 등 4개 법률을 포함하여 15개의 세법이 개정 및 제정되었다.[73] 이후에도 1967년까지 매년, 그리고 1971년부터 1975년까지 매년 세제개혁이 실시되었다.[74]

한편, 토다로(Michael P. Todaro)는 한 국가의 조세능력을 결정하는 요인으로 ⅰ)국민일인당 국민소득, ⅱ)소득분배의 불평등정도, ⅲ)무역의 비중, 근대화부문의 비중, 외국자본의 참여도, 상업농업화의 정도

---

72) E.S. 메이슨, 김만제, D.H. 퍼킨스(공저), <u>한국 경제・사회의 근대화</u>, pp.324 -326.

73) <u>개발년대의 경제정책: 경제기획원 20년사</u>, pp.76-77.

74) 여기에 대해서는 다음을 참고하기 바람. 이문재, "개발세제로의 전환과 자립재정추구(1961-1966)," <u>한국경제정책 30년사</u>, pp.271-287.; 남상진, "세제개혁과 개발재정의 지향(1967-1974)," <u>한국경제경책 30년사</u>, pp.288-336.

등 산업구조, iv)사회적·정치적·제도적 상황, 그리고 여러 집단들의 상대적 권력, v)조세징수기구의 행정능력, 정직성 등을 지적했다.[75]

한국에서 1960년대 이후 조세징수의 증가가 가능하였던 것은 일인당 국민소득이 증가하고 경제구조가 변화했기 때문이었다. 그러나 이것보다 중요한 것은 국가의 조세징수 증대정책에 저항할 만한 사회·경제세력이 없었으며, 국세청이라는 새로운 국가기구가 적극적 역할을 했다는 점이다.

경제개발정책을 추진하는 과정에서 1965년 이후 원조가 사실상 중단됨에 따라서 조세징수가 중요한 재정확보수단이 되었다. 한국의 조세체계의 특징 중의 한 가지는 법정조세율이 대단히 높으며 실제 조세평가액은 대체로 법정조세율보다 낮은 수준에서 책정된다는 점이었다. 따라서 조세평가과정에서 부정행위가 개입될 가능성이 많았다. 이 같은 상황에서 조세징수를 늘이는 방법은 법정조세율을 높이는 것이 아니라 실제 조세평가액과 조세징수액을 높이는 것이었다.[76]

이렇게 볼 때 세제개혁에서 가장 주목할 점은 1966년 국세청이 설립되었다는 점이다. 그때까지 조세징수업무는 재무부의 국수준에서 담당하고 있었는데 1966년 2월 대통령령 제2419호에 의해서 징세국, 직접세국, 간접세국, 조사국의 4국을 골격으로 하고 재무부에서 세무관계업무를 담당하던 인원을 중심으로 국세청이 설립되었다.[77] 국세청장에는 5·16쿠데타의 주도세력들이 임명되었는데 초대 국세청장은 이낙선이었으며(1966.3 - 1969.10), 2대는 오정근(1969.10 - 1973.3), 3대는 고재일(1973 - 1978)이었다. 초대 국세청장이었던 이

---

75) Michael P. Todaro, *Economic Development in the Third World* (New York and London: Longman Inc., 1981), pp.473 - 474.

76) David C. Cole and Princeton N. Lyman, *Korean Development*, pp.176 - 177.

77) 대한민국 정부조직 변천사, p.579.

낙선은 취임사에서 다음 1년 동안 예상징세액보다 40%를 초과 징수하는 것이 목표라는 것을 밝혔다. 국세청은 철저한 세무감사와 국세청관리에 대한 감사 등의 방법을 강구하고 지역별, 조세종목별로 조세목표액과 징세할당제도를 채택하여 목표액 달성 여부를 기준으로 상벌제도를 실시했다.[78] 이런 활동의 결과 국세청이 발족한 지 1년 만에 추징금 및 벌과금이 18억 원(전년도에 비해 60% 증가)에 이르고 음성세원의 양성화에 주력한 결과 사채이자소득이 9억 6천만 원(1962년에는 8,500만 원이었음)에 이르렀다.[79]

국세청이 설립되고 조세징수체계가 정비됨으로써 국가엘리트는 탈세조사를 이유로 기업가들에게 막강한 영향력을 행사할 수 있는 정책망을 확보할 수 있게 되었다. 한 예로 1970년대 중반에 조세처벌법에 근거해서 총 14,846개의 법인 중에서 일차로 27개 업체에 대한 세무감사가 실시되었다. 세무조사는 정부의 재량적 조치나 정치적 요구에 응하지 않을 경우 기업가들이 감수해야 하는 대가였다고 볼 수 있다.[80]

3) 외자도입과 국가

1960년 이후 대규모로 도입된 차관은 국가 엘리트의 자율성을 높이는 데 결정적으로 기여했다. 군부·관료엘리트는 차관도입에 의해서 경제발전에 소요되는 자본을 충당하고 산업화기반을 마련할 수 있었다. 차관도입의 정치적 의미는 국가엘리트가 차관의 도입

---

78) E.S. 메이슨, 김만제, D.H. 퍼킨스(공저), <u>한국 경제·사회의 근대화</u>, pp.329 - 330

79) 이문재, "개발세제로의 전환과 자립재정 추구: 1961 - 1966," <u>한국경제정책 30년사</u>, p.284.

80) 사공일, L.P. 존스, <u>경제개발과 정부 및 기업가의 역할</u>, p.149.

및 분배과정을 장악함으로써 정치자금을 마련하고 사회·경제세력에 대해서 영향력을 행사할 수 있다는 점이다. 이승만정권의 원조체제가 자유당엘리트와 수입대체산업기업가들의 연계구조를 공고화하고 국가엘리트의 자율성을 제약하는 방향으로 작용한 것과는 대조적으로 1960년대에 군부·관료권위주의체제에서 차관도입은 국가엘리트의 자율성을 증가시키는 결정적 요인으로 작용했다.

한국의 경제성장에서 외자가 차지하는 비중은 대단히 중요하다. 1954년-1970년 동안 외자가 총자본형성에서 60% 이상의 비율을 차지했다. 1962년 이전까지 외자도입은 주로 미국의 대한원조였으며, 그 이후 외자는 공공차관, 상업차관, 외국인 직접 투자 등이었다. 외국원조 규모는 1957년에 3억 8,200만 달러를 정점으로 감소하기 시작하여 1970년에는 8,200만 달러에 불과하였다. 반면 공공차관은 1959년에 1,200만 달러에서 1970년에는 1억 4,500만 달러로 증가했다. 그리고 상업차관은 1962년 180만 달러에서 1970년에는 3억 3,200만 달러로 급증했다. 1967년까지는 공공차관이 상업차관보다 많은 비중을 차지했으나 그 이후에는 상업차관이 보다 많은 비중을 차지하였다.[81] 차관 중에서 공공차관은 주로 철도, 항만, 수송, 동력 등 사회간접부문과 은행, 보험 등 금융부문에 투입되었으며, 상업차관은 섬유, 화학, 전기, 전자, 기계, 금속, 선박 등 경공업 및 중공업 부문에 투자되었다.

남미와 비교하여 한국의 산업화의 특징 중의 한 가지는 다국적기업의 직접투자 비율이 현저하게 낮았다는 점이다. 직접투자는 1962년에 60만 달러였으며, 1970년에도 8,500만 달러에 불과했다. 외국인 직접투자 중에서 미국기업은 일본기업과 비교하여 평균투자규모가 크고, 자본 및 기술집약적인 분야에 대한 투자비율이 높고, 합작

---

81) Sung Hee Kim, "Economic Development of South Korea," in Se Jin Kim and Chang-Hyun Cho, eds., *Govermnent and Politics of Korea*, p.157-159.

형태보다는 단독투자형태가 많았다. 일본기업은 투자규모가 적고, 노동집약적인 분야에 대해 투자를 많이 하였으며, 합작 투자형태의 비율이 높았다. 한국에서 이처럼 외국기업의 직접투자가 활발하지 못했던 것은 외국기업의 단독투자, 상품판매, 수출 등에 있어서 까다로운 조건을 제시함으로써 외국기업의 활동을 규제한 정부정책의 결과였다.[82]

표 19. 외국원조, 외국자본, 외채의 원금리상환 1957－1970

(단위: 백만 달러)

년 도	외 국 원 조	개 인 이 전	직 접 투 자	차 관		외채의 원리금상환
				공공차관	상업차관	
1957	382.9	30.8	－	－	－	－
58	321.3	28.2	－	－	－	－
59	222.2	18.0	－	12.3	－	－
1960	245.4	20.6	－	5.0	－	－
61	199.2	26.9	－	3.1	－	－
62	232.3	37.5	0.6	52.5	1.8	1.08
63	216.4	57.4	5.4	9.5	55.3	4.41
64	149.3	56.7	0.8	37.9	63.3	5.98
65	131.4	74.0	22.3	76.6	78.1	7.36
66	103.3	103.3	14.5	153.4	105.2	14.39
67	97.0	101.9	29.4	105.7	146.4	35.90
68	105.9	117.8	29.3	82.6	465.8	53.30
69	107.3	170.4	46.9	236.1	623.7	113.90
1970	82.6	153.0	85.9	145.0	332.0	－
합계	2,596.5	996.5	235.1	919.7	1,871.6	235.32

*출처: Sung－Hee Kim, "Economic Development of South Korea," p.158.

한국정부는 국내산업 가운데 기술과 자본이 부족한 분야에 대해서 선별적으로 외국기업의 직접투자를 허용하면서도 구체적인 판매

---

82) 박을용, "제2차대전 이후의 한·미경제관계," 구영록 외, 한국과 미국: 과거, 현재, 미래 (서울: 박영사, 1983), p.246.

조건 등에 대해서 엄격한 규제조치를 강구했다. 1971년과 1973년의 외국인 투자촉진법도 국내기업을 보호하고 일본기업의 국내침투를 방지하려는 목적을 지닌 것이었다. 1971년의 외국인투자촉진법 개정안은 ⅰ) 국내시장을 목적으로 하지 않고, ⅱ) 국내기업의 기술수준이 현저하게 떨어지는 부분, ⅲ) 신기술의 도입 등의 조건을 외국인 직접투자의 우선적인 전제조건으로 규정하였다. 1973년의 개정법은 특히 합작투자형태를 강조하였다.

외국인 단독투자는 국내시장을 목표로 하지 않고 자본구성비율상 불가피할 경우에만 허용되었으며, 장기계획일 경우에는 국내기업의 참가비율을 단계적으로 높일 것이 요구되었다. 특히 노동집약적 산업의 경우 외국인 직접투자비율은 50%를 상회할 수 없도록 되어 있었다. 이처럼 외국인 적접투자에 대해서 정부의 규제조치가 가능했던 것에는 몇 가지 원인이 있다. 첫째, 한국은 본격적인 수입대체 산업화단계를 거치지 않았기 때문에 국내시장에서 다국적기업의 영향력이 크지 않았다. 둘째, 일본의 자본침투에 대한 정치적 경각심 때문에 직접투자보다 차관에 의해서 국내기업의 경쟁력을 향상시키고자 했다. 셋째, 특히 일본의 직접투자는 한국의 국내시장보다 제3세계지역에 대한 수출을 목적으로 하였다.[83]

국가별차관 도입상황을 보면 미국이 압도적으로 높은 비중을 차지하였다. 미국은 1959년부터 1969년까지 총 공공차관의 68.8%, 상업차관의 25%, 직접투자의 55%를 제공했다. 일본은 이 기간 동안 총 공공차관의 15.3%, 상업차관의 21.6%, 직접투자의 35.1%를 제공했다. 이외의 외자는 국제부흥 및 개발은행(International Bank for Reconstruction and Development), 세계은행(World Bank), 아시아 개발

---

83) Stephan M. Haggard, *Pathways From the Periphery: The Newly Industrializing Countries in the International System,* unpublished Ph. D. Dissertation, University of California, 1983, pp.155 – 159.

은행(Asia Development Bank)등과 같은 국제금융기구나 서독 등과 같은 유럽국가로부터 도입되었다.[84]

1960년대 초반 이후 차관도입정책은 일차적으로 미원조의 감소에 대한 대응적 성격을 지니고 있었다. 그러나 본격적인 차관도입은 한국에서 새로운 국가엘리트와 국가구조가 형성되고 경제개발계획이 추진되는 국내적 조건이 성숙됨으로써 가능하였다. 미원조의 감소와 차관도입에 근거한 경제개발계획에 대해서 각 부처 간, 특히 경제기획원, 국방부, 외무부 간 견해가 대립하였다. 국방부는 그때까지 국방비의 대부분이 원조에 의해서 충당되었기 때문에 원조감소로 인한 국방비의 감축가능성을 염려하였다. 재무부는 국방비를 충당하기 위한 재원확보와 그로 인한 조세징수문제를 염려하였으며, 외무부는 그때까지 미국의 원조제공을 한국정부의 대미외교의 승리로 인식했기 때문에 원조감소에 당황했다. 경제기획원은 이 같은 부처간 견해대립을 조정하고 차관도입에 입각한 경제개발계획을 추진하는 데 있어서 결정적인 역할을 하였다. 1966년 2차 경제개발계획이 확정될 때까지 이 같은 부처 간 견해대립이 계속된 것으로 지적된다.[85]

1960년 이후 차관도입이 급증한 데에는 몇 가지 요인이 작용하였다. 첫째는 미국의 국제개발처(Agency for International Development, AID)의 차관 제공정책의 결과였으며, 둘째는 한·일국교정상화와 월남파병과 같은 정치·경제적 요인이 복합적으로 작용하였다. 이 같은 요인들보다 결정적으로 중요한 것은 국가엘리트의 적극적인 외자도입정책과 그에 따른 제도적, 법적, 정치적 절차의 강구라고 할 수 있다.

국가는 경제개발계획에 소요되는 외자도입을 활성화하기 위해서

---

84) Sung Hee Kim, "Economic Development of South Korea," pp.157 – 158.
85) David C. Cole and Princeton N. Lyman, *Korean Development*, pp.85 – 86.

몇 차례에 걸쳐서 외자도입법규를 마련하고 법적, 제도적 절차를 강구했다. 1960년 1월 외자도입에 관한 최초의 기본법인 "외자도입법"이 공포되었으나 1961년까지 한국에 대한 미국의 AID개발차관의 확정액(차관협정 서명 기준)은 1,880만 달러에 불과했다.

5·16쿠데타 후 경제개발과 차관도입의 필요성이 증가하면서 1962년 7월 정부는 "장기결제에 의한 자본재수입에 관한 특별법"과 "외국차관의 지불보증에 관한 법"을 추가하여 외자도입법의 규정을 강화했다. "장기결제에 의한 자본재 수입에 관한 특별법"은 자본재 수출국의 장기수출신용을 사용하는 기업의 자본재수입절차를 규정한 것이었으며, "외국차관의 지불보증에 관한 법"은 외국차관 유치를 위해서 지불보증절차를 명시한 것이었다. 외자도입 촉진법의 결과 1962년부터 외국차관과 직접투자가 급격히 증가하기 시작했다. 1963년 말 확정된 상업차관액은 1억 2,700만 달러로 8,400만 달러의 공공차관보다 많은 비중을 차지했다.[86]

1966년에 기존의 "외자도입촉진법", "장기결제 방식에 의한 자본재도입에 관한 특별조치법", "차관에 관한 지불보증법" 등 3개 법률을 통합한 외자도입법이 마련되어 7월 14일 국회에서 통과되었다. 이 법안의 주요 내용은 ⅰ)외자도입에 대한 지불보증제도를 존속시키며, ⅱ)외국인 투자비율에 제한을 두지 않고 문호를 개방하고, ⅲ)차관사업의 사후관리를 강화하고, ⅳ)외자도입절차를 간소화하는 것이었다. 법안작성은 경제기획원의 경세협력총괄과에서 맡았는데 경제기획원은 입안과정에서 상업차관에 대한 정부지불보증을 폐지하려고 했으나 공화당은 USOM(미대외협조처)과의 협의과정에서 이 조항을 유지할 것을 주장하여 그 견해가 관철되었다. 공화당은 차관지불보증에 대한 권한을 보유함으로써 기업가들에 대한 영향력을

---

86) 김광석, 래리 E. 웨스트팔, <u>한국의 외환·무역정책</u>, pp.75 - 77.

유지하고자 했다.[87] 특히 정부지불보증조항에 있어서 50% 이상의 자기자본능력이 없는 업체에 대한 지불보증 중지규정의 명문화문제에 대해 논란을 거듭한 뒤에, 외자도입심의위원회의 민간인 대표를 2/3 이상으로 늘리는 것으로 타결되었다. 그리고 중요쟁점의 하나였던 특정업체에 대한 지불보증에 대해서는 정부원안대로 산업은행이 지불보증하게 되었다.[88] 1966년 외자도입법의 개정 이후 차관도입이 급속히 증가하기 시작했다. 이것은 시중은행의 지불보증제도와 함께 1965년의 금리현실화 정책이 차관도입을 촉진하는 요인으로 작용한 결과였다.[89]

　1966년 외자도입법이 공포된 후 차관을 다른 분야에 전용하는 사건과 부실기업문제가 대두했다. 그 대표적인 사건이 한국비료사건이었다.[90] 이 사건을 계기로 외자도입신청에 대한 심사절차가 까다롭게 되었다. 그때까지는 경제기획원에 외자도입인가신청서가 제출되면 경제기획원이 경제성을 검토하고, 산업은행은 정부지불보증자금의 상환능력을 조사하고, 상공부는 기술검토를 하도록 되어 있었다. 이 같은 절차가 잘 지켜지지 않자 경제기획원은 한국종합기술개발회사와 한국과학기술연구소를 지정하여 이들로 하여금 외자도입 신청업체에 대한 기술검토를 하도록 했다. 이와 함께 1969년 외자도입법의 개정안이 마련되었다. 이 법안은 외자도입제한규정을 신설하고 사후관리를 강화하며 정부 및 외환은행지불보증업체에 대

---

87) 한국공업화 발전에 관한 조사연구Ⅲ: 정책결정과정의 이면사 (중화학공업추진위원회 기획단, 1979), p.97.

88) 개발년대의 경제정책: 경제기획원 20년사, p.311.

89) 김광석, 래리 E. 웨스트팔, 한국의 외환·무역정책, p.91.

90) 한국비료사건은 1966년 삼성재벌이 시설재 명목으로 사카린원료를 밀수하여 그중 1,403포대를 시중에 판매함으로써 발생한 사건이며, 주식의 51%를 정부에 헌납하는 것으로 일단락되었다. 김성환 외, 1960년대(서울: 거름, 1984), pp.387-389참조.

한 경제기획원 장관의 병합 및 통합명령권을 규정하도록 했다. 그리고 승인된 외자를 기한 내에 도입하지 않거나 처음의 목적과는 다른 용도에 사용할 경우 인가를 취소함과 동시에 외자에 대한 과세와 물품세를 부과하도록 하는 등 외자도입에 대한 규제절차를 강화했다.[91]

이승만정권하에서는 원조분배과정에서 자유당엘리트들이 정책결정의 주도권을 장악하고 국가엘리트의 활동영역을 침식했다. 이와는 대조적으로 3공화국의 군부·관료권위주의체제하에서는 차관분배 과정에서 국가가 주도권을 장악하고 공화당과 자본가계층이 국가에 의존하는 역학관계가 형성되었다. 방대한 규모의 차관도입으로 국가역할이 팽창했을 뿐만 아니라 국가는 차관제공 측과 국내자본가계층 사이에서 매개자 역할을 하였다. 이 같은 맥락에서 3공화국의 국가는 이승만정권시대에 비해서 훨씬 많은 자율성을 향유할 수 있게 되었다.[92]

차관도입과 관련하여 국가엘리트의 자율성을 증가시킨 중요한 정책망은 차관도입에 대한 정부지불보증제도였다. 차관을 도입하고자 하는 기업은 먼저 경제기획원의 승인을 얻어야 했으며 경제기획원은 지불보증서를 발급하기 위해서 국회의 승인을 받아야 했다. 지불보증이 승인되면 한국은행(나중에는 한국외환은행)은 외국의 차관제공자에게 지급보증서를 발행하고 다시 한국산업은행은 한국은행에 대해서 지급보증서를 발행하였다. 1963년 한국산업은행의 지불보증액은 전년도의 22억원에서 181억으로 증가했으며, 이것은 총지불보증 금액의 83%에 해당했다. 지불보증액은 그 후 매년 250억 원 이상씩 증가하여 1966년에는 총 지불보증액이 1,447억 원으로 총 은행대출액과 비슷한 수준에 이르렀다.[93]

---

91) 한국공업화발전에 관한 조사연구Ⅲ: 정책결정과정의 이면사, pp.101 - 102.
92) Bae - Ho Hahn, "The State and Culture in Korean Development," pp.18 - 19.

외자도입과 지불보증에 대한 절차는 차관의 성격에 따라서 3가지 유형으로 구분되었다. 첫째, 국제기구와 외국정부로부터 제공되는 공공차관의 경우 정부의 승인과 지불보증을 필요로 했으며, 1974년 이후부터 "공공차관의 도입 및 관리에 관한 법률"의 적용을 받았다. 두 번째는 만기 3년 이상의 민간장기차관으로 이것은 외자도입법에 의해서 정부, 한국외환은행, 또는 시중은행의 지불보증을 필요로 했다. 1968년까지 공공차관유형의 차관도입이 많았고 그 이후에는 장기민간차관도입이 많은 비중을 차지했다. 그리고 세 번째는 민간단기차관으로 이것은 정부의 규제대상이 되지 않았다.[94]

한일국교정상화와 월남파병은 1960년 이후의 차관도입과 국가와 정치·경제세력 간 관계에 중요한 영향을 미쳤다. 한일국교정상화와 월남파병은 기본적으로 국제정치적 성격을 지니고 있지만, 국내 정치·경제에도 중요한 영향을 미쳤다. 한일국교정상화와 월남파병은 군부·관료엘리트가 독립성을 확보하고 국가안보와 경제건설을 국가목표로 수행할 수 있는 경제적 자원을 제공하였다.[95]

한일국교가 정상화되고 일본으로부터 대규모의 차관이 도입되게 된 데에는 국제적, 국내적 차원의 여러 요인이 복합적으로 작용하였다. 한국의 군부·관료엘리트의 입장에서 볼 때 일본과의 국교정상화는 외교관계의 재개를 위해서 뿐만 아니라 경제개발계획에 소요되는 재원 확보를 위해서 긴급한 현안으로 인식되었다. 한일국교정상화는 1962년부터 1965년에 이르기까지 가장 중요한 국내정치 이슈로 등장하였다. 한일국교 정상화에 반대하는 세력들은 일본과의

93) D.C. 콜, 박영철, 한국의 금융발전: 1945 - 1980 (서울: 한국개발연구원, 1984), pp.73 - 76.

94) 사공 일, L.P. 존스, 경제개발과 정부 및 기업가의 역할, pp.136 - 137.

95) 장달중, "한국정치변화의 구조적 분석," 동아연구, 제11집(1987.6), p.54.; "경제변화와 정치변화: 정치적 권위주의의 정치·경제적 분석," 사상과 정책, Vol.2, No.4(1985년 가을호), p.27.

국교정상화의 조건에 대해서 반대하는 입장을 표명했다. 그러나 이들이 실제로 가장 우려하는 것은 박정희정권이 한일회담을 계기로 일본자본과 한국 기업가 사이에 유대망을 형성하고 이것을 정치·경제적 기반으로 삼을 가능성이 있다는 점이었다.

한편 미국은 동북아시아 안보라는 전략적 관점에서 한·일 관계개선을 희망하고 있었다. 뿐만 아니라 미국은 대한원조가 축소됨에 따라 일본이 한국의 경제발전을 위해서 경제지원을 해 주기를 기대했다. 이 같은 미국의 입장은 여러 경로를 통해서 한국과 일본정부에 전달되었다. 1962년 12월 미·일경제장관 회담에서 케네디 대통령은 일본에게 한국의 경제발전을 지원할 것을 요청했으며, 1964년 1월 미·일경제장관 회담에서 케네디대통령은 일본에게 한국의 경제발전을 지원할 것을 요청했고, 1964년 1월 미·일경제장관 회의에서도 이런 견해가 강조되었다.[96] 이외에도 주한 미국대사였던 맥카나기(Walter P. McConaughy), 버거(Samuel D. Berger), 브라운(Winthrop G. Brown), 그리고 주일 미국대사였던 라이샤워(Edwin O. Reischauer)는 여러 차례 한·일 관계정상화의 필요성에 대해서 언급했다. 이외에도 미국의 국제개발처(AID) 위원장이었던 벨(David Bell), 미국무성 동아시아담당차관보 번디(William P Bundy)등이 한·일관계 정상화의 필요성을 역설하였다.[97]

몇 차례의 정치적 혼란과 우여곡절을 겪은 뒤 1965년 4월 한·일 기본조약이 체결되었다. 이 조약의 기본내용은 평화선 폐지, 12마일 어업관할구역 설정, 남북한의 국제적 지위, 일본 내의 한국인의 법적 지위 등이었지만 정치·경제적으로 가장 중요한 의미가 있는 것은 무상원조 3억 달러, 정부차관 2억 달러, 상업차관 3억 달러로 타

---

96) Kwan Bong Kim, *The Korea-Japan Treaty Crisis and The Instability of the Korean Political System* (Praeger Publishers, 1971), pp.78-80.

97) Joungwon Alexander Kim, *Divided Korea,* p.258.

결된 대일청구권이었다. [98] 당시 한국정부의 총 외환보유고가 2-3억 달러에 불과했다는 점을 고려하면, 이 같은 차관도입액이 엄청난 규모였다는 것을 쉽게 알 수 있다. 한국의 정치적 반대세력이 우려했던 대로 한·일 국교정상화는 군부·관료권위주의체제의 경제적 기반을 확립하는 데 결정적으로 기여했다.

한·일조약이 체결된 뒤 한·일간 정치·경제적 유대관계를 공고히 할 수 있는 몇 개의 정치조직들이 결성되었다. 이것은 정기 한일각료회담, 한일경제위원회, 한일협력위원회, 한일의원연맹 등이었다.

이 같은 정치·경제적 협력기구의 활동에 힘입어 1967년 8월 1차 한일각료회담에서 사또(佐藤)정부는 민간차관 2억 달러 제공에 동의했으며, 1968년 8월 2차 각료회담에서는 9천만 달러의 민간차관 제공에 동의했고, 1969년 8월 3차 각료회담에서는 포항종합제철 건립에 협력할 것과 500만 달러의 민간차관제공에 합의했고 1970년 4차 각료회담에서는 1억 6,000만 달러의 민간차관제공에 동의했다. 그리고 1972년 6차 각료회담에서도 1억 7백만 달러의 차관제공이 합의되었다. [99]

한국군의 월남파병은 정치·안보적으로 한·미관계를 긴밀하게 했을 뿐만 아니라 부수적 결과인 외화획득의 증가는 군부·관료엘리트의 정치·경제적 기반을 보강하는 결과를 가져왔다. 한국군의 월남파병을 반대하는 정치세력들은 한일국교정상화 때와 마찬가지

98) David C. Cole and Princeton N. Lyman, *Korean Development*, pp.99-101.

99) Hong N. Kim, "Japan's Policy Toward Korean Peninsula Since 1965," Tae
-Hwan Kwak, Wayne Patterson and Edward A. Olsen, eds., *The Two
Koreas in World Politics* (Seoul: The Institute of Far Eastern Studies, 1983),
pp.303-307.; Herbert P. Bix, "Regional Intervention: Japan and South
Korea in America's Asian Policy," in Frank Baldwin, ed., *Without Parallel:
The American-Korean Relationship Since 1945* (New York: Pantheon Books,
1973), pp.214-216.; 한배호, "70년대 이후의 한일관계," 이갑윤 외, <u>현대
일본의 해부</u> (서울: 경남대학교 극동문제연구소, 1986), pp.247-248.

로 월남파병을 계기로 박정희정권의 정치·경제적 기반이 공고해질
것을 우려했다.[100]

표 20. 한국군의 월남파병

파 견	편 성	규 모
1964 - 65	의무부대, 공병부대(DOVE)	2,128
1965	맹호사단(- RCT) 감독부대 및 해병여단 추가	18,904
1966	9사단([+]연대규모 기동부대 및 지원부대)	23,865
1967	해병대대 및 기타 지원부대	2,963
1969	C - 46 승무원 증파	12
		합계 47,872

*출처: Sung - Joo Han, "South Korea's Participation in the Vietnam Conflict," p.896.

1964년 2,000명의 의료진과 기술진이 월남에 파견된 이후 1965년
10월 2만 명의 전투요원이 파견되었고, 1966년 2월 2만 명의 전투
요원이 추가로 파견되었다.[101] <표 20>에 나타나 있듯이 한국군이
베트남에 파견할 수 있는 최대의 병력은 47,872명이었는데 병력교
체를 포함하여 베트남에 파견된 한국군의 총수는 약 312,000명에
이르렀다.

1966년 3월 4일 주한 미국대사인 브라운(Winthrop G. Brown)이 발
표한 14개항의 브라운 각서(Brown Memorandum)에는 미국이 베트남
에 파견된 한국군대의 모든 비용을 지불하고 대한군사원조를 계속
하며 한국기업의 베트남 진출을 장려한다는 내용이 포함되었다.[102]

---

100) Joungwon Alexander Kim, *Divided Korea,* pp.262 - 263.

101) Sung Joo Han, "South Korea's Particitpation in the Vietnam Conflict: An
Analysis of the U.S. - Korean Allicnce," *ORBIS,* Vol.21, No.4 (Winter
1978), p.895.; Eung - Kyun Shin, "Korea's Diplomacy in Asia," *Koreana
Quarterly,* Vol.Ⅷ(Autumn 1966), pp.35 - 36.

102) Joungwon Alexander Kim, *Divided Korea,* pp.262 - 264.; Frank Baldwin,

브라운 각서에 힘입어 베트남으로부터 외화획득이 증가했다. 한국은 베트남과 관련하여 1965년부터 1969년까지 총 5억 4,600만 달러를 획득했는데, 이것은 이 기간 동안 총 외환수입의 약 16%에 해당했으며, GNP의 약 2%에 해당했다. 그리고 1965년부터 1973년까지 한국이 베트남으로부터 획득한 외화는 총 10억 달러에 이른 것으로 추산된다.[103]

그러나 한국군의 월남파병이 처음부터 경제적 이익을 목적으로 했다고 보기는 힘들다. 한국군의 월남파병에서 경제적 이익이 두드러지기 시작한 것은 1966년 3월 4일 브라운각서가 교환되고 월남파병이 추가로 결정된 다음부터였다. 한국군의 월남파병의 가장 근본적인 이유는 미국의 대한 안보공약을 공고히 하기 위한 것이었다고 보는 것이 타당하다. 미국의 월남참전으로 대한군사원조가 삭감되고 한국군의 장비현대화계획이 지연되었으며, 더욱이 주한미군 중에서 1개 사단 이상을 베트남으로 투입하려는 계획이 고려되고 있었다. 이 같은 상황에서 한국군의 월남참전은 미국의 대한안보공약을 확고히 하기 위한 것이었다고 할 수 있다.[104]

"Introduction," in Frank Baldwin, ed., *Without Parallel: The American − Korea Relationship Since* 1975, pp.28 − 30.; Se Jin Kim, "South Korea's Involvement in Vietnam and Its Economic and Political Impact," *Asian Survey,* Vol.10, No.6(Jun 1970), p.529.

103) Se Jin Kim, "South Korea's Involvement in Vietnam and Its Economic and Political Impact," p. 519.; Bernie Wideman, "The Plight of South Korean Peasant," in Frank Baldwin, ed., *Without* Parallel: *The American −Korean Relationship Since* 1945, pp.273 − 274.

104) Sung Joo Han, "South Korea's Participation in the Vietnam Conflict," pp.898 − 902.

표 21. 베트남으로부터의 외화 획득(1966 - 1968)

(단위: 백만 달러)

외 화 획 득 의 종 류	1966	1967	1968
상 업 수 출	$ 13.8	$ 7.3	$ 5.6
군 사 용 품 판 매	9.9	14.5	30.8
건 설 과 용 역 계 약	12.3	43.5	58.4
송 금			
민 간 인	9.7	40.6	38.4
군 인	13.2	30.0	34.4
기 타	0	8.8	4.6
전 체	$ 58.9	$144.7	$172.2
상품과 용역수출 및 개인이전소득의 총합계	$558.0	$744.8	$993.0
총합계 중에서 베트남 관련 소득의 비율	10.6	19.4	17.3

*출처: David C. Cole and Princeton N. Lyman, *Koran Development*, p.135.

한국의 국가엘리트는 한·일국교정상화와 월남파병으로 인한 대외관계의 개편과 이에 수반된 차관도입에 의해서 경제개발계획에 필요한 재원을 확보하는 한편 사회·경제세력에 대해서 영향력을 행사할 수 있었다 산업화정책의 집행과정에서 기존의 재정으로부터 독립적인 경제적 자원의 확보 여부는 국가엘리트의 통치기반 확립에 결정적인 요인으로 작용한다.[105] 한국에서 이 같은 경제적 자원의 확보가 가능했던 구조적 맥락을 좀 더 이해하기 위해서는 경제개발계획의 결정과 자원 분배과정에서 국가, 정치세력, 기업가 간 역학관계를 고찰하는 것이 필요하다.

---

105) Benjamin A. Most, "Authoritarianism and The Growth of State in Latin America: An Assessment of Their Impact on Argentine Public Policy, 1930 - 1970," *Comparative Political Studies,* Vol.13, No.2 (July 1980), p.178.

3. 교도자본주의의 정치경제: 국가, 공화당, 기업가

한국의 산업화는 교도자본주의의 틀 내에서 발전주의적 국가의 적극적 주도에 의해서 진행되었다. 국가는 기업가를 산업화의 동반자로 선정하여 이들의 경제활동을 지원하는 한편 환율, 금융정책과 같은 비재량적 정책망과 정치적 명령, 강제와 같은 재량적 정책망에 의해서 산업화과정을 주도했다. 또한 전략적 국가엘리트는 정당과 사회·경제세력의 이익표출을 최대한 억제하고 기술관료의 전문적 자율성을 보장하기 위해서 노력했다.[106) 그 결과 공화당은 점차 각료 충원, 정책결정과정, 경제적 자원의 분배과정에서 소외되고 중앙정보부, 대통령비서실과 같은 평행 및 보조기구(parallel and auxiliary structure)중심의 종적 정치권력구조가 정치권력의 핵심으로 등장하였다.

1960년대 이후 한국의 산업화과정에서 국가가 이와 같은 도구적 자율성[107)을 향유할 수 있었던 것은 두 가지 측면에서 설명될 수 있다. 첫째, 쿠데타에 의해서 군부·관료 권위주의체제가 성립함으로써 이들이 경제적 계급으로부터 독립성을 지니고 사회·경제정책을 집행할 수 있었다. 둘째, 교도자본주의의 틀 내에서 국가주도산

---

106) Chalmers Johnson, "Political Institution and Economic Performance: The Government−Business Relationship in Japan, South Korea, and Taiwan," Robert A. Scalapino, Seizabara Sato, and Jusuf Wanandi, eds., *Asian Economic Development: Present and Future,* pp. 77−78.

107) 노라 해밀턴(Nora Hamilton)은 종속적 발전과정에서 국가가 사회·경제세력으로부터 도구적 자율성을 누릴 수 있지만 자본주의적 생산양식과 세계자본주의체제라는 구조적 요인으로부터 벗어날 수 없는 구조적 자율성의 한계가 있다고 지적하였다. Nora Hamilton, "State Autonomy and Dependent Capitalism in Latin America," *British Journal of Sociology,* Vol.32, No.3(September 1981), pp.305−329.

업화가 추진되었기 때문에 국가의 도구적 자율성이 더욱 증대될 수 있었다.[108]

1) 교도자본주의와 경제개발계획

카르도소(F.H. Cardoso)는 제3세계국가들의 발전전략을 3가지 유형으로 구분하였다. 첫째는 민족적 자본주의(national capitalism)노선으로 이것은 비스마르크유형의 국가지도자의 지도 아래 진보적 민족 기업가, 중산계급, 프로레탈리아의 동맹체제를 형성하고 민족주의적 정당의 지도하에 발전전략을 추구한다는 것이다. 둘째는 국가자본주의(state capitalism)유형으로 이것은 진보적인 군부엘리트와 기술관료가 쿠데타에 의해서 권력을 장악하고 혁명정당과 유사한 정치동맹체제를 형성하고 국가주도하에 자본주의적 발전을 추진한다는 것이다. 세 번째는 발전주의적 사회주의(developmental socialism)유형으로 혁명적 엘리트가 혁명적 방법으로 국가권력을 장악하여 대중을 동원하고 사회주의적 자본축적과 통제방식을 실시하는 체제라는 것이다.[109]

바론(Charles A. Barone)은 한국의 산업화가 ⅰ)국가관료의 주도적 역할, ⅱ)국가의 금융독점, 이자율과 신용정책에 대한 국가의 통제력 행사, ⅲ)국가의 재정 할당, ⅳ)국가의 환율 통제, ⅴ)중앙집권화된 자본주의적 발전계획과 발달된 정치적 통제조직, ⅵ)사회하부구조와 고도산업분야에서 국영기업체의 역할 등의 특징을 지니고 있다는 점에서 한국의 산업화를 국가자본주의 유형으로 규정했다.[110] 바론

---

108) 박광주, "한국 자본주의와 권위주의국가의 정치·경제," 한국과 국제정치, 제2권 2호(1986 가을), pp.434–435.

109) Fernando H. Cardoso, "Associated Dependent Development," in Alfred A.Stepan, ed., Authoritarian Brazil, pp.153–154.

이 한국의 산업화과정의 여러 측면을 적절하게 지적한 점이 있지만 국가가 자본축적과 자본주의적 생산양식을 유지하는 틀 내에서 주도적 역할을 담당한다는 국가자본주의의 이론적 틀에 의해서 한국의 산업화과정을 설명하는 것은 적절하지 않다. 기본적으로 계급론적 시각에 의해서 한국의 산업화를 설명하는 것은 적절하지 않다.

한국의 산업화에서 국가의 경제개입과 정치적 역할을 설명하기에는 교도자본주의(guided capitalism)라는 개념적 틀이 적합하다. 박정희는 경제개발 5개년계획의 기본성격을 설명하면서 교도자본주의의 내용에 대해서 다음과 같이 언급하였다.

"……경제체제는 되도록 국민 개인의 자유와 창의를 존중하는 자유기업제도를 원칙으로 하고 있다. 그러나 기간산업부문에 있어서는 기업지도주의를 따르기로 하였다. 즉 기간산업부문에 있어서만은 정부가 직접, 간접으로 공적인 부문에 힘을 쓰며 또한 관여를 함으로써 민간의 자발적인 활동과 사업에 대한 의욕을 불러일으킬 수 있기 때문이다"[111]

한국의 교도자본주의는 혼합경제체제의 구조위에서 국가가 경제활동의 기본방향을 설정하고 자본동원, 투자, 금융, 시장구조 등을 세부적으로 조정하는 방법에 의해서 추진되었다. 군부·관료권위주의정권은 사회·경제 세력으로부터 큰 도전에 직면하지 않고 교도자본주의의 제도적 틀을 형성하였다. 민중부분은 한국전쟁과 그 후 보수주의적 정치질서에서 철저하게 배제되었으며, 기업가계층 또한 수입대체산업화과정에서 국가의 영향에서 벗어난 독자적인 사회·

---

110) Charles A. Barone, "Dependency, Marxist Theory, and Salvaging The Idea of Capitalism in South Korea," *Review of Radical Political Economics*, Vol.XV, No.1(Spring 1983), p.61.

111) 박정희, 국가와 혁명과 나(서울: 고려서적 주식회사, 1965), p.78.

경제기반을 확보하지 못했다. 이 같은 상황은 국가주도적 산업화정책이 추진될 수 있는 구조적 여건을 제공하였다.112)

한편 한국의 산업화를 종속적 발전의 관점에서 설명하는 견해가 있다. 에반스(Peter Evans)에 의하면 종속적 발전은 주변부 자본주의 사회에서 국가, 국제자본, 국내자본 간 삼자연합(triple alliance)에 의해서 추진되는 산업화과정이며, 국가는 직접 자본축적의 역할을 담당하는 국가기업(state enterprise)의 역할을 수행하며, 국가엘리트는 국영기업체를 통하여 자본축적과 산업화를 주도하는 국가 부르주아(state bourgeoisie)의 성격을 띤다.113)

한국의 산업화과정에서 국가의 비중을 보면 1963년부터 1979년까지 국내 총 자본형성 중에서 국가와 국영기업체가 37.9%를 차지했고, 정부지출은 GNP의 10%에 이르렀다..114) 이같이 국가부문이 자본축적에서 상대적으로 높은 비중을 차지한 점을 근거로 한국의 산업화과정을 종속적 발전으로 이해하고 국가의 기업가적 역할(entrepreneurial role of the state)에 주목하는 견해가 있다.115)

한국에서 국가는 에너지, 원료, 기간산업, 중공업 등의 분야에 직접 투자를 했으며 국영기업체의 수도 1963년의 52개에서 1979년에 120개로 늘어났고 국영기업체가 국내 총생산에서 차지하는 비중은 1963년에 6.7%, 1970년에 9.2%, 1977년에 8.0%였다.116) 그러나 한국의 국영기업체비율은 다른 3세계국가들에 비해서 그다지 높은 비율

---

112) 임현진, "종속적 발전에 따른 국가의 변모," 임현진, 현대한국과 종속이론(서울: 서울대학교 출판부, 1987), pp.232 - 233.

113) Peter B. Evans, *Dependent Development*, pp.31 - 34, pp.43 - 50.

114) 사공일, "경제개발과 정부의 역할," 한국개발연구, 3권 1호(1984년 봄), p.9.

115) 김호기, "경제개발과 국가의 역할에 관한 연구," 최장집 편, 한국자본주의와 국가 (서울: 한울, 1985), pp.197 - 199.

116) 사공일, "경제개발과 정부의 역할," pp.15 - 16.

이라고 할 수 없다.[117] 한국의 산업화과정에서는 국영기업체의 절대적 비중이나 자본축적의 주체로서의 국가의 역할보다는 국가가 교도자본주의의 틀 내에서 산업화과정을 통제하고 조정 및 개입한 제도적 메커니즘이 중요하였다.

한국의 교도자본주의적 경제발전전략의 특징의 한 가지는 국가와 시장기구 및 민간경제부문 간의 관계이다. 하산(Parvez Hasan)은 한국산업화의 특징을 다음과 같이 지적했다.

> "한국의 경제는 사적 기업에 크게 의존하고 있으면서도 고도로 중앙집권화된 정부의 지침하에서 움직이고 있는 파라독스를 지니고 있다. 한국의 경우 정부는 거시적인 경제원칙을 설정하고 시장요소에 의해서 간접적으로 경제에 영향을 미치는 것보다 훨씬 직접적인 역할을 하고 있다. 사실 한국 정부는 거의 모든 경제정책의 결정에 있어서 참여자일 뿐만 아니라 결정적인 영향력을 행사한다"[118]

이 같은 점을 고려할 때, 한국정부가 실시한 경제계획, 목표설정, 투자촉진 조치 등은 시장억압적(market repressing)이라기보다는 시장유지적(market sustaining)이다. 시장촉진적 경제계획(market-augmenting planning)은 시장경제의 위험과 불안정 요인의 감소를 목적으로 하며 시장억압적 경제계획(market-repressing planning)은 시장기구의 분산과 불안정을 증가시킨다. 개발도상국가에서 시장촉진적 경제계획은

---

117) 신흥공업국가에서 비농업분야에 대한 투자 중 국가기업의 투자비율은 방글라데시, 볼리비아, 멕시코가 75%를 상회하며, 인도와 터키가 50%에 육박하고 한국과 브라질이 25 – 33% 정도를 차지한다. 한편 GNP중 국가 기업의 점유비율은 볼리비아가 40%, 칠레가 20%, 파키스탄과 가나가 25%, 인도가 12%, 그리고 한국은 11%이다.
Malcolm Gillis, "The Role of State Enterprise in Economic Development," *Social Research,* Vol.47, No.2, (1980), p.255.

118) Parvez Hasan, *Korea: Problems and Issues in a Rapidly Growing Economy* (Baltimore: Johns Hopkins University Press, 1976), p.29.

경제성장을 가져오지만 시장억압적 경제정책은 경제성장을 저해한다. 그리고 개발도상국에서 발전정책을 수행하는 국가는 안정된 시장체제를 발전시킴으로써 기업가들이 직면하는 시장의 불안정성을 감소시키고 투자와 판매에 대한 정보를 확산시킨다.[119] 한국의 산업화과정에서 국가는 시장억압적이 아니라 시장유지적이며 시장촉진적 역할을 했다. 한국의 국가는 직접 자본축적의 기제가 되거나 국유화를 단행하는 대신, 통제와 지배의 정치적 메커니즘에 의해서 시장기구를 유지 및 활성화시키고 때로는 규제하는 역할을 했다.

찰머스 존슨(Chalmers Johnson)은 일본의 산업화경험을 토대로 아시아적 자본주의 발전국가(asian capitalist developmental state)라는 개념을 제시했는데, 이 같은 개념이 한국의 산업화과정을 설명하는 데 시사점을 제공한다. 찰머스 존슨에 의하면 발전지향적 국가는 경제정책의 본질과 효과성을 중시하는 계획합리적 국가(plan rational state)이다. 계획합리적 국가의 경우, 국가가 사회·경제목표를 설정하고 특정산업정책에 우선권을 부여하며 국가관료들이 종합적으로 국가목표와 산업정책을 결정하며 민간기업과 관료가 경제정책에 대해 협조체제를 이룬다는 것이다. 존슨은 발전지향적 국가의 특징으로 다음과 같은 4가지를 지적하였다. 첫째, 최고의 경영능력을 지닌 엘리트 관료층이 존재해야 하며 이들이 산업발전의 우선순위를 선정하고 정책수단을 선택하며, 산업화과정을 감독한다. 둘째, 관료들의 정책적 자율성이 보장될 수 있도록 입법부와 사법부의 기능이 축소된 정치체제의 골격이 마련되어야 한다. 셋째, 국가가 산업정책의 우선순위를 설정하고 행정지도에 의해서 산업정책을 조정하는 것을 민간경제부문이 수용할 수 있는 메커니즘이 형성되어 있어야

119) Youngil Lim, *Government Policy and Private Enterprise: Korean Experience in Industrialization,* Korea Research Monograph, No.6, (Berkeley, California: Institute of East Asia Studies, University of California, 1981), pp.4 - 8.

한다. 넷째, 일본의 통산성과 같이 산업화정책을 전문적으로 담당하는 핵심기구가 존재해야 된다.[120] 한국의 교도자본주의적 산업화는 국가의 지시 및 통제와 민간부문의 순응으로 이루어진 발전지향적 국가의 틀에 의해서 추진되었다.

한국의 교도자본주의적 산업화전략에서 경제개발계획은 특히 중요한 의미를 지니고 있다. 한국에서 경제개발계획은 세밀한 부문까지 규정하지는 않았으며 시장경제의 위험과 불안요소를 감소시키고 시장경제기능을 활성화시키는 지침 역할을 하였다. 한국에서 중요한 것은 경제계획 자체보다 그것을 집행하는 국가의 개입 및 통제 메커니즘이었다.[121]

한국의 군부·관료엘리트는 1950년대에 불완전한 형태로 존재했던 경제개발계획을 체계화하고 적극적으로 추진하였다.[122] 군부·관료권위주의체제가 경제개발계획을 본격적으로 추진할 수 있었던 것에는 다음과 같은 몇 가지 요인이 작용하였다. 첫째, 군부엘리트가

---

120) Chalmers Johnson, *MITI and The Japanese Miracle: The Growth of Industrial Policy,* 1925－1975 (Stanford: Stanford University Press, 1982), pp.19－23, pp.315－320.

121) Paul W. Kuznets, "Government and Economic Strategy in Contemporary South Korea," *Pacific Affairs,* Vol.58, No.1(Spring 1985), pp.52－54.
    최장집은 한국의 경제개발계획은 정책형성의 측면에서는 사기업에게 세부적인 지침을 제시했다는 점에서 지시적 계획(indicative planning)의 성격을 지니고 있으며, 정책집행의 측면에서는 개별기업의 활동까지 국가가 직접 개입한다는 점에서 계획경제(command economy)의 성격을 지니고 있다고 지적했다. Jang Jip Choi, *Interest Conflict and Political Control in South Korea: A Study of The Labor Unions in Manufacturing Industries,* 1961－1980, Unpublished Ph.D. Dissertation, The University of Chicago, 1983, p.329－330.

122) Hahn－Been Lee, *Korea: Time, Change, and Administration* (East－West Center Press, University of Hawaii, 1968), p.160.; 한승주, "박정희정권 시기의 정치적 평가," 한승주, 어윤배 외, 한국사회의 제문제 1 (서울: 민음사, 1987), p.23.

관료, 기업가, 국민에게 지속성과 안정성을 마련해 주었다. 둘째, 군부엘리트는 강력한 국가권력구조에 만족한 기술관료들의 지지와 협력을 얻을 수 있었다. 셋째, 군부·관료정권의 비이데올로기적이고 실용주의적이며, 국제주의적 정책성향이 선진자본주의국가들로부터 호응을 받았다[123]

군부·관료엘리트연합체계가 경제개발계획을 적극적으로 추진한 이유를 군부엘리트의 사회적 출신성분과 그들의 직업군인적 성향에서 찾으려는 견해가 있다. 이런 견해에 의하면 군부쿠데타 주도세력의 나이가 젊으며 농촌의 하층계층 출신이 많았기 때문에 군부엘리트들이 경제발전에 대해서 일차적인 관심을 지니게 되었다는 것이다.[124] 그리고 직업군인으로서 군부엘리트들의 문제해결 지향적이고 목표성취적인 성향도 경제발전계획의 수립과 집행에 도움이 되었다는 것이다.[125] 군부엘리트들의 사회적 출신성분과 직업군인으로서의 성향이 경제발전계획의 집행에 영향을 미친 측면이 있는 것은 사실이다. 그러나 이보다 더 중요한 것은 군부엘리트가 자신들의 정통성기반을 확립하기 위한 정치적 목적에서 경제발전을 우선적인 국가목표로 제시한 점이다. 1공화국과 3공화국의 대통령 예산교서를 비교한 연구에 의하면 이승만이 경제안정 및 발전에 대해서 언급한 빈도는 38%이며, 박정희의 언급 빈도는 50%였다. 더욱이 이승만은 경제발전에 대해서 매우 모호한 형태로 언급한 반면, 박정희

123) Han Sungjoo, "Prospects for Korean Politics," Han Sungjoo, ed., *Korea in the Year 2000: Prospects for Development and Change* (Asiatic Research Center, Korea University, 1985), pp.190 – 191.

124) David C. Cole and Princeton N. Lyman, *Korean Development*, p.37.

125) Kim Sae Jung, *The Political Economy of Authoritarianism: State-Propelled Industrialization and the Persistent Authoritarian State in South Korea, 1961 – 1979*, unpublished Ph.D. Dissertation of McGill University, Canada, 1986, p.79.

는 "경제발전"과 "산업화"에 대해서 구체적인 형태로 언급한 것으로 나타난다.126)

한편 3공화국의 경제발전전략은 국가안보와 생존권확보라는 문제와 밀접하게 관련되어 있었다. 존슨은 발전지향적 국가에서 경제성장이라는 목표는 경제적 요인에 의해서만 좌우되는 것은 아니며 국내적으로 정통성을 확립하는 문제 및 국가안보를 유지하고 국제무대에서 다른 나라와 동일한 대접을 받으려는 정치적 목표와 밀접하게 관련된 문제라는 점을 지적했다.127)

한국의 역대 정권의 국가목표를 비교한 연구에 의하면 이승만정권의 목표는 서구식 자유민주주의국가의 건설과 이것을 위한 경제구조건설이었고 장면정권의 목표가 민주화와 경제건설이었다면 박정희정권의 정책목표는 경제성장과 국가안보였다는 것이다.128) 한국에서 1960년대 이후 경제발전은 대내적 정통성을 확립하는 문제와 북한과 대치한 상황에서 국가안보를 지탱할 만한 경제발전이 절실하게 필요하다는 인식이 결합된 결과였다. 미군사원조의 감축으로 안보문제는 군부엘리트에게 심각하게 여겨졌다. 이 점은 대만이 1950년대에 국가안보와 중국 본토회복을 중시하던 정책에서 1960년대에 경제발전과 그것을 토대로 한 국방력의 강화라는 방침으로 전환한 것과 유사한 맥락에서 이해될 수 있다.129)

---

126) 황인정, 행정과 경제개발, pp.28 - 29.

127) Chalmers Johnson, *MITI and The Japanese Miracle: The Growth of Industrial Policy*, 1925 - 1975, pp.24 - 25.

128) 유영준, "한국 역대정권의 국가목표 설정과 그 정치적 과제," 한국정치학회보, 14집(1980), pp.47 - 65.

129) 대만의 국민당정권의 이 같은 정책변화에 대해서는 다음을 참조하기 바람. Alice H. Amsden, "The State and Taiwan's Economic Development," in Peter B. Evans, Dietrich Rueschemeyer, and Theda Skocpol, eds., *Bringing the State Back In*, pp.78 - 106.

한국의 경제개발계획에서는 정책입안과 정책집행 사이에 고도의 일관성이 유지되었다. 경제계획의 목표에 따라서 부처 간 업무가 긴밀하게 조정되었으며 단기계획과 중기계획은 장기계획의 원칙에 맞게 조정되었다. 경제개발계획의 정책결정은 위계적 절차에 따라서 진행되었는데 대통령과 내각 수준에서 거시적 기본방침이 내려지면 경제기획원의 실무진들이 이것을 실행계획으로 구체화시켰다. 계획작성의 초창기에는 외국의 전문가들이 많이 참여했으나 점차 경제기획원의 경제관료, 국내경제학자, 한국개발연구원(KDI)의 전문가들이 주도적 역할을 담당하였다. 경제분야의 전문가와 기술관료들은 거시적인 정책목표를 세부적으로 조정하고 이것을 달성하는 방법을 강구하는 데 있어서 높은 수준의 정책수행력을 보였다.[130]

1차 경제개발 5개년계획은 1961년 7월 종합경제재건계획 최고회의안이 마련되면서부터 시작되었다. 경제기획원의 기획국은 1961년 7월 하순부터 경제단체, 관계기관, 학계, 주요 기업체 등과 공동작업에 착수하여 9월에 계획안의 작성을 끝냈다. 이 계획안이 중앙경제위원회와 최고회의의 심의를 거쳐서 1962년 1월 경제기획원에 의해서 정식으로 발표되었다.[131]

1차 경제개발 5개년계획의 특징으로 다음과 같은 몇 가지를 지적할 수 있다. 첫째, 1차 경제개발 5개년계획은 7.1%의 높은 경제성장률을 목표로 설정했으며 이것은 그 이전 3년 동안의 평균성장률의 2배에 해당하였다. 이 같은 높은 성장률을 달성하기 위해서 투자는 137% 증가하고 소비는 18%의 증가만을 목표로 했다. 둘째, 사회간접자본에 48.8%, 광업과 제조업부문에 34%, 농업·어업·임업부문에는 17.2% 투자할 것을 계획했다. 이것은 1차 5개년계획이 소비재

---

130) Jang Jip Choi, *Interest Conflict and Political Control in South Korea*, pp.337 - 339.

131) 한국공업발전에 관한 조사연구 Ⅲ: 정책결정과정의 이면사, p.20.

와 사회복지부문에 대해서는 낮은 비율을 투자하고 사회간접자본과
공업부문에 집중투자하는 불균형성장정책임을 의미하였다. 셋째, 1
차 5개년계획의 수출지향적 성격에 대해서는 견해가 엇갈린다. 1차
5개년계획의 의도적인 수출지향적 성격을 강조하는 견해132)가 있다.
반면, 1차 5개년계획이 수립될 당시 정부의 주된 관심사는 저임금
에 기초한 수출주도 산업화정책을 본격적으로 추구하는 것이라기보
다는 미원조의 감소로 악화된 국제수지를 개선하는 것이었는데 민
간기업가들이 수출산업의 비교우위의 이점을 인식하고 노동집약적
산업에 집중적으로 투자함으로써 수출산업화정책이 본격적으로 추
진되었다는 견해가 있다.133)

　　1차 5개년계획은 투자재원 부족, 농업의 흉작, 통화개혁의 실패,
높은 인플레이션 등으로 난관에 부딪히게 되었다. 1962년의 경제성
장목표는 5.7%였으나 실제 성장률은 2.8%에 그쳤다. 따라서 수정
및 보완작업에 착수하여 1964년 2월에 1966년까지의 3개년을 대상
으로 하는 1차 경제개발 5개년계획의 최종보완계획이 발표되었다.
수정보완계획에 의하면 연평균 성장률은 7.1%에서 5%로 축소되었
으며, 국내저축률은 9.2%에서 7.2%로 조정되고, 국내 총투자율도
22.6%에서 17%로 조정되었다.134)

　　제2차 경제개발 5개년계획은 1966년 7월 29일 발표되었다. 이 계
획안은 계획 기간 동안 연평균 7%의 경제성장을 목표로 국내저축
6,173억 원과 해외저축 3,627억 원을 투자하기로 하였다, 2차 경제
개발 5개년계획안의 특징 중 한 가지는 계획작성과 심의과정에서

132) Kim Sae Jung, *The Political Economy of Authoritarianism: State-Propelled
　　 Industrialization and the Persistent Authoritarian State in South Korea*,
　　 1961 – 1979, pp.84 – 90.

133) Youngil Lim, *Government Policy and Private Enterprise: Korean
　　 Experience in Industrialization*, pp.16 – 17.

134) 개발년대의 경제정책: 경제기획원 20년사, pp.59 – 61.

여러 전문가와 기관이 참여했으며 여러 수준의 협의기구가 운영되었다는 점이다.

1차 5개년계획 작성에는 네이산연구팀(Nathan Research Team)과 유엔 산하 원조기구의 전문가들이 중요한 역할을 했으며, 오레곤(Oregon)대학의 연구팀이 지원했고, 부흥부의 산업개발위원회에 근무했던 젊은 학자 출신의 관료들이 실질적으로 계획작성에 관여했다.[135]

2차 경제개발 5개년계획안은 경제기획원의 기획국이 중심이 되어 초안이 마련되었으며, 7－8명의 네이산 경제자문단, 5－6명의 독일경제자문단, USOM(미국의 대외원조처)의 콜(David C. Cole) 미대사관 경제자문관, 아델만(Irma Adelman), 쇼(Edwar S. Shaw), 거리(John G. Gurley), 패트릭(Hugh, T. Patrick), 머스그레이브(Richard A. Musgrave) 등 학자들이 자문역할을 맡았다. 실무진에서 작성한 계획안을 심의하는 기구로는 관계부처의 차관, 국책은행의 부총재, 학계, 언론계의 전문인, 경제문제 연구기관, 각 경제단체의 대표 등으로 구성된 "경제계획자문위원회"와 관계부처 장관, 공화당 대표, USOM 및 미국고문단 대표, 경제과학심의회의 위원 등으로 구성된 "제2차 경제개발 5개년작성 합동위원회"가 있었다. 이 두 개의 심의기구에서 거의 중요한 정책결정이 이루어졌다.[136]

3차 경제개발 5개년계획은 1969년 2월부터 작성되기 시작하여 1970년 4월에 기본계획안이 마련되고 1971년 2월 9일 발표되었다. 3차 5개년계획은 1972년부터 1976년까지 연평균 8.6%의 경제성장을 목표로 했으며 농어촌 경제개발과 중공업건설을 주축으로 하며 국

---

135) David C. Cole and Princeton N. Lyman, *Korean Development,* p.204.

136) 한국공업화발전에 관한 조사연구 Ⅲ: 정책결정과정의 이면사, pp.103－105.; 개발년대의 경제정책: 경제기획원 20년사, pp.110－112.; David C. Cole and Princeton N.Lyman, *Korean Development,* pp.20－206.; 사공일, L.P. 존스, 경제개발과 정부 및 기업가의 역할, pp.79－80.

내재원조달을 강조한다는 측면에서 1차 및 2차 계획과는 구분되었다. 또한 3차 경제개발계획안의 가장 큰 특징은 국가가 거시적인 지침과 경제활동을 활성화시키는 촉매 역할을 하고 민간기업이 구체적인 사업계획을 추진하도록 하는 민간경제활성화 방안에 강조점이 두어졌다는 점이다. 3차 경제개발계획안은 해당 부처의 차관, 정부 산하단체의 기관장, 국책은행의 대표, 경제단체 대표, 학자, USAID 직원 등으로 구성된 "경제기획 실무위원회"와 전직 장관, 국책은행장, 경제단체의 장, 학자대표, 언론협회 대표, 노조대표 등으로 구성된 "제3차 5개년계획 평가위원회"에서 심의 및 수정보완되었다.[137]

한국의 국가엘리트는 1961년 이후 교도자본주의의 정치·경제적 틀에 입각하여 경제발전을 우선적인 국가목표로 설정하고 경제개발계획을 실행에 옮겼다. 경제개발계획의 입안과 집행은 국가엘리트가 사회적 격리성을 확보하고 국가기구를 개혁하는 한편 차관도입을 통해서 경제적 자원을 획득함으로써 가능하였다. 국가엘리트는 경제개발계획에 의해서 자신들의 정치적 기반을 공고히 하고 정치세력 및 기업가에 대해서 지배와 통제의 메커니즘을 확고하게 행사할 수 있었다.

2) 국가와 기업가

한국의 산업화는 국가와 기업가 간 불균등한 동반자관계에 의해서 추진되었으며 중남미의 경우와 달리 다국적기업의 진출은 제한되었다. 1960년대 초반 이후 도입된 총 250억 달러의 외국자본 중에서 공공차관 및 상업차관의 비율이 90%이며, 다국적기업의 직접투

---

137) 사공일, L.P. 존스, 경제개발과 정부 및 기업가의 역할, pp.80–81.; 한국 공업화 발전에 관한 조사연구 Ⅲ: 정책결정과정의 이면사, pp.270–272.

자는 10%에 불과했다. 한국의 국가는 국내자본과 기술이 뒤떨어지는 제한된 분야에서 그것도 50%이내의 합작투자만을 허용함으로써 다국적기업의 진출을 규제했다.[138] 한국의 산업화는 주도적인 역할을 수행하는 국가와 각종 금융, 세계상의 혜택을 받은 대기업중심으로 추진되었다. 1973년 당시 대기업이 GDP(국내 총생산)의 9.8%, 1977년에는 16.3%를 차지했고, 1983년 당시 50개 대기업이 19.5%를 차지했다.[139]

존슨은 동아시아 자본주의국가에서는 국가가 사회세력과 독립적으로 국가목표를 설정하고 기업들이 그 목표를 달성하는 국가와 기업가 간 관계가 형성되어 있다는 점을 지적했다. 남미의 관료적 권위주의 정권에서는 국가엘리트의 자율성이 제한되고 국가목표가 재계 이익으로 환원되는 경향이 있는 반면, 동아시아 자본주의국가에서는 국가가 대기업의 이익을 침해할 수는 없지만 국가엘리트가 상당한 정도로 독립성을 유지하고 있다는 것이다.[140]

서구자본주의사회에서 국가의 경제개입이 법과 비재량적인 통제정책에 입각해서 투자촉진과 제재정책을 일률적으로 적용하는 것인 반면, 동아시아 자본주의발전국가들의 경우 국가의 경제개입은 직접적이고 재량적인 형태를 띠있다.

한국의 기업가들에게 정부 정책이 얼마나 효과적으로 집행되느냐고 질문한 결과, 1950년대에 정부의 정책이 효율적으로 집행되었다고 한 사람이 3%인 반면 1960년대 이후 그 비율은 78%에 이르렀다.[141] 1950년대의 이승만정권 시대와는 달리 1960년대 이후 산업화

---

138) 임현진, "종속적 발전에 따른 국가의 변모," pp.235－236.

139) 사공 일, "경제성장과 경제력집중," 한국개발연구, 제2권 1호(1980), pp.5-7.

140) Chalmers Johnson, "Political Institutions and Economic Performance: The Government－Business Relationship in Japan, South Korea, and Taiwan," p.81.

141) 사공 일, L.P. 존스, 경제개발과 정부 및 기업가의 역할, pp.172－173.

과정에서 국가는 기업가들에게 직접적 통제와 개입정책을 효과적으로 실시했다. 사공일과 존스는 한국기계공업 주식회사에 대한 정부개입사례를 통해서 정부개입의 몇 가지 특징에 대해서 언급하였다. 첫째, 한국정부는 경제개입에서 이념적 입장보다는 실용주의적 입장을 취하며, 둘째, 정부는 정책집행의 어느 단계에서든지 개입할 의사를 지니고 있으며, 셋째, 정부는 비재량적 정책뿐만 아니라 재량적 개입과 정치적 명령에도 의존하며, 넷째, 정부개입은 개별회사 수준까지 개입할 정도로 매우 세부적이며, 다섯째, 금융대부가 정부통제의 중요수단의 하나이며, 여섯째, 정부개입은 최고위층의 행정수반까지 종적으로 연결되어 있다는 것이다.[142]

한국의 산업화과정에서 국가의 우월한 위치와 기업가의 불균등한 동반자적 관계는 군부·관료엘리트의 사회적 격리성과 이것을 보장하는 국가능력의 팽창, 그리고 경제적 자원의 획득에 힘입은 것이었다. 국가엘리트는 단기적인 차원에서는 기업의 이익을 침해하면서 국가목표를 설정하고 기업의 경제행위를 조정 및 통제하였지만 기본적으로 사기업의 경제활동에 의존하지 않을 수 없었으며, 정치·경제적 위기가 발생할 경우 기업가들의 견해를 부분적으로 수용하기도 하였다. 1960년대에 국가와 기업가 간 불균등한 동반자관계를 형성하는 데 결정적인 계기가 된 것은 부정축재처리문제였다.

이승만정권이 붕괴한 후 허정과도정부는 3개월의 과도적인 통치기간 중 제한된 범위 내에서나마 부정축재문제를 취급하지 않을 수 없었다. 허정과도정부는 부정축재문제를 형사사건이 아니라 탈세차원에서 취급하였으며 그것도 소급입법을 제정하지 않고 현행 조세범 처벌법의 테두리 내에서 취급하고자 했다. 허정과도정부는 중앙정부수준에서 재무부 주관하에 재무부, 법무부, 대검찰청 공동으

---

142) <u>위의 책</u>, p.166.

로 조세사범 단속협의회를 설치하고 지방수준에서는 司稅廳이 업무를 담당하도록 하였다. 이 위원회는 1960년 6월 20일까지 자수 기간을 설정하여 탈세액을 자진신고하도록 하였다. 여기에 대해 국내 9대 재벌의 10개 회사가 48억 환을 탈세했다고 신고했다. 탈세자의 자진신고상황이 부진하여 재무부는 7월 16일 국내재벌 25개의 71개 기업체에 대해서 탈세조사를 실시한다는 원칙을 밝혔다. 검찰은 이 중에서 특히 재벌 12명의 28개 기업체에 대해서 집중수사를 한다는 방침을 결정하고 일단 7월 30일 수사를 종결했다.

탈세자들에 대한 벌금정책에 대해서 재무부는 직접세의 탈세에 대해서는 벌과금 2배, 간접세의 탈세에 대해서는 벌과금 3배를 부과할 것을 주장하였다. 검찰은 직접세의 탈세에 대해서 벌과금 4배, 간접세의 탈세에 대해서 벌과금을 5배 부과할 것을 주장했다.[143] 재무부는 기업계와 비교적 긴밀한 유대관계를 맺고 있었으며 부정축재 혐의자들을 엄격하게 처벌할 경우 발생할 경제적 혼란을 염려하여 탈세자들을 온건한 방법으로 다룰 것을 주장하였다. 그러나 검찰은 보다 강경한 방법으로 탈세자들을 처벌하고자 했다. 재무부와 검찰 간의 견해대립으로 탈세자에 대한 벌과금 문제는 합의를 보지 못한 채 이 문제는 장면정부에게 넘겨졌다.

허정과도정부가 부정축재문제를 철저하게 다루지 못했던 것은 과도정부라는 기본적인 제약과 이승만정권시대에 불법적 기업활동이 너무 만연되어 있어서 실질적으로 이것을 완전하게 조사하는 것이 불가능했기 때문이었다. 또한 이런 조치가 한국경제의 기본구조, 정부구조, 국가관료조직 등을 와해시킬 것을 염려한 점도 작용하였다.[144]

장면정부는 부정축재처리문제에 대해서 허정과도정부가 설정해 놓은 두 가지 기본방침의 테두리 내에서 행동했던 것으로 보인다.

143) 한국혁명재판사 제1집, pp.278 - 288.
144) 한승주, 제2공화국과 한국의 민주주의, pp.64 - 65, p.161.

이것은 첫째, 부정축재처리문제를 형사적인 방법이 아니라 재정적인 방법으로 해결하고자 하는 방침이며, 둘째, 기업의 벌과금을 현금보다 주식으로 지불하도록 하고 기업활동을 계속하게 한다는 것이었다.[145]

장면정권은 집권한 지 일주일도 안 된 1960년 8월 31일 허정과도정부가 조사한 25개 재벌의 47개 업체에 대해서 직접세에 대한 탈세는 벌과금을 4배로 하고, 간접세에 대한 탈세의 경우는 벌과금을 5배로 한다고 결정하고, 47개 업체에 대해서 추징금 109억 환, 벌과금 88억 환, 합계 198억 환을 납부할 것을 통고했다.[146]

장면정권은 소급입법을 제정하지 않고 현행조세법의 테두리에서 탈세행위만을 처벌하고자 했다. 그러나 이 같은 장면정권의 소극적인 태도에 대한 여론의 반발이 컸다. 그리고 탈세혐의를 받은 8개 업체가 7월과 8월 동안 총 20억 277만 환의 부정대출을 받았으며 이것이 장면정권의 선거자금으로 유용되었을 것이라는 추측 때문에 장면정권의 입장이 난처하게 되었다. 한편 부정축재자명단에 포함되지 않은 기업을 중심으로 경제동우회가 결성되고 이들이 민주당 정권에게 정치자금을 제공하고 긴밀한 관계를 유지하고자 했던 것으로 알려졌다.[147]

한편 소급입법을 주장하는 여론의 압력으로 헌법개정이 실시되어 부정선거 관련자처벌법(1960년 12월 31일, 법률 제 586호), 특별재판소 및 특별검찰부조직법(1960년 12월 30일, 법률 제567호), 반민주행위자 공민권제한법(1960년 12월 31일, 법률 제587호) 등이 제정되었는데 이 여파로 부정축재처리문제도 소급입법에 의해 취급되게 되

145) 위의 책, pp.160 – 161.
146) 한국혁명재판사 제1집, pp.289 – 291.
147) 한승주, 제2공화국과 한국의 민주주의, pp.161 – 162.; 장달중, "산업화와 이익집단," 한국정치학회보, 제19집(1985), p.141.

었다. 일차적으로 부정축재처리법은 1961년 2월 9일 민의원에서 통과되었다.[148]

부정축재처리법이 한국의 사유재산원칙을 침해하며 부정축재 대상자에 대한 처벌이 너무 과도하다는 것을 이유로 한국경제협의회,[149] 대한상공회의소, 무역협회, 방직협회, 건설협회 등이 이 법안의 수정을 요구했다.[150] 특히 한국경제협의회는 부정축재처리법안의 수정안을 참의원과 민의원에 제출하고 법안개정을 위해 노력했다. 그 결과 부정축재법안은 참의원에서 대상자 및 벌과금의 규모가 축소된 형태로 수정된 뒤 1961년 4월 10일 민의원을 통과하여 4월 15일 공포되었다.[151]

5·16군사정부는 쿠데타가 발생한 지 12일 후인 1961년 5월 28일 국가재건 최고회의령 20호로 부정축재처리 기본요강을 발표하여, "국가공무원, 정당인 및 국가요직에 있는 자가 그 지위와 권력을 남용하여 국가재산을 橫取했거나 또 기업인 혹은 상인이 이들과 결탁하여 부정한 방법으로 축재한 자들을 행정상 및 형사상의 특별조치로써 처리함을 목적"으로 한다는 기본원칙을 밝히고 거물급 부정축재자 가운데 24명을 체포하였다. 국가재건최고회의는 5월 29일 부정축재처리위원회를 구성하고 위원 7명, 자문위원 3명, 조사단원 22명을 선임하였으며, 6월 14일 부정축재처리법을 공포하였다. 부정축재처리위원회는 8월 13일 27명의 부정축재기업인들에 대해 475억 환의 벌과금을 책정하고 이것을 재심하여 12월 20일 최종결정했다. 그리고 9월 7일 37명의 부정축재공무원에 대해서 5천만 환 이상의

148) 한국혁명재판사 제1집, pp.578-607, pp.650-651.
149) 한국경제협의회는 4·19후 1961년 1월 14일 78명의 기업체 대표 중심으로 형성된 우리나라 최초의 대기업 중심의 이익단체다. 전경련 20년사 (서울: 전국경제인연합회, 1983), pp.167-168.
150) 위의 책, p.169.
151) 한국혁명재판사 제1집, p.651.

벌과금을 통고하였으며, 그 후 그 대상을 34명으로 축소하였다.[152]

군사정부하에서 부정축재처리는 1960년대 이후 경제발전과정에서 국가와 기업가 간 불균등한 동반자관계가 형성되는 결정적인 계기가 되었다. 군부엘리트는 국가권력을 바탕으로 기업가보다 절대적으로 우월한 위치에서 재계재편을 시도할 수 있었다. 그러나 시장경제체제하에서 군부엘리트는 기업인들의 경제활동에 의존하지 않을 수 없었다. 부정축재처리사건을 계기로 국가엘리트가 민간기업의 국유화를 시도하거나 민중주의적 발전전략을 추구하지는 않았으나, 국가가 우월한 위치에서 기업가들의 경제활동을 조정 및 통제할 수 있는 구조적 여건을 마련할 수 있었다.

부정축재자로 구속된 11명의 기업인들과 일본에서 귀국한 이병철은 박정희와의 면담에서 몇 가지 중요한 원칙에 대해 합의하였다. 그것은 첫째, 정부는 대부분의 실업인에게 형사적 집행을 면제하며, 둘째, 시중은행주식을 제외하고 재산은 몰수하지 않으며, 셋째, 실업인들은 부정축재 벌과금을 현금으로 내는 대신 새로운 기간산업공장을 건설하여 주식을 정부에게 기증한다는 것이었다.[153]

이 같은 배경에서 군사혁명정부는 1961년 10월 26일 부정축재자에 대한 처리방법을 대폭 완화하여 부정축재처리법 중 재정법률과 부정축재환수절차법을 공포하였다. 개정된 법에 의해 부정축재자로 지정된 기업인은 1964년 12월 31일까지 공장을 건설하여 그 주식을 정부에 헌납하도록 되었다.[154] 그러나 실제 건립된 공장은 몇 개 안되었으며 그것도 정부에 이양되지 않았다. 부정축재처리법의 결과 백남일, 함창희, 조성철, 이용범, 김진만 등의 기업가가 재벌 대열에서 탈락하였다. 반면 군사혁명지도자들과 새로운 관계를 정립한 기

---

152) 위의 책, pp.980 - 990.

153) 사공 일, L.P. 존스, 경제개발과 정부 및 기업가의 역할, p.99.

154) 한국혁명재판사 제1권, p.991.

업가들은 재계개편과 그 이후 산업화과정에서 주역을 담당하였다.[155]

부정축재혐의로 구속된 기업인들은 전 재산을 국가에 헌납한다는 서약을 하고 1961년 6월 30일 전원 석방되었다. 이것은 경제기본정책이 발표되기 하루 전이었다. 부정축재혐의로 구속되었던 13인(이병철, 조성철, 김지태, 남궁련, 박흥식, 정재호, 최태섭, 홍재선, 설경동, 이양구, 이정림, 이한원, 함창희)에 의해 1961년 7월 17일 경제재건촉진회가 발족되었다. 경제재건촉진회는 8월 16일 한국경제인협회로 개칭되었으며, 1968년 3월 23일 전국경제인협회로 재편성되었다.[156] 한국경제인협회는 1961년 9월 대미차관교섭단을 파견하고 차관도입을 정부에 건의하는 한편, 울산공업단지의 건설을 제안하는 등 산업화과정에서 적극적인 역할을 했다.[157]

한국의 국가엘리트는 부정축재처리를 통하여 산업화의 동반자로 대기업을 육성하고 이들에게 국내시장에서 독과점을 허용하는 한편 국제시장에서 경쟁력을 향상하도록 했다. 재벌들은 국영기업체의 비효율성과 중소 민간기업체의 발전목표에 대한 무관심 문제를 적절하게 해결하는 한편, 국가의 지원정책에 힘입어 경제발전목표를 달성하고자 했다.[158]

한 연구에 의하면 한국의 국가중심적 산업화정책의 결과 국가와 기업 간 관계는 몇 가지 특징적 양상을 띠게 되었다고 한다. 첫째, 국가주도의 정책형성이 경제정책결정에 대한 기업가집단의 영향력 행사를 최소화시키고 기업집단의 행동과 발전을 규제했다는 것이다. 둘째, 국가가 선별적 지원정책과 특혜정책을 실시함으로써 기업들

---

155) 한국공업화발전에 관한 조사연구 Ⅲ: 정책결정과정의 이면사, p.8.

156) 임묘민, "전경련의 내막," 신동아(1983년 3월), PP.344 - 345.

157) 전경련 20년사, pp.206 - 211.

158) Chalmers Johnson, "Political Institutions and Economic Performance: The Government - Business Relationship in Japan, South Korea, and Taiwan," pp.85 - 87.

의 집단적 이익표출이 힘들게 되고 기업 간 경쟁과 분열이 심화되었으며 그 결과 국가의 개입 및 통제능력은 더욱 증가했다는 것이다. 셋째, 국가의 재량적 통제정책에 대응하기 위해서 기업들은 집단적 이익표출보다는 국가관료에 대한 개별적 연결망에 더욱 의존하게 되었다는 것이다.[159)]

부정축재처리를 계기로 형성된 국가와 기업가 간 불균등한 동반자관계는 차관도입에 대한 정부지불보증제도와 금융에 대한 국가통제라는 정책망에 의해서 유지되었다. 국가엘리트가 차관도입에 대한 정부지불보증제도에 의해서 기업가에 대해 영향력을 행사할 수 있었다는 것은 앞에서 설명한 바와 같다. 국가엘리트는 이와 함께 기업가들의 금융계장악을 억제하고 은행인사와 대출업무에 직접 개입하여 기업가에 대한 통제력을 확보할 수 있었다.

1945년 당시 일본인이 소유하고 있던 일반은행주식이 정부에 귀속됨으로써 정부의 은행주식 보유비율은 약 70%에 달했다. 1954년부터 1957년까지의 정부주식 공매와 1957년의 본격적인 주식공매로 정부의 은행주식 보유비율은 감소하였다. 1950년대 말 정부가 일반은행을 민간인에게 불하하고 그 대신 주로 산업은행의 대출을 통해서 금융권을 통제한 것은 앞에서 설명한 바와 같다.

5·16쿠데타를 계기로 은행에 대한 국가의 통제는 보다 강화된 형태로 나타났다. 1961년 10월 군사정부는 부정축재환수정책의 일환으로 재벌들의 일반은행 주식을 몰수하였다. 군사정부는 다음 단계로 한국산업은행법을 개정하였다. 개정법안의 주요 내용은 자본금 증액, 외국으로부터의 자본도입 허용, 차관도입에 대한 지불보증제도 등이었다. 1961년 6월 제정된 '금융기관에 대한 임시조치법'은 정부를 제외한 민간대주주의 의결을 제한하도록 하여 은행주식이

---

159) 장달중, "산업화와 이익집단," pp.135-137.

민간인에게 불하된 경우에도 국가의 금융통제권을 보장하였다.

국가의 은행통제는 1962년 5월 한국은행법 개정에서 절정에 이르렀다. 재무부는 한국전쟁 동안의 전비조달과 1950년대의 산업자금 조달을 위한 필요성 때문에 중앙은행에 대해 실질적인 권한을 행사하였다. 1950년대 말 한국은행에 대한 재무부의 관할권을 법적으로 확립하려는 시도가 있었으나 반대에 부딪혀서 실현되지 못했었는데, 5·16쿠데타에 의해서 이것이 법적으로 보장되었다. 한국은행법 개정에 의해서 국가는 통화신용정책에서부터 은행의 대출, 인사권에 이르기까지 실질적인 권한을 장악하게 되었다. 은행을 중심으로 대기업 간 연계망이 형성된 일본이나 중앙은행의 독립성이 보장된 미국과 달리 한국은 금융기관에 대한 국가의 직접 통제방안을 강구하였다.[160]

기업가에 대한 국가의 통제는 기업의 높은 부채율과 은행대출에 대한 국가의 개입에 의해서 가능하였다. 은행대출은 이론적으로는 비재량적이었지만 실제로는 재량적으로 이루어졌다. 이것은 한국기업의 자기자본비율이 낮기 때문이었다. 1963년부터 1974년까지 제조업분야의 부채 대 자기자본비율이 300–400%에 이르렀다. <표 22>에서 이 기간 동안 민간기업의 자본비율을 살펴보면 전체 자금의 14%만이 새로운 주식발행에 의해서 충당되고, 20%는 이윤유보 및 감가상각 등 사내저축으로 충당되고, 나머지 2/3는 차입에 의존하는 것으로 나타난다. 차입액 중에서 53%가 국내 은행 및 기타 금융기관으로부터 도입되고, 29%는 해외로부터, 19%는 사채시장을 비롯한 기타 부문에서 충당되었다. 1960년부터 1976년까지 사채금리가 평균 49.7%였으며 명목대출금리는 20.5%였다. 더욱이 이 기간 동안 인플레율이 평균 16.05%였던 것을 감안하면 실질 은행대출금리는 3.9%

---

160) 사공 일, L.P. 존스, 경제개발과 정부 및 기업가의 역할, pp.136–144.;
    D.C.콜, 박영철, 한국의 금융발전: 1945–1980, pp.69–70.

에 불과했다.[161] 이 같은 상황을 감안하면 기업가가 은행대출을 얻기 위해서 국가엘리트에게 의존적일 수밖에 없었던 것을 쉽게 이해할 수 있다.

표 22. 민간기업의 실질자금조달의 구성

(단위: %)

	1963-69	1970-74	1963-74
사내저축	18.6	20.8	19.9
신주식발행	7.2	18.2	13.7
< 차 입 >	74.2	61.0	66.4
일반은행	13.1	23.4	19.2
특수은행및기타금융기관	13.3	17.4	15.7
해외차입	26.4	18.0	19.0
기 타	27.4	2.2	12.6
합 계	100.0	100.0	100.0

*출처: 사공 일, L.P. 존스, 경제개발과 정부 및 기업가의 역할, p.134.

금융에 대한 국가의 철저한 통제로 말미암아 기업가는 사업확대는 물론 사업 유지를 위해서 전적으로 국가엘리트의 재량적 금융정책에 의존해야 했다. 국가의 금융통제는 금리결정이나 자금배정 지침에만 한정되지 않았다. 이것보다 더욱 중요한 통제장치는 은행경영진 임명에 대한 정부 권한과 단기대출을 제외한 외자도입에 대한 정부지불보증제도였다.[162]

5·16쿠데타 후 군부·관료엘리트는 재계개편을 시도하고 산업화 전략을 추진하면서 기업가에 대한 선별적 특혜의 연결망을 구축하고 차관자금과 은행대출의 분배라는 정책망을 통해서 지속적인 영향

---

161) 사공 일, L.P. 존스, 경제개발과 정부 및 기업가의 역할, pp.134 – 135, p.138.
162) 위의 책, p.135.

력을 행사할 수 있었다. 그런데 국가와 기업가 간 연계구조는 정치엘리트가 점차 정치권력구조에서 소외됨으로써 가능하였다. 국가엘리트, 정치엘리트, 기업가 간 3자관계에서 전략적 국가기구를 장악하고 있는 국가엘리트를 중심으로 점차 폐쇄적인 권력구조가 형성됨으로써 기업가는 정치엘리트에게 의존하기보다 국가엘리트와 연결망을 구축하고자 했다. 이것은 1960년대 이후 산업화과정에서 국가엘리트의 격리성이 계속 유지될 수 있는 요인으로 작용했다. 군부·관료엘리트는 정치엘리트와 기업가 간 연계에 의해서 기업가의 이익이 표출되고 국가발전목표가 수정되는 현상을 방지하고자 했다. 정치적으로 볼 때 이것은 중앙정보부, 대통령비서실, 관료기구 등의 연결구조가 점차 공고화되고 권위주의체제의 강도가 높아진다는 것을 의미했다.

3) 국가와 공화당

이승만정권하에서 1950년대 중반 이후 자유당엘리트의 권력이 강화됨으로써 자유당엘리트와 기업가 간 연계구조가 형성되고 국가엘리트의 자율성이 손상되었다. 이와는 대조적으로 군부·관료권위주의체제에서 국가엘리트는 정치세력으로부터 독립성을 유지하고 시간이 흐를수록 국가의 권력독점현상이 강화되었다. 정통성확보를 위해서 정당정치의 필요성은 인정되었지만 정당의 역할은 점차 축소되었으며 국가엘리트가 정치권력 및 경제적 자원의 분배를 관장함으로써 정치·사회세력을 통제하였다.

3공화국의 집권여당이었던 공화당의 정치적 약화는 두 가지 차원에서 파악될 수 있다. 첫째, 사무국중심으로 중앙집권화되어 있던 공화당조직이 점차 분권화되고 여기에 덧붙여 당내 권력투쟁과 관련하여 구정치세력들이 당조직에 침투하였다. 그 결과 초기와는 달리 공화당은 통합력을 상실하고 국가기구와 사회세력에 대해서 취약하게 되었다. 둘째, 각료충원, 경제적 자원분배, 정책결정과정에서 공화당의 영향력이 전반적으로 약화되었다. 이것은 대통령을 정점으로 하여 대통령비서실, 중앙정보부, 내각의 종적 정치권력구조가 공고화되는 것과 함께 진행되었다.

한국의 군부엘리트는 선거에 의한 민간정부수립을 목표로 설정함에 따라 정치적 지지기반 창출을 위해 정당조직의 필요성을 인식했다. 시리아나 이라크에서 기존의 바스당(Ba'ath party)의 정치적 기반이 확고하여 군부쿠데타 후 군부엘리트가 기존의 정당조직에 흡수되는 사례가 있다.[163] 한국의 경우 기존 정당조직이 제도화되지 않은 상황에서 군부엘리트가 기존 정당의 하부조직에 의존할 필요는 없었다. 김종필을 중심으로 한 군부엘리트의 일부 세력은 그때까지의 정당구조와는 달리 사무국조직과 원내대의기구를 2원화하고 당사무국중심으로 당의 통합성과 조직적 동원력이 유지되는 정당조직을 구상했다.[164] 그러나 당사무국 중심의 2원조직은 당내권력투쟁과 몇 번의 정치적 위기를 거치는 동안 분권화되었고 이와 함께 구정치인들이 점차 중요한 정치세력으로 부상하였다.

J.P 플랜으로 불리는 공화당 사전조직에 대해 군부엘리트내의 권력투쟁이 첨예화되어 이것은 공화당창당의 주역인 김종필의 두번에 걸친 외유와 2원조직의 와해로 귀결되었다. 공화당 사전조직을 둘러싸고 정치적 대립이 격화되던 중 최고위원이었던 김동하가 공화당 2원조직이 비민주적이며 창당과정에 사용된 정치자금의 출처가 의심스럽다는 것을 이유로 자신의 최고위원직과 공화당창당준비위원직을 사임하겠다고 발표한 사태가 발생했다. 이 같은 와중에서 결국 김종필은 1963년 2월 25일 공화당 창당 하루 전에 외유를

163) Eric A. Nordlinger, *Soldier in Politics: Military Coups and Government*, p.29.
164) 김영수, "민주공화당 사전조직," <u>신동아</u>(1964. 11), p.168 - 187.

떠나게 되었다. 공화당의 조직체계를 둘러싼 정치적 대립에도 불구하고 임박한 대통령선거에 대비해서 당의 기본 골격이 그대로 유지되고. 외유에서 돌아온 김종필은 당의장직을 다시 획득하였다. 공화당의 조직체계에 대한 논쟁을 거치는 동안 공화당내에는 육사 8기생과 공화당 사무직원을 중심으로 김종필을 지지하는 주류와 김종필에 반대하는 군부 출신과 민간정치인들로 구성된 비주류가 형성되었다.[165] 이들의 정치대립은 몇 차례의 정치적 파국을 거치면서 세력관계가 역전되었고 결과적으로 공화당에 대한 박정희의 영향력 확대를 가능하게 하였다.

1963년의 대통령선거가 끝난 후 비주류는 다시 사무국제도의 폐지를 요구하였다. 그러던 중 1964년 한·일국교정상화에 반대하는 정치적 시위가 격화되자 김종필이 책임을 지고 당의장직을 사임하고 2차 외유를 떠나게 되었다. 이것을 계기로 비주류는 당조직체계의 정비를 강력하게 요구하였다. 비주류측은 당헌장을 개정하여 당총재에 이르기까지 당의 모든 직책을 선거에 의해 선출해야 된다고 주장하였다. 1965년 1월 당헌장을 개정하기 위한 주류 측과 비주류 측의 회담이 진행되어 공화당조직체계가 상당히 변화했다. 이 결과 오랫동안 정치적 논란의 대성이 되었던 2원조직문제가 일단락되고 당사무총장에게 집중되었던 인사권과 재정권이 분리되었다. 가장 큰 변화는 사무국조직에 비해서 국회의원의 권한이 강화된 점이었다. 지구당위원장이 지구당사무국장을 비롯한 사무국요원의 임명제청권을 지니게 됨으로써 사실상 2원조직은 와해되고 지구당은 지구당위원장을 중심으로 일원화되었다. 2원조직의 붕괴로 사무국조직은 중앙당조직과 지구당조직으로 양분됐으며 지구당은 대부분 국회의원이 겸직하고 있는 지구당위원장의 관장을 받게 되었다. 이와

---

165) 이성춘, "민주공화당 17년의 드라마," 신동아(1980. 5), pp437-458.

함께 전체적으로 사무국인원이 약 절반으로 축소되었다.[166)]

공화당 2원조직의 해체와 사무국조직의 약화는 상대적으로 반김 종필세력인 비주류의 영향력증대라는 결과를 가져왔다. 비주류세력 은 장성급 출신의 최고위원들과 자유당 출신 정치인으로 이루어졌 다. 특히 자유당 출신 정치인들의 등장은 공화당의 응집력과 사회 적 격리성을 약화시키는 결과를 가져왔다. 구정치인들은 공화당의 공천으로 국회의원에 당선된 뒤 반김종필세력에 가담하여 자신들의 정치적 영향력을 증가시키고자 했다. 이들은 재계와의 유대관계를 기반으로 정치자금동원능력이 있었기 때문에 점차 두각을 나타냈 다.[167)] 이것은 애초의 의도와는 달리 공화당이 사회·경제세력으로 부터 침투당할 가능성을 지니게 되었다는 것을 의미했다.

공화당 내부에서 몇 차례의 권력구조의 변동은 박정희의 권력강 화로 귀결되었다. 김종필 중심의 주류는 국민복지회사건과 4·8항 명파동을 거치면서 결정적으로 와해되었고 반김종필세력으로 부상 한 4인체제도 10·2항명파동으로 몰락의 길을 걸으면서 박정희의 친정체제가 확립되었다.

1968년 초 발생한 국민복지회사건은 공화당의 정치적 후계자문제 를 둘러싸고 발생한 사건으로 국민복지회를 결성하여 김종필을 후 계자로 옹립하려고 했다는 이유로 김용태, 최영두, 송상남의원이 공 화당에서 제명되는 것으로 일단락되었다. 그리고 1969년 4월 8일 야당이 제출한 권오병 문교부장관 해임동의안이 공화당의 부결방침 에도 불구하고 가결되는 사태가 발생했다. 이것은 김종필추종세력

---

166) 유혁인, 이진희, "민주공화당: 70년대를 향한 동요," 신동아(1968. 8), pp.101-103.

167) Auh Soo Young, *The Military in The Politics of South Korea, 1961 - 1966: The Role of Political Institution -Building*, Unpublished M.A Thesis, Western Michigan University, 1971, pp.129-131.

이 영향력을 과시하여 3선개헌에 반대하는 의사를 표명한 것으로 해석되어 양순식, 예춘호, 박종태, 정태성, 김달수의원이 공화당에서 제명되는 결과를 빚었다. 이로써 김종필중심의 주류는 당내에서 완전히 몰락하고 그대신 길재호, 백남억, 김성곤, 김진만으로 이루어진 4인체제가 핵심세력으로 부상하였다.

그러나 4인체제도 오치성 내무부장관의 해임동의안을 둘러싼 10·2 항명파동을 계기로 와해되는 운명을 맞았다. 이것은 오치성 내무부장관이 4인체제와 관계를 맺고 있던 시장, 군수, 경찰간부들을 경질시킴으로써 여기에 대항한 4인체제가 당론을 위배하고 해임안에 동의함으로써 발생한 사건이었다. 이 결과 김성곤, 길재호는 탈당계를 제출하고 의원직을 상실했다.[168]

공화당내의 권력구조의 변동은 대립적인 파벌 간의 대립을 통해서 자신의 영향력을 확대하려는 박정희의 정치적 의도에 따라 이루어졌다. 4인체제의 몰락으로 공화당의 정치적 독자성은 완전히 상실되고 공화당 전체에 대한 박정희의 개인적 통제가 가능하게 되었다.

군부·관료권위주의체제의 정치권력구조 측면에서 볼 때 공화당은 행정부에 대해서 뿐만 아니라 대통령비서실, 중앙정보부 등 정치적 보조기구(auxiliary structure)에 비해서 점차 영향력을 상실하였다. 이 같은 정치권력구조상의 변화에 의해서 산업화과정에서 국가는 사회적 격리성과 정책적 자율성을 유지할 수 있었다.

5·16쿠데타 후 군사정부 기간 동안 핵심직 국가기구는 국가재건최고회의, 중앙정보부, 내각이었다. 중앙정보부는 실권파인 김종필 중심의 육사 8기 출신들이 장악하고 있었고 내각은 대체로 장성 출신의 최고회의위원들이 장악하고 있었다. 최고회의는 양 세력 사이에서 중도적 입장에 놓여 있었다.[169] 군사정부 기간 동안 내각과 중

---

168) 이성춘, 민주공화당 17년의 드라마, pp.475-496.
169) 이한빈, 사회변동과 행정, p.215.

앙정보부를 중심으로 형성되었던 쿠데타 주도세력 간 대립양상은 민정이양 후 내각과 공화당을 중심으로 지속되었다.

중앙정보부를 중심으로 결집되어 있던 육사 8기 중심의 쿠데타주도세력은 민정이양 후 공화당에 대거 진출하는 한편 장성급 최고회의 출신들은 행정부로 진출하였다. 쿠데타와 군사정부에 참여했던 군부엘리트 중에서 39명이 민정이양 후 행정부에서 중요 직책을 맡았다. 이중에서 공화당 국회의원은 대령급에 해당하는 12명이었으며, 민간인과 최고위원 출신중에서는 3명만이 공화당의원이 되었다. 김종필과 함께 최초에 쿠데타를 계획했던 11명의 군부엘리트 중에서 공화당에 참여한 사람은 김동환, 길재호, 신윤창이었으며, 정부기관에 진출한 사람은 중앙정보부장이 된 김형욱 한 사람뿐이었다. 쿠데타에 뒤늦게 동참했던 영관급 출신 장교로는 이석제와 홍종철이 각각 총무처장관과 문교부장관에 임명되었다. 이 두 사람은 1963년부터 1967년까지 42명의 각료 중에서 영관급 출신 장교를 대표하는 유일한 각료였다. 이 기간 동안 이들 외에 영관급 출신들이 수산청장, 국세청장, 중앙공무원 훈련원장, 대통령경호실장 등을 맡았다.

전체적으로 볼 때, 육사 8기를 중심으로 하는 쿠데타주도세력은 정치권력을 장악하고 쿠데타목적의 실현에 더 많은 관심을 지니고 있었다. 이들은 중앙집권적이고 폐쇄적인 공화당조직을 통해서 이런 목적을 달성하고자 했다. 반면 최고회의위원 출신들은 행정권력을 장악함으로써 관리자 역할을 하고자 했다. 이들은 행정부를 장악하고 새로 충원된 민간기술관료와 연합하여 공화당에 대한 통제력을 확보하고 정책적 변화를 달성하고자 했다.170)

박정희는 공화당을 중심으로 포진한 육사 8기 출신들과 행정부에 진출한 최고회의위원들을 상호 견제하도록 함으로써 자신의 정치적

---

170) David C. Cole and Princeton N. Lyman, *Korean Development,* pp.40-41.

영향력을 확대하고자 했다. 행정부에 대한 통제력을 확보하려는 공화당의 시도가 번번이 좌절된 것도 박정희의 정치적 의도의 소산이었다. 1963년 선거후 초대내각에서 공화당은 공화당 출신 의원들이 대거 각료에 임명될 것을 기대했다. 그러나 18개의 정부 부처 중에서 단지 2개 부처의 장관만이 공화당 출신 의원에 의해 충원되고 나머지는 행정관료와 군부 출신으로 충원되었다. 1964년 5월의 개각에서 공화당출신이 한 명 더 무임소장관에 임명됨으로써 공화당 출신의 장관은 3명에 이르렀으나 이들은 실권이 없는 문교부장관, 체신부장관, 무임소장관에 불과하였다. 이후 공화당의 요구로 8명의 공화당 출신이 각료로 임명되었으나 전반적인 공화당의 정치적 약화로 이들이 중요한 영향력을 행사하지는 못했다. 공화당은 1965년과 1966년 초 내각경질을 요구했으나 박정희는 이에 응하지 않았다.[171]

3공화국에서 국가관료기구는 사회·경제세력으로부터 뿐만 아니라 집권여당인 공화당으로부터 정치적 격리성을 유지할 수 있었다. 국가관료기구는 이 같은 격리성과 내각의 안정성에 근거하여 경제발전전략을 일관되게 추진할 수 있었다. 이승만정권하에서 장관과 차관의 평균 재임 기간은 약 6개월에 불과했다.[172] 장관직만 한정해서 본다면 이승만정권하에서 내무부장관의 재직 기간이 평균 7개월로 가장 짧았으며, 농림부장관의 평균 재직 기간도 8개월에 불과했다. 민주당정권하에서는 내무부장관의 평균 재직 기간이 2개월로 가장 짧았다.[173]

171) Kim Sae Jung, *The Political Economy of Authoritarianism: State-Propelled Industrialization and The Persistent Authoritarian State in South Korea, 1961 – 1979,* pp.165 – 166.

172) John Kie – Chang Oh, *Korea: Democracy on Trial* (New York: Cornell University Press, 1968), p.26.; Kyung Cho Chung, *New Korea: New Land of the Morning Calm* (N.Y.: The Macmillan Co., 1962), p.17.

173) Bae – Ho Hahn and Kyu – Taik Kim, "Korean Political Leaders 1952 –

이승만정권이나 장면정권시대와는 달리 박정희는 내각의 안정성을 보장함으로써 일관된 경제정책을 집행하고자 했다. 민간정부 이양 후 첫 내각은 한·일국교정상화에 대한 압력으로 취임한 지 5개월 만에 붕괴했다. 이후 1964년 5월에 출발한 내각은 3년 이상 지속되는 안정성을 보였다. 특히 국무총리는 1970년까지 유임되었다. 자유당정권하에서 이승만이 각료를 빈번하게 경질하였던 것과는 대조적으로 박정희는 여론과 공화당의 압력으로부터 각료를 보호하고 그들에게 정책집행의 자율성을 보장해 주었다. 그 결과 내각은 정치성보다 기술적 전문성을 중시하게 되었으며 독자적인 정책집행을 할 수 있게 되었다.

1964년 5월부터 1967년까지 지속된 내각은 여러 가지 측면에서 1960년대 고위직 관료의 특징을 잘 보여준다. 1964년 5월의 내각구성원은 총 17명이었으며, 1966년 12월 27일에 일부가 경질되어 1967년까지 총 31명이 각료로 임명되었다. 그러나 1966년의 내각경질은 부분적이었기 때문에 1964년 5월부터 1967년까지를 단일 기간으로 볼 수 있다. 우선 나이를 비교하면 1966년을 기준으로 각료들의 평균 나이는 47.4세인데, 1952년부터 1960년까지 자유당정권의 각료의 평균 나이는 53.4세이고, 1960-1961년 민주당정권 기간 동안 각료들의 평균 나이는 51.8세였다. 신임각료 중에서 약 1/3에 해당하는 5명의 각료가 40세 미만이었으며, 31명 중에서 2명만이 임기도중에 60대에 이르렀다. 이것은 자유당과 민주당정권하에서 60세 이상의 각료가 25% 이상이었던 것과는 대조적이다.

한편 각료들의 출신 성분을 보면 군부 출신이 두드러지는데 초대내각의 17명의 각료 중에서 7명, 그리고 전체 31명 중에서 9명이 군부 출신이었다. 내무부장관이나 국방부장관의 경우는 군과의 관

1962: Their Social Origins and Skills," pp.319-320.

계가 특히 중시되었다. 한편 상공부, 문공부, 보사부, 총무처 등과 같은 경우는 행정능력이 보다 중시되었다. 이 기간 동안 여러 분야의 민간인들이 다양하게 동원되었으며 특히 부총리는 경제문제에 대해서 상당한 자율성을 행사할 수 있었다.[174]

장기영 경제기획원부총리에 대한 세 차례의 불신임결의안은 공화당과 관료기구와의 정치적 역학관계를 단적으로 보여주는 사례다. 장기영은 부총리에 취임해서 외자도입법을 개정하여 외자도입을 용이하게 하는 한편 금리현실화정책을 채택하여 기업에 대한 간접보조와 국내자본의 극대화를 도모했다. 장기영부총리의 성장위주 팽창정책은 전통적으로 보수적이며 안정지향적인 재무부와 잦은 마찰을 빚었으며 그 결과 그의 재임기간 동안 박동규, 이정환, 홍승희, 김학렬 등 5명의 재무부장관이 경질되었다.[175]

장기영에 대한 더 큰 반대는 국가기구와 경제자원 분배에 대한 통제력을 장악하려는 공화당으로부터 제기되었다. 장기영의 취임 4개월 후인 1964년 9월 3일 언론윤리위원회의 구성을 둘러 싼 언론파동에서 장기영 부총리에 대한 해임결의안이 제출되었으나 언론파동의 무마로 사태가 일단 수습되었다. 그 다음 몇몇 대기업에 대한 특혜금융이 문제가 되어 1965년 3월 민주공화당의 신형식의원의 제안으로 두 번째 불신임결의안이 제출되었다. 그리고 한국비료밀수사건이 문제가 되어 1966년 10월 야당의 홍영기 의원의 제안으로 장기영 부총리에 대한 3번째 불신임안이 제출되었다.[176] 이같이 장기영 부총리에 대한 해임결의안이 세 차례 제출되고 공화당이 적극

---

174) David C. Cole and Princeton N.Lyman, *Korean Development*, pp.44 - 46.

175) 신성순, "경제기획원." 손광식 외, 한국의 경제관료 (서울: 다락원, 1977), pp.39 - 40.

176) 최성렬, 뛰면서 생각했다: 장기영 전부총리 독주 3년의 일화집 (서울: 동아출판사, 1969), pp.204 - 207.

적 태도를 취했던 것은 장기영이 공화당에 입당하라는 권고를 뿌리치고 중요한 정책결정 과정에서 공화당의 자문을 수용하지 않았기 때문이었다. 장기영과 공화당의 대립은 관료기구와 공화당 간 경쟁의 상징으로 비쳐졌다. 박정희는 장기영에 대한 불신임안이 제출될 때마다 장기영을 보호하고 공화당을 견제하는 입장을 취함으로써 국회에서 불신임안이 통과되지 못하도록 하고 경제기획원의 자율성을 보장하였다.

3공화국에서 중요한 경제정책결정과정을 보면, 공화당, 관료기구, 대통령비서실, 중앙정보부 간 정치적 역학관계가 분명하게 나타난다. 3공화국에서 중요한 경제정책은 경제기획원장관, 대통령비서실장, 상공부장관, 재무부장관, 2,3명의 비서실소속 경제보좌관에 의해서 이루어졌다. 주요 경제정책에 대해 여러 관료들로부터 의견서형식의 정책건의가 제출된 뒤 상위의 정책결정자들에게 전달되어 합의가 이루어질 때까지 정책적 논의가 진행되었다.[177] 이 과정에서 경제부처 간 정책적 입장이 대립되는 경우가 있었는데 이런 경우에 대비해서 1964년부터 부총리 주재하에 경제부처장관 전원과 외무부장관이 참석하는 경제장관회의가 개최되었다. 이 회의는 일주일에 두 번씩 개최되었으며 비공식적인 상호접촉은 매주 금요일 개최되는 경제장관간담회에서 이루어졌다. 경제장관회의에서 결정된 정책안은 국무회의에 회부되어 공식적 절차를 거치게 되어 있었다.[178]

공화당은 여러 차례 국가기구 중심의 정책결정과정에 참여하려고 시도했다. 이러한 노력의 결과 1964년 4월 공화당의 압력을 무마하고 한·일회담준비를 위한 예비조치로 당정협의회가 설치되어 공화당대표와 국가관료들이 주요 행정관료의 임명과 중요한 정책에 대

---

177) Edward A. Olsen, "Korea, Inc.: The Political Imact of Park Chung Hee's Economic Miracle," *ORBIS*, Vol.24, No.1 (Spring 1980), p.72

178) 사공 일, L.P. 존스, 경제개발과 정부 및 기업가의 역할, p.88.

해 협의하게 되었다. 그러나 공화당대표는 독자성을 지니고 정책을 입안하고 검토하기보다는 이미 행정부에서 내린 결정을 사후통고받았다.[179)]

공화당의 정치적 영향력이 감소되는 것과 함께 대통령비서실과 중앙정보부가 점차 정치권력구조의 측면에서나 실질적인 정책결정에서 중요한 비중을 차지하게 되었다.

박정희정권하에서 대통령비서실은 수적으로 증가했을 뿐만 아니라 조직체계나 업무담당 면에서 체계화되어 소내각이라고 불릴 정도였다. 3공화국 성립 당시 대통령비서실은 각료급 비서실장, 1급 정무비서관 1명, 2급 갑 비서관 8명, 2급을 비서관 5명의 15명으로 구성되었다. 이들은 비서실장 밑에 총무, 공보, 민원, 의전, 정보, 정무담당으로 구분되고 정무분야는 다시 정치분야, 2개의 경제분야, 3개의 행정분야, 외교분야, 농림분야 등으로 구분되어서 각 부처의 정책입안부터 세부적인 업무집행까지 깊이 관여했다. 초창기 14명의 비서관의 출신을 분석해 보면 전직 국회의원 출신 1명, 대학강사 출신 4명, 변호사 출신 2명, 관료 출신 3명, 군인 출신 4명이었으며, 평균 나이는 38세였다.[180)]

이후 대통령비서실은 계속 확대되어 1969년에는 장관급직위가 9명으로 증가하였다. 대통령비서실의 예산을 보면 1967년에 9,700만 원이었던 것이 1969년에는 여섯 배에 해당하는 5억 7천만 원으로 급증하였다.[181)] 대통령비서실은 잘 짜여진 조직체계와 박대통령의 권한부여를 배경으로 관료기구와 정치체제의 자율성을 제약하였다.

---

179) Kwan Bong Kim, *The Korea−Japan Treaty Crisis and the Instability of The Korean Political System,* pp.208−209.

180) 유혁인, "박대통령을 움직이는 사람들," 신동아(1964.10), pp.144−149.

181) 정상구, "한국정치권력의 행태분석과 이의 합리화에 관한 연구," 국회보, 제79호 (1969.11), pp.22−23.

대통령비서실은 공화당의 정책제시나 각료들의 정책건의를 무시하고 발전전략의 우선순위를 결정하고 자원할당과 관료들의 임명에 이르기까지 세부사항을 결정할 수 있는 권한을 행사하였다.[182]

대통령비서실과 더불어 박 대통령 중심의 종적 정치권력구조의 형성에 결정적인 역할을 한 것은 중앙정보부였다.[183] 중앙정보부는 1961년 6월 10일 법률 제 619호로 공포된 중앙정보부법에 근거하여 설립되었다.[184] 중앙정보부는 약 3천 명의 요원으로 출발하였는데, 1964년 당시 37만 명의 직원을 지닌 한국사회에서 가장 응집력이 높은 조직으로 성장하였다.[185] 군사정부 기간 동안 중앙정보부는 1963년 5월 말까지 13건의 반혁명 및 반국가음모사건을 적발하여 127명을 검거하였으며, 41,712명의 국가공무원과 국영기업체간부를 대상으로 부정행위와 반혁명행위를 조사하여 이 중 1,863명에게 법적 조치를 실시했다.[186]

3공화국에서 중앙정보부는 한국에서 가장 강력하고 모든 분야에 광범위한 영향력을 미치는 조직이었다. 중앙정보부요원들은 중요한 정부부서에 빠짐없이 파견되었으며 국가재건최고회의위원들을 포함

182) Dong-Suh Park and Chae-Jin Lee, "Bureaucratic Elite and Developed Orientations," Dae-Sook Suh and Chae-Jin Lee, eds., *Political Leadership in Korea*, p.92.

183) 이정복, "산업화와 정치체제의 변화," 한국정치학회보 (1985), p.68.

184) 한국군사혁명사 편찬위원회 편, 한국군사혁명사 제1집, 하, p.610.

185) Se-Jin Kim, *The Politics of Military Revolution in Korea*, p.112.; Kwan Bong Kim, *The Korea-Japan Treaty Crisis and The Instability of The Korean Political System*, p.16.; 굽타는 헨더슨 (G. Henderson)의 미의회 청문회 증언을 토대로 중앙정보부는 10만 명에서 30만 명에 이르는 관료, 지식인, 정보원과 연결되어 있다고 지적했다.
J. D. Gupta, "A Season of Caesars: Emergency Regimes and Development Politics in Asia," *Asian Survey*, Vol.XVⅢ, No.4(Apil 1978), p.325, 주20)참조.

186) 한국군사혁명사 제1집, 상, pp.1743-1746.

한 주요 정치인사들의 행동을 일일이 추적했다. 중앙정보부는 정치인 및 관료 뿐만 아니라 언론인, 학생, 지식인, 외국인의 행동도 세밀하게 추적했다.[187] 중앙정보부는 막강한 정보력과 통제력을 바탕으로 3공화국시대에 민주공화당의 창당, 한·일회담 추진, 남북대화 등 주요 정치적 사건에서 주도적인 역할을 했다.

대통령은 이같이 대통령비서실과 중앙정보부와 같은 국가권력기구를 장악함으로써 방대하고 치밀한 사회통제망을 구축하고 공화당, 국회, 관료기구의 영향력을 축소하면서 자신을 정점으로 한 종적 정치권력구조를 구축할 수 있었다.[188] 이와 함께 대통령이 관료, 법관, 전국구 국회의원, 각종 국영기업체의 임원에 대한 임명권과 경제적 자원의 분배권을 장악함으로써 국가와 사회 전반에 대한 대통령의 통제가 가능하게 되다.

공화당, 관료기구, 대통령비서실, 중앙정보부 간 정치적 역학관계의 변화가 수반한 결과는 정치자금의 분배에서도 찾아볼 수 있다. 이승만정권하에서 정치자금의 주요 획득원이 수입허가, 달러분배, 은행대출이었다면 3공화국에서 정치자금획득의 주요 통로는 차관도입과 관련된 것이었다. 차관도입을 지불보증하는 조건으로 전체 차관액의 10% 내지 15%가 사례금으로 제공된 것으로 알려졌다. 대체로 10%의 사례비를 받았다고 가정할 경우 1966년부터 1967년까지 차관도입으로부터 약 2,500만 달러의 사례금이 제공되었을 것으로 추정된다.[189]

공화당창당 초기 소위 4대 의혹사건과 관련하여 물의가 발생할 무

187) Robert A. Scalapino, "Which Route for Korea," *Asian Survey*, Vol. II, No.7(September 1962).
188) 최완규, 유신권위주의체제의 성립요인에 관한 연구, 경희대학교 대학원 정치학박사논문, 1986, pp.84-85.
189) Joungwon Alexander Kim, *Divided Korea*, p.264.

렵만 하더라도 김종필을 중심으로 한 중앙정보부와 공화당 중앙조직이 정치자금문제를 직접 관장했다 그러나 시간이 지날수록 공화당 중간보스를 통한 정치자금 획득은 힘들어지고 대통령의 지시하에 정치자금 획득통로가 단일화되었다. 공화당 재정위원장을 맡고 있던 김성곤, 이후락 대통령비서실장, 장기영 경제기획원 부총리를 중심으로 정치자금의 획득 및 분배창구가 조정됨에 따라 공화당은 정책결정과정에서 뿐만 아니라 정치자금 분배에서도 소외되었다. 공화당 주류 측이 장기영 부총리 해임결의안을 적극적으로 지지했던 것도 이 같은 맥락에서 설명될 수 있는 측면이 있다.[190]

이상에서 살펴본 바와 같이 공화당은 조직 면에서 보았을 때 초기의 중앙집권적 2원조직이 와해되고 구정치인들의 정치적 영향력이 증가함으로써 초기의 응집력과 통합성을 상실하였다. 그리고 권력구조 면에서 보았을 때 공화당의 역할은 축소되는 반면 관료기구, 대통령비서실, 중앙정보부가 각료충원, 정책결정, 정치자금 분배에서 중요한 비중을 차지했다. 이 같은 공화당의 약화와 관료기구의 격리성유지에 힘입어 국가엘리트와 기업가 간 연계를 바탕으로 하는 교도자본주의체제의 정치경제적 틀이 유지될 수 있었다.

4. 수출주도산업화정책과 국가의 정책수단

한국에서 1960년대 이후 교도자본주의의 정치·경제적 틀에 입각한 산업화는 수출산업정책을 중심으로 전개되었다. 1950년대의 수입대체산업화정책은 국가엘리트의 자율성을 제약하는 방향으로 작용했다. 그러나 1960년대 이후 수출산업화전략은 국가엘리트의 사

---

190) *Ibid.*, pp.265 - 266.; Kim Sae Jung, *The Political Economy of Authoritarianism*, pp.209 - 211.

회적 격리성과 국가능력을 확대하고 국가엘리트의 정치·경제적 통제력을 강화시키는 방향으로 작용했다. 국가엘리트는 수출산업정책을 적극적으로 추진함으로써 정치·경제적 기반을 확보하고 정통성을 획득하고자 했다. 발전주의적 국가엘리트는 개방정책을 위해 환율정책과 금융정책을 조정했으며, 더 나아가 여러 가지 재량적 정책망과 비재량적 정책망을 구축함으로써 정책집행의 효율성과 자율성을 확대했다.

1) 수출주도산업화정책의 채택

월러스타인(I. Wallerstein)은 주변부국가가 i)기획포착전략(strategy of seizing the chance), ii)초대에 의한 주변부의 발전전략(strategy of semi-peripheral development by invitation), iii)자립전략(strategy of self-reliance)에 의해서 주변부로부터 반주변부로 진출할 수 있는 것으로 가정했다. 월러스타인에 의하면 기회포착전략은 세계경제가 수축하는 시기에 국가에 의한 수입대체산업화전략 추진으로 가능하며, 초대에 의한 상승전략은 세계경제의 팽창기에 국가와 다국적기업간의 협력에 의해서 발전전략이 추구되는 경우다. 그리고 자립전략은 사회주의발전전략을 택하는 자력갱생모델이라고 할 수 있다.[191]

한국은 5·16쿠데타 후 국가구조, 엘리트연합 등에서 변화를 겪으면서 수출주도산업화정책을 추진하여 신흥공업국의 하나로 등장하였다. 한국은 초청에 의한 발전전략을 택했다고 볼 수 있지만[192],

---

191) Immanuel Wallerstein, "Dependence in An Interdependent World: The Limited Possibilities of Transformation Within The Capitalist World Economy," in Immanuel Wallerstein, *The Capitalist World Economy*(Cambridge University Press, 1979), pp.76 – 83.

192) 임현진, "종속이론의 한국적 적용: 그 이념적·분석적 문제점과 아울러," 임현진, 현대한국과 종속이론, pp.142 – 143.; Bruce Cumings, "The

월러스타인의 기본과정과 달리 다국기업의 역할은 거의 없었다. 한국의 수출주도산업화전략은 국제노동분업구조의 변화와 함께 국가권력구조의 개편, 대외개방정책을 불가피하게 하는 지정학적 및 경제구조적 요인, 국내산업구조의 특징, 계급구조 등이 상호작용한 결과였다. 이 같은 요인들이 복합적으로 작용한 가운데 국가엘리트는 발전주의적 국가의 개입능력에 힘입어 수출주도적 산업화전략을 추진할 수 있었다.

제3세계의 산업화전략에 있어서 수입대체산업화정책과 수출주도산업화정책은 외국자본 및 무역에 대한 의존의 성격, 국내자본 형성, 정치세력구조의 변화 등에 있어서 다른 결과를 가져온다. 중남미 국가들은 1930년대 초 세계공황이 발생하기까지 1차산품을 수출하고 서구로부터 공산품을 수입하는 대외지향적 경제정책을 채택했다. 그러나 세계공황으로 1차 산품의 수출여건이 악화되자 이들은 대외지향정책이 초래한 고전적 종속현상을 비판하고 비내구성소비재의 국내생산을 목표로 하는 수입대체산업화전략을 추진하였다.[193]

수입대체산업화전략은 민중주의연합에 의해 추진되었으나 1960년대 초 쉬운 단계의 수입대체산업화단계의 고갈(exhaustion of easy phase of import substitution industrialization)에 직면하게 되었다. 중남미국가들은 수직적 통합(vertical integration)단계의 수입대체산업화를

Origins of Development of the Northeast Asian Political Economy: Industrial Sectors, Product Cycles, and Political Consequences," *International Organization,* Vol.38, No.1(Winter 1984); 김성국, "세계체제와 한국의 정치·경제," 변형윤, 박현채 외, 한국사회의 재인식 I, pp.61 – 62.

193) 수입대체산업이론에 대해서 다음을 참조하기 바람. Raul Prebisch, *The Economic Development of Latin America and Its Principal Problems* (New York: United Nations, 1950); Albert O. Hirschman, "The Political Economy of Import Substituting Industrialization in Latin America," in Albert O. Hirschman, *A Bias for Hope: Essays on Development and Latin America* (New Haven and London: Yale Univ. Press, 1971), pp.85 – 123.

추진하기 위해서 관료적 권위주의체제를 형성하고 국가, 다국적 기업, 국내자본가 간 3자연합에 의해서 산업화를 심화시키고자 하였다. 군부관료권위주의정권이 수출정책을 추진할 수 없었던 중요한 이유는 국내시장이 방대하다는 점과 수입대체산업화의 혜택을 받은 세력의 반대 때문이었다.[194]

중남미의 경우와 달리 동아시아 국가들은 짧은 기간의 수입대체산업화를 거친 후 적극적으로 수출주도산업화전략을 추진했다. 수출주도산업화전략을 설명하는 이론적 배경으로는 신자유주의 경제이론, 신국제노동분업이론, 생산주기이론이 있다. 신자유주의이론은 첫째, 자유경쟁이 허용되는 시장조건, 둘째, 생산요소의 국제적 자유이동, 셋째, 국가 간 자유무역, 넷째, 경제주체의 이윤극대화 추구를 중시한다.[195] 이 이론은 비교우위 원칙과 기술이전이 보장되는 국제환경에서 모든 나라들이 자유경쟁의 원칙 아래 생산요소를 합리적으로 사용하면 경제성장이 가능하다고 본다.

신국제노동분업이론은 주변부가 1차 산품을 수출하고 중심부로부터 제조업제품을 수입하던 고전적 국제노동분업구조로부터 주변부가 제조업제품을 수출하는 신국제노동분업구조로 바뀌었다는 점을 강조한다. 이 이론은 신 국제노동분업구조가 가능하게 된 요인으로 다음 몇 가지를 지적한다. 첫째, 선진자본주의국가에서는 노동분쟁이 증가하고 임금이 인상되는 반면 주변부국가에서는 저렴한 노동력이 풍부하게 존재하며, 둘째, 생산기술의 세계적 보급으로 주변부 국가들이 용이하게 선진국의 기술을 도입하여 제품을 생산할 수 있으며, 셋째, 교통과 통신기술의 발달로 세계 어느 곳에서든지 제품 생산이 용이하게 되었다는 것이다.[196]

---

194) Guillermo O'Donnell, *Modernization and Bureaucratic Authoritarianism*, pp.51 −111.

195) 박동환, "신흥공업사회와 발전이론," 현대사회, 제5권 1호(1985), p.13.

제3세계의 수출정책을 이론적으로 설명하는 또 하나의 이론은 생산주기이론(product cycle theory)이다.[197] 생산주기이론에 의하면 생산요소의 가격변동과 기술확산에 의해서 특정상품의 생산중심지가 선진국에서 개발도상국으로 이전된다는 것이다. 한 상품이 처음 개발되었을 때는 선진지역의 기업들이 선진기술을 독점하고 비교우위에 입각해서 독점적 이윤을 획득하지만, 기술이 세계적으로 확산됨에 따라 선진국의 기업은 경쟁력을 상실하게 되고 이렇게 되면 기술보다는 수송비나 임금이 생산을 결정하는 중요 요인이 된다는 것이다. 그 결과 발전도상국은 낮은 임금의 이점을 이용해서 제조업 제품을 생산하고 이것을 수출한다는 것이다.

생산주기이론은 정태적인 비교우위의 개념에 동태성을 부여하며 비교우위의 조건이 변하는 과정을 설명한다. 이 이론은 발전도상국의 산업은 생산주기의 마지막 단계에 있는 상품생산에만 한정된다고 전제하고 발전도상국이 선진국의 사양산업을 물려받는 단계를 벗어나서 독자적으로 기술개발을 할 수 있다는 가능성을 논리적으로 배제한다. 이런 측면에서 생산주기이론은 발전도상국의 산업화는 선진국과 동일한 수준에 도달하거나 그것을 앞지를 수 없다는 종속이론의 이론적 전제를 묵시적으로 수용하는 측면이 있다.[198]

---

196) Folker Frobel, Jurgen Heinrichs, and Otto Kreye, *The New International Division of Labor*(Cambridge University Press, 1980), pp.33 − 37.; Hyug Baeg Im, "The Rise of Bureaucratic Authoritarianism in South Korea," pp.242 − 243.

197) James A. Caporaso, "Industrialization in the Periphery: The Evolving Global Division of Labour," *International Studies Quarterly*, Vol.25, No.3(1981), pp.369 − 371.; Thedore H.Moran, "Foreign Expansion as an International Necessity for U.S Corpoate Capitalism: The Search for a Radical Model," *World Politics*(1973), pp.369 − 386.

198) 안청시, 정진영, 이성형, "신흥공업국 연구서론: 경제성장의 동인과 정치발전의 전망," 사회과학과 정책연구, 제7권 1호(1985), p.155.

한편 동아시아국가의 발전문제를 종속이론의 시각에서 분석하는 이론들은 아시아국가들은 노동자와 농민들의 소득수준이 낮기 때문에 국내유효수요의 부족으로 수출정책을 택할 수밖에 없었다고 주장한다. 그리고 이 이론들은 자본과 기술의 투자는 국내수요보다는 선진자본국의 필요에 대응하게 되고 종속의 정도가 심화되었다고 주장한다. 특히 수출전략은 국제하청구조에 기반을 둔 것이며 국제하청체계는 제3세계의 노동잉여가치를 점유할 뿐 기술이전과 시장분할에 있어서는 매우 인색했다고 지적했다.[199]

그러나 아시아국가들의 수출전략은 국내시장이 협소하고 부존자원이 부족한 상태에서 비교우위에 입각해서 취해진 정책이었다. 또한 수출전략이 낮은 임금에 기반을 둔 것은 사실이지만 그것이 필연적으로 국내시장의 포화나 수입대체산업의 고갈 이후에 취해진 정책은 아니었다. 아시아의 수출정책은 비교우위에 입각해서 대외경쟁력을 지향하는 의도적인 정책선택이었다.

한국의 수출산업화전략은 신고전경제학 이론, 신국제노동분업구조의 형성, 생산주기이론 등에 의해서 부분적으로 설명될 수 있는 측면을 지니고 있다 그러나 한국의 수출산업화전략이 본격적으로 추진되기 위해서는 국제노동분업구조의 개편이나 세계적 생산망의 기술적 확산 등과 같은 외부적 조건과 함께 국내정치권력구조 및 국가기구의 변화, 수출산업화정책의 채택을 불가피하게 만든 지정학적 및 경제적 요인 등이 필요충분조건으로 구비되어야 했다.

군부·관료엘리트가 처음부터 수출산업화전략을 성공적으로 추진할 수 있다고 여겼던 것 같지는 않다. 수출산업화전략은 몇 차례의 정책변경과 시행착오를 거친 뒤에야 발전전략으로 채택되었다.[200] 1

199) Martin Hart‒Landsberg, "Capitalism and Third World Economic Development: A Critical Look at the South Korean Miracle," *Review of Radical Political Economy,* Vol.16, No.2 and 3 (1984), pp.181‒193.

차 5개년계획만 하더라도 수직적 수입대체산업의 심화와 1차산품 위주의 수출정책이 서로 혼합된 성격을 띠고 있었다. 1차 5개년계획에 의하면 1차산품의 수출이 전체 수출의 65%를 차지하였으며, 기타 제품의 수출이 8.7%, 제조업제품의 수출은 10%에 불과했다.[201] 1차 5개년계획이 수립될 당시 국가엘리트의 주된 관심사는 저임금에 기초한 제조업제품의 수출증가보다는 미원조의 감소로 급격하게 악화된 국제수지를 개선하는 것이었다.

군부엘리트가 수출에 대해 애매한 입장을 취한 것과는 대조적으로 기업가들은 수출산업의 이점을 재빨리 인식하고 노동집약적 수출산업분야에 집중투자하는 적응력을 보였다. 한국의 기업가 측면에서 보았을 때 그들이 1964년 이후 수출산업에 주력했던 이유는 이승만정권 하에서 평가절상정책으로 누릴 수 있었던 수입대체산업의 높은 이윤이 불가능하게 되었기 때문이었다. 이들은 수출촉진정책이 강조되는 상황에서 다른 분야에 투자하는 것보다는 수출산업에 투자하는 것이 경제적으로나 정치적으로 유리하다는 것을 인식하였다.[202]

수출산업화정책의 채택은 군부엘리트 내부의 정책대립과 권력구조변동과도 관계가 있다. 쿠데타를 주도했던 영관급장교들은 농어촌 고리채정리에서 알 수 있듯이 부분적으로 민중주의적 발전전략을 추진하려는 성향을 지니고 있었다. 반면 장성급 최고회의위원들

200) 5·16쿠데타 후 군사정부가 내포적 공업화전략을 추진했으나 이것이 실패한 과정에 대해서는 다음을 참조하기 바람. 기미야 다다시, 한국의 내포적 공업화전략의 좌절: 5.16 군사정부의 국가자율성의 구조적 한계, 고려대학교 대학원 정치외교학과 박사학위논문, 1991

201) 한국혁명재판사 제1집, p.1033.

202) Youngil Lim, *Government Policy and Private Enterprise: Korean Experience in Industrialization*, pp.16-17.; E. S.메이슨, 김만제, D. H. 퍼킨스, 한국 경제·사회의 근대화, p.279

은 대외개방정책과 신고전경제학적 발전전략을 선호하는 경향을 지니고 있었다. 이들 간 권력투쟁에서 장성급들이 관료기구에 진출하고 신진기술관료들과 정책적 합의를 함으로써 대외개방정책에 기초한 발전전략이 추진될 수 있었다.203)

이와 함께 국가엘리트가 수출산업화정책을 채택하지 않을 수 없었던 데에는 지정학적 및 경제적 요인이 작용하였다. 한국에서 민중주의적 발전전략의 채택을 불가능하게 만든 중요한 이유는 안보요인이었다. 한국은 북한과 군사적으로 대치한 상황에서 미국의 지원이 절대적으로 필요했기 때문에 민족주의적이거나 반제국주의적, 반미적인 상징구조를 공개적으로 활용할 수 없었다. 따라서 군부엘리트는 동원적 일당체제의 민중주의 발전전략을 선택할 수 없었으며 군부·관료권위주의 체제의 정치적 틀에 입각하여 수출지향적 개방정책을 추진하지 않을 수 없었다.204)

한국의 산업구조와 계급상황도 수출산업화정책을 추진하기에 유리한 요인으로 작용하였다. 한국의 1950년대의 수입대체산업화는 중간재 및 자본재의 생산단계까지는 도달하지 않은 수평적 단계의 수입대체산업화에 한정되어 있었다. 따라서 1960년대에 수출제조업을 위해서 원료와 중간재를 값싼 국제가격으로 도입하는 데 있어서 장애가 될 만한 중간재산업은 존재하지 않았으며 산업구조를 조정

203) Stephan Haggard and Chung-In Moon, "The South Korean State in the International Economy: Liberal, Dependent, or Mercantile," in John Gerard Ruggie, ed., *The Antinomies of Interdependence: National Welfare and the International Division of Labour* (Columbia Univ. Press, 1983), pp.153-154.

204) Jae Souk Sohn, "Political Dominance and Political Failure: The Role of The Military in the Republic of Korea," in Henry Bienen, ed., *The Military Intervenes* (New York: Russell Sage Foundation, 1968), p.115.; Sung-Joo Han, "Political Institutionalization in South Korea, 1951-1984," in Robert A. Scalapino, Seizaburo Sato, and Jusuf Wanadi, eds., *Asian Political Institutionalization*, p.129.

하기 위해서 그다지 큰 노력을 기울일 필요도 없었다.[205] 또한 농지개혁과 한국전쟁으로 산업화전략에 반대할 만한 지주계층이 존재하지도 않았다. 그렇다고 중남미의 경우와 같이 수입대체산업에 기반을 둔 민중주의동맹세력이 형성되어 있는 것도 아니었다. 1950년대의 수입대체산업은 원조자금을 바탕으로 기업가, 자유당엘리트, 국가관료를 중심으로 한 정치적 연계망에 의해서 유지되었다. 미원조가 중단되고 보수적 정치연합구조가 붕괴된 상황에서 이들이 수출산업화 전략에 대한 저항세력이 될 수는 없었다.

2) 수출정책과 환율 및 금융정책

한국의 수출산업화전략은 신국제노동분업구조의 형성이라는 세계체제의 조건, 국내 정치권력구조의 개편, 국가기구의 강화, 수출산업에 유리한 국내 산업구조 및 계급상황 등 국내 정치·사회적 조건이 상호작용한 결과였다. 그러나 이 같은 요인들에 기초하여 채택된 수출산업화전략이 적극적으로 추진되기 위해서는 두 가지 조건이 충족되어야 했다. 첫째는 수출지향적 개방정책을 가능하게 할 수 있는 환율 및 금융정책의 도입이었다. 둘째는 이 같은 비재량적 정책망의 변경과 함께 각종 수출촉진정책, 세금 및 금융 특혜, 정치적 명령과 개입 등 비재량적 정책망에 의해서 국가가 직접적이고 적극적인 방법으로 수출산업을 육성하는 것이었다.

한국과 대만은 짧은 기간의 수입대체산업화로부터 수출주도산업화전략으로 전환하는 데 있어서 몇 가지 사전조치를 단행했다. 대만은 1958년 투자장려를 위한 입법, 단일환율제도의 채택, 관세 및 무역제한조치의 완화, 기업법절차의 완화 등 일련의 경제개혁을 단

---

205) A. O. 크루거 저, 전영학 역, <u>무역·외원과 경제개발</u>, p.180.

행하고 수출산업화정책으로의 전환을 시도했다.[206] 대만의 국민당 엘리트는 정치적 자율성을 지니고 있었기 때문에 이 같은 정책전환을 비교적 빨리 실행할 수 있었다. 반면 한국에서는 5·16쿠데타에 의해서 정치·경제구조가 개편되고 난 뒤, 그것도 1964년이 되어서야 수출주도산업화정책을 위한 사전 조치들이 취해졌다.

수출정책을 위한 여러 가지 정책적 조치 중에서도 가장 중요한 의미가 있는 것은 환율정책 및 금융정책의 변경이었다. 한국의 군부·관료엘리트는 평가절하정책을 단행함으로써 수입허가와 달러배분의 특혜에 기반을 두고 있던 자유당엘리트와 기업가 간 정치적 연계구조를 붕괴시키고 기업가가 자신들에게 의존하여 수출산업을 추진하도록 하였다. 바꾸어 말하면 평가절하정책은 군부·관료엘리트의 자율성을 보장하는 정책망의 하나로 작용하였다. 이와 함께 금리현실화정책은 이승만정권하에서 저금리를 매개로 형성되었던 자유당엘리트와 기업가 간 연결구조를 와해시키는 결과를 가져왔다. 기업가들이 은행대출보다 훨씬 이자가 낮은 차관에 의존하게 됨으로써 차관의 지불보증권한을 지니고 있는 국가엘리트에게 의존하게 되었다.

한화의 공정환율은 1945년 10월 당시 1달러 대 15원이었다. 그 후 계속되는 평가절하로 휴전협정이 체결된 1953년부터 1960년 2월까지의 공정환율은 1달러 대 50원이었다. 1950년대에 낮은 환율로 인해 수입허가와 달러배분이 커다란 이권이었음은 앞에서 설명하였다. 5·16쿠데타 후 군부엘리트들은 1962년 2월 2일 1달러 대 130원으로 평가절하조치를 실시했다. 그러나 환율이 계속 실세를 반영하지 못해서 수입권에 대한 프리미엄이 1963년 5월 달러당 32원이던 것이 1964년 4월에는 달러당 65원으로 상승했다. 이같이 환율이 실제

---

206) 구해근, "한국과 대만의 경제발전에 대한 정치경제학적 접근," p.156.

가격보다 낮은 것에 대해서 미국은 여러 차례 환율인상을 요구했다.

결국 1964년 5월 3일 평가절하조치가 단행되었다. 이 조치로 1962년 2월에 채택되었던 고정환율제가 단일변동환율제로 변경되고 환율은 1달러당 255원으로 인상되었다.[207] 그러나 환율인상조치는 재정안정화계획의 차질과 수출부진 등의 요인 때문에 지연되다가 1965년 3월에 실제로 적용되었다.[208] 환율인상조치의 공식적 이유는 ⅰ)환율을 안정시키고 ⅱ)수출증대에 의해 외화수입을 증대하고 ⅲ) 수입억제로 외화지출을 줄이고 ⅳ)한화의 과대평가로 인해 발생하는 특혜 및 부패를 없앤다는 것이었다.[209] 환율인상의 정치적 의미는 그것이 수입대체산업에 기반을 두었던 특혜구조를 와해시키고 군부·관료엘리트의 자율성을 증가시키는 결과를 가져왔다는 점이었다.

한국의 금융정책은 한국전쟁부터 1962년 7월까지의 저금리기간과 1965년 9월 금리현실화 이후 1972년 7월까지 고금리기간, 8·3조치 이후 1976년 7월까지의 저금리기간, 1976년 8월 이후 안정금리기간으로 구분된다. 1950년대에 저금리정책으로 은행대출수요가 증가하였고 은행대출이 큰 이권이었다는 점은 앞에서 설명한 바와 같다. 은행금리와 사채금리 간 격차를 줄이고 복잡한 금리체계를 조정하기 위해서 1965년 9월 24일 이자제한법의 개정과 함께 금리현실화 조치가 단행되었다. 그리고 9월 30일 금융통화운영위원회의 의결을 거쳐 1년만기 정기예금 금리가 연 15%에서 30%로, 일반대출금리는 연 16%에서 28%로 인상되었다.[210]

---

207) 한국공업화발전에 관한 조사연구Ⅲ: 정책결정과정의 이면사, pp.73-75.

208) 개발년대의 경제정책: 경제기획원 20년사, p.92.

209) 김광석, 래리 E. 웨스트팔, 한국의 외환·무역정책, p.80.

210) 한국공업화발전에 관한 조사연구Ⅲ: 정책결정과정의 이면사, pp.55-56; 개발년대의 경제정책: 경제기획원 20년사, pp.92-93.

금리현실화정책을 주관한 장기영부총리의 발표에 의하면 금리인 상조치는 다음과 같은 몇 가지 목적을 지니고 있었다. 첫째, 2차 경제개발계획의 재원충당을 위해 저축증대를 목적으로 하였으며, 둘째, 저금리정책으로 인한 대출의 특혜를 배제하기 위한 목적도 지니고 있었다.[211] 정치적 측면에서 봤을 때 금리현실화조치는 이승만 정권의 보수적 정치연합구조를 무력화시키고 야당들의 정치자금동원을 차단하기 위한 목적을 지니고 있었다.

고금리정책의 정책적 효과는 국내자본동원의 증대 뿐만 아니라 30%에 이르는 은행금리에 비해 이자율이 10%에도 못 미치는 차관을 선호하게 만든 것이었다.[212] 국가엘리트는 고금리정책이라는 정책망에 의해서 저금리에 근거한 특혜구조를 붕괴시키는 한편 기업가들을 차관에 의존하게 만들었다. 그런데 고금리정책은 역금리제도(예금금리가 대출금리보다 높은 금리체제)에 근거를 두고 있었기 때문에 은행대출은 여전히 특혜였다.[213]

3) 국가의 수출촉진정책

3공화국의 국가엘리트는 환율인상, 금리현실화외 같은 비재량적 정책망의 조정을 통해 수출여건을 조성하고 자신들의 정치적 기반을 확립하고자 했다. 이들은 더 나아가서 수출촉진정책, 세금특혜, 정치적 개입과 같은 재량적 정책망을 동원하여 수출산업화정책을 추진하고 사회·경제세력에 대한 지배와 통제체제를 구축하고자 했다. 3공화국의 수출촉진정책을 살펴보면 수출증가에 대한 열의와 적극적인

---

211) 최성렬 편, 뛰면서 생각했다: 장기영 전부총리 독주 3년의 일화집, pp.311-312.

212) 조순, 한국경제의 현실과 진로(서울: 비봉출판사, 1981), pp.162-163.

213) 대한상공회의소, 한국경제 20년의 회고와 반성, p.256.

입장이 쉽게 이해된다. 수출증가에 대한 애로사항이 발견되거나 수출실적이 목표에 미달할 경우 즉시 여러 가지 수출촉진제도가 마련되었다. 국가엘리트는 이러한 수출촉진정치를 마련함으로써 기업가들의 행동을 유인 및 제재할 수 있는 정책망을 지니게 되었다.

수출촉진을 위한 각종 지원제도는 1950년대에도 없지는 않았다. 그러나 1960년대에 들어와서 수출촉진제도가 훨씬 다원화되었다. (<표 23>참조). 그런데 중요한 점은 이 같은 수출진흥제도들이 수출소득에 어떤 영향을 미쳤는가 하는 점이다. 1965년을 기준으로 했을 때 수출보조금이 포함된 수출실효 환율은 1958년부터 1970년까지 달러당 300원 정도로 안정된 경향을 보인다. 이것은 수출에 의한 외화획득 측면에서 봤을 때 1960년대의 수출촉진제도들이 수출실효환율의 증가에 대해 직접적으로 영향을 미치지 않았다는 것을 의미한다.

따라서 기업가들이 수출산업을 적극적으로 추진한 것은 다른 산업과 비교해서 수출산업의 경제적 이윤이 월등히 높았기 때문이 아니라 다른 사업을 할 수 있는 가능성이 봉쇄되었기 때문이었다. 기업가들은 수출산업 이외에 더 높은 이윤을 획득할 수 있는 방법을 찾기 어려웠다. 이것은 국가엘리트가 1950년대의 정책망을 변경함으로써 기업가들의 투자선택기회를 제한한 결과였다.

이와 함께 국가의 적극적인 수출촉진제도가 기업가에게 이윤획득의 장기적 안정성을 보장한 점도 있다. 기업가는 1950년대와 같이 수입허가권 획득이나 달러배당과 같은 불확실한 방법에 의존하기보다 지속적인 이익이 보장되는 수출산업에서 이윤획득의 가능성을 발견하였다.[214]

---

214) 사공 일, L.P. 존스, 경제개발과 정부 및 기업가의 역학, pp.127 - 128.

표 23. 주요 수출지원제도(1950~1976)

유인정책의 종류	실시기간
I. 조세지원	
1. 물품세면제	1950. 4~
2. 영업세면제	1962. 1~
3. 수출소득에 대한 법인세 및 소득세 50% 감면	1961. 1~72.12
4. 수출업에 직접 사용된 고정자본에 대한 가속 상각제(광공업 및 어업)	1961. 1~
5. 해외시장개척비의 조세상 지원	1969. 8~
6. 해외시장진출에 관계되는 준비금의 損金산입	1973. 3~
II. 관세지원	
7. 수출용자본재 수입에 대한 관세면제	1964. 3~73.12
8. 수출용자본재 수입에 대한 관세분할납부제	1974. 1~
9. 수출용원자재 수입에 대한 관세면제	1961. 4~75. 5
10. 수출용원자재 수입에 대한 관세환급제	1975. 7~
11. 수출용원자재에 대한 減耗인정	1965. 7~
III. 금융지원	
12. 集荷금융	1948. 2~55. 7
13. 선적금융	1950. 6~55. 7
14. 대충자금에 의한 수출진흥융자기금	1959.11~64. 1
15. 수출신용원자재 수입금융	1961.10~72. 2
16. 수출신용제도(1961년 이전은 무역신용제도)	1950. 6~
17. 외화표시군납금융	1962. 9
18. 수출산업육성자금	1964. 7~69. 9
19. 중소기업의 수출산업전환자금	1964. 2~
20. 농수산물 수출준비자금	1969. 9~
21. 외화대부	1967. 5~
22. 延拂수출지원자금	1969.10~
IV. 기타수출진흥책	
23. 외환예치제	1949. 6~61. 1
24. 수출실적에 따른 무역업허가	1953. 1~
25. 수출상여금제도(특혜외환)	1951. 1~61. 5

유인정책의 종류	실시기간
26. 수출보조금지급	1954~55. 60~65
27. 철도운임할인	1958~
28. 특정지역에 대한 특정물품의 독점수출권	1960. 4~
29. 각종 수출업자협회 설립	1961. 9~
30. 한국무역진흥공사 설립	1962~
31. 수출입「링크」제	1962.11~
32. 전력요금 할인	1965~76
33. 「웨이버」 발급제	1965~
34. 「로컬」 L/C제	1965. 3~
35. 수출실적에 따른 무역업자 차등	1967. 2~
36. 수출보험제도	1969. 1~
37. 종합무역상사	1975. 5~
38. 수출입은행	1976. 6~

*출처: 사공 일, L.P. 존스, <u>경제개발과 정부 및 기업가의 역할</u>, p.126.

국가의 수출촉진조치 중에서도 가장 효과적인 정책수단인 직접 보조금제도, 조세감면, 금융특혜는 직접적으로 기업의 초과이윤과 관계가 있었다. 1958년에 1달러당 수출보조액은 1.2원밖에 안되던 것이 1970년에는 88원으로 증가하고, 1974년에는 112원이 되었다. 달러당 수출프리미엄과 보조액을 합한 금액은 1958 - 1964년 동안 21.5원에서부터 86원까지 변했으며, 1965년 이후 꾸준히 증가했다.[215]

수출에 대한 직접보조금제도는 1961년부터 1964년까지 실시되었다. 이것은 수출품목을 4유형으로 분류하여 특수수출품에는 1달러당 25원, 그 다음 1류에서 3류까지 각각 25원, 20원, 15원, 10원을 보조하였다. 총수출보조금 지급액은 1961년에 3억원, 1962년에 5억 6천만 원으로 증가했으며 1963년에는 지급기준조정으로 3억 5천만 원으로 감소했다.[216] 1965년부터 직접보조금 제도보다 세금감면이나

---

215) 김광석, 래리 E. 웨스트팔, <u>한국의 외환·무역정책</u>, pp.113 - 114.
216) <u>위의 책</u>, p.69.

금융특혜와 같은 간접지원방식이 선호되었다.

표 24. 수출에 대한 조세감면(1965~1974)

년 도	직접세 (백만원)	내국간접세 (백만원)	관 세 (백만원)	총감면액 (백만원)	총수출액[1] (백만원)	달러당 감면액 (원)
1965	373	2,465	2,693	5,530	175.1	31.6
1966	566	4,455	5,333	10,354	250.3	41.4
1967	1,663	6,064	8,224	15,952	334.8	47.6
1968	1,463	9,664	19,261	30,388	455.2	62.5
1969	2,430	14,777	22,551	39,758	658.3	60.4
1970	3,043	23,784	35,613	62,440	882.2	69.7
1971	5,402	36,450	54,330	96,182	1,132.2	85.0
1972	3,256	44,197	87,197	134,649	1,675.9	80.3
1973	5,268	59,577	210,788	275,633	3,270.8	84.3
1974	0	101,763	363,718	465,481	4,515.1	103.1

주: 1)해외 군납을 포함함.
*출처: 김광석, 래리 E. 웨스트팔, 한국의 외환·무역정책, p.106.

수출기업에 대한 직접세 및 간접세의 조세감면제도는 1961년부터 실시되었다. 그때까지 수출업자들은 수출소득에 대해 30%, 관광수입 및 유엔군사령부 군납수입에 대한 소득세의 20%를 감면받았는데, 이것이 모두 50%로 인상되었다.[217] 이 조항은 1973년에 폐지되고 그 대신 ⅰ)해외시장 개척준비금의 손실금지원, ⅱ)수출준비금의 손실 지원, ⅲ)해외투자 준비금의 손실 지원 ⅳ)수출업에 대한 특별 상각비 지원제도 등이 채택되었다. <표 24>에 1965년부터 1974년까지 내국세 및 관세의 감세실적이 나타나 있다. 이 표에 의하면 수출증대에 비례해서 내국세와 관세의 감면금액은 절대액이 증가했을 뿐만 아니라 1달러 수출당 감면액도 점차 증가했음을 알 수 있다. 1달러 수출당 감면액이 1965년에 32원이던 것이 1970년에 70원, 1974년에

217) A. O. 크루거 저, 전영학 역, 무역·외원과 경제개발, p.112.

는 103원으로 증가했다.[218]

수출에 대한 특혜금융정책의 특징은 수출지원금융의 낮은 이자율이다. 1961년부터 1967년까지 수출지원금융의 이자율은 6.0 - 9.0% 정도였다. 은행이자율이 13%에서 24% 정도이며, 사채이자가 60% 정도인 것을 감안하면 수출금융의 이자가 얼마나 낮은지를 쉽게 알 수 있다.[219] 이후 1967년부터 1973년까지 수출금융의 이자율은 6%에 머물렀다가 1973년 5월 7%로 인상되었고, 1974년 초 9%로 인상되었다가 1975년 4월에는 7%로 하락했다.[220] 수출자금에 대한 달러당 융자액은 1961년 3월에 110원이던 것이, 1964년에 150원, 1965년 2월에 200원, 1969년에 220원, 1971년 2월에 260원으로 인상되었다.[221] 이 같이 낮은 이자율과 수출지원금융의 대출한도액의 증가로 수출지원금융의 총 대출액은 계속 증가추세를 보였다. 국내 총 은행대출에서 수출지원금융이 차지하는 비율이 1967년의 9.2%에서 1975년에는 21%로 증가했으며, 총액은 1967년에 200억에서 1975년에는 38배가 증가한 7,530억으로 증가했다.[222]

이상과 같은 수출금융특혜조치와 조세감면조치는 수출성과에 대한 보상임과 동시에 수출실적에 미달할 경우 특혜가 박탈되는 제재수단이기도 했다. 이외에도 수출용원자재수입품에 대한 마모분의 인정, 수출입링크제, 공공요금할인제 등이 효과적인 수출촉진수단으로 이용되었다.[223]

---

218) 김광석, 래리 E. 웨스트팔, 한국의 외환·무역정책, pp.105 - 106.

219) Youngil Lim, *Government Policy and Private Enteprise: Korean Experience in Industrialization,* p.31.

220) 김광석, 래리 E. 웨스트팔, 한국의 무역·외환정책, p.108.

221) 오만식, "수출산업체질강화와 국제화: 1967 - 1974," 전국경제인연합회 편, 한국경제정책 30년사, p.410.

222) 김광석, 래리 E. 웨스트팔, 한국의 무역·외원과 경제개발, p.106.

223) A. O. 크루거 저, 전영학 역, 무역·외원과 경제개발, pp.114 - 116.

한국의 수출촉진정책 중에서 특히 주목되는 제도는 거시적 수출정책 입안에서부터 기업의 세부적인 결정사항까지 개입했던 수출진흥확대회의의 운영이다. 수출진흥확대회의는 1962년 12월 29일 내각수반 직속으로 설치된 수출진흥위원회에서 비롯되었다. 발족 당시 수출진흥위원회는 내각수반을 위원장으로 하고 경제기획원장관, 외무부장관, 재무부장관, 농림부장관, 상공부장관, 보사부장관, 교통부장관, 공보부장관, 한은총재, 대한무역진흥공사사장, 대한상공회의소의장, 무역협회장 등 12명이 참석했으며 상공부 상역차관보가 간사장을 맡았다. 그 후 1964년 8월 7일 위원회규정이 개정되어 국무총리를 위원장으로 하고 경제기획원장관을 부위원장으로 하고 위원에도 한국경제인협회 회장, 농협중앙회회장, 수협중앙회회장 등이 추가되어 15명으로 증가했다. 그러나 수출진흥위원회의 역할은 그다지 활발하지 못했는데, 1965년 10월부터 대통령이 직접 주재하는 청와대 수출진흥확대회의로 변경되면서 이 기구는 본격적으로 수출촉진의 사령탑으로 등장하였다. 청와대 수출진흥확대회의에는 기존의 15명의 수출진흥위원회 위원과 경제과학심의위원회의 상임위원 등 20여 명이 참가했다. 이 회의에서 종합적인 수출정책의 입안과 함께 세부적인 수출장애요인에 이르기까지 모든 분야가 총망라하여 논의되었다. 이 회의는 1978년부터 무역진흥확대회의로 개편되어 전 국무위원과 경제단체장, 수출 유관단체 및 기관장 등 200여 명이 참석하는 대규모회의가 되었다.224)

수출촉진을 위한 정책망의 하나로 비금전적 유인이 이용되었다는 것은 주목할 만하다. 예를 들면 상공부 산하에 수출상황실이 설치되어 여기에서 산업별, 수출업체별, 지역별로 수출목표가 할당되고 수시로 상황이 점검되었다. 수출실적을 기준으로 매년 11월 3일 수

---

224) 한국공업화발전에 관한 조사연구Ⅲ: 정책결정과정의 이면사, pp.67 – 72.

출의 날에 수출실적을 달성한 수출업체들에게 산업훈장이 수여되고 특히 1억 불을 초과한 수출업자에게는 특별보상이 제공되었다. 이 같은 조치들은 기업인들로 하여금 수출할당량 달성을 일차적인 목표로 받아들이게끔 만들었다.225)

이상에서 살펴본 바와 같이 국가엘리트들은 수출산업화전략을 일차적인 국가목표로 설정하고 환율 및 금리정책의 조정, 조세특혜, 금융특혜 등을 비롯한 각종 수출유인조치를 실시하는 한편 각종 제도적 기구와 개입장치를 강구했다.

3공화국의 국가엘리트는 정치적 측면에서 정당조직을 약화시키고 권위주의적 통제장치를 강화하는 한편, 경제영역에서 기업가들에게 영향을 미칠 수 있는 정책망을 구축했다. 쿠데타로 권력을 장악한 군부엘리트는 정통성확보와 국가안보를 위해서 산업화를 일차적인 국가목표로 설정하고 산업화를 추진하는 과정에서 사회·경제적 격리성을 유지하면서 국가능력과 통제망을 확대하였다. 그러나 그러한 국가권력의 강화와 급속한 산업화로 인해 정통성의 위기는 더욱 심각해졌으며 경제적 불평등은 커지고 있었다.

---

225) 사공 일, L.P. 존스, 경제개발과 정부 및 기업가의 역할, pp.129－130.;
A. O. 크루거 저, 전영학 역, 무역·외원과 경제개발, p.115.

Ⅵ. 유신체제와 중화학공업정책

1. 유신체제의 등장과 중화학공업정책의 추진

1) 국제경제적 요인

1970년대 초 한국에서 중화학공업이 추진된 데에는 국제경제상황의 변화가 배경변수로 작용했다. 미국은 재정적자 및 무역적자로인해 1970년 8월 달러화의 금태환 일시정지, 수입관세부과, 대외경제협력자금의 삭감 등을 내용으로 하는 긴급경제조치를 발표하였다. 미국, 유럽 등 선진국의 보호무역주의로 인해 경공업제품의 수출에의존했던 한국경제는 어려움에 봉착하였다.

그리고 선진국에서 중공업제품이 생산되고 개발도상국에서 경공업제품이 생산되던 국제노동분업구조에 변화가 발생했다. 선진국은첨단 기술산업과 지식산업의 발전을 모색하고 중화학공업의 조립가공형 산업이나 조립라인의 일부가 주변국으로 이전되는 현상이 나타났다. 주변부에서는 중화학공업 중에서 노동집약산업, 공해산업, 최종소비재의 조립분야가 많은 비중을 차지했다.[1]

한국에서 1970년대 초 중화학공업 정책의 추진은 선진국의 보호 무역주의 대두와 국제분업구조의 변화라는 국제경제적 요인에 대해 한 국이 대응한 측면이 있다. 그러나 1970년대 초 중화학공업정책이 추진 된 데에는 국제환경의 변화라는 대외적 요인보다 1960년대의 경공업 위주의 수출산업화정책이 초래한 위기와 이에 대한 정책대안을 둘러싼 국내적 정책조정이라는 대내적 요인이 보다 중요하게 작용했다.

2) 수출산업정책의 위기와 정책대안

1970년대 초 한국경제의 지표는 외형상 그다지 나쁜 것은 아니었 다. GNP성장률이 1969년에 15.9%이던 것이 1970년에 8.9%, 1971년 에는 10.2%로 다소 떨어지기는 했으나 이 정도는 그리 심각한 것은 아니었다. 그러나 1960년대의 수출산업화정책이 초래한 위기는 무 역수지 및 국제수지 적자, 수출감소, 외채증가, 부실기업증가 등의 문제로 나타났다.[2]

수출산업화정책은 초기인 1963 - 1964년 동안 무역수지 및 국제수 지를 개선시켰다. 그러나 장기적으로 수출정책은 원자재 및 중간재 의 수입을 증가시켜 오히려 무역적자와 국제수지적자를 가져왔다. 무역수지 및 국제수지적자를 해소하기 위해서 1960년대 말 중간재 와 자본재의 국내 생산을 위한 중화학공업화가 부분적으로 실시되 었다. 그러나 이것은 결과적으로 자본재수입을 더욱 증가시킴으로

1) 김대환, "국제환경의 변화와 중화학공업화의 전개," 박현채 외, 한국경제 론 (서울: 까치: 1987), pp.206 - 210.; 이각범, "산업발전과 노동시장의 변 동," 한국사회학회 편, 한국사회 어디로 가고 있나 (현대사회연구소, 1983), pp.43 - 47.; 이대근, "한국의 새 산업지도: 중화학공업단계에서의 새 입지 전략," 정경연구 (1973. 9), pp.161 - 162.

2) Joungwon Alexander Kim, Divided Korea: The Politics of Development 1945 -1972, p.279.

써 무역적자와 국제수지적자는 더욱 확대되었다. 무역적자는 1964년에 약 2억 4천만 달러에 이르던 것이 1971년에는 10억 달러에 이르렀으며, 국제수지적자는 1964년에 2천 6백만 달러이던 것이 1971년에는 8억 4천만 달러에 이르렀다.[3]

국제수지적자를 보전하기 위해서 외채는 더욱 증가했다. 한국의 외채는 1969년 말 19억 달러이며 1970년 말에는 30억 달러에 이르렀다. 외채가 증가함에 따라 외채상환을 하지 못하는 부실기업이 증가했으며 이것은 차관도입의 지불보증을 한 한국정부에게 큰 부담이 되었다. 1971년 당시 차관도입기업 중에서 부도위기에 놓인 기업이 200개 이상이었다. 이 기업들은 타인자본의존도가 95% 이상인 부실한 재무구조를 지니고 있었다. 이러한 상황에서 1971년에 IMF는 한국에 대한 차관제공 상한선을 설정하고 그해에 제공하기로 했던 총 2억 5천만 달러에 이르는 61개의 차관제공을 취소했다. IMF는 1971년 한국에 대한 차관제공의 상한선으로 4억 6천만 달러를 설정했으나 외국은행들이 한국기업에 대한 차관을 기피함으로써 실제 차관도입액은 3억 4천만 달러에 그쳤다.[4]

1969년에 그동안 누적된 외자도입 기업의 부실화가 큰 문제로 대두하였다. 1969년 2월 부실경영으로 은행관리하에 놓인 기업체는 총 55개로 산업은행 관리하에 23개, 조흥은행과 한일은행 관리하에 각각 12개, 제일은행과 서울은행 관리하에 각각 2개, 상업은행 관리하에 2개였다. 1969년 3월 경세각료들은 외자도입, 시설과잉, 출혈경쟁 등으로 도산 위기에 처한 5개 PVC업체에 대해 생산제한과 공동판매를 내용으로 하는 대책을 마련했다. 본격적인 부실기업정리

---

3) Inwon Choue, *The Politics of Industrial Restructuring: South Korea's Turn Toward Export-led Heavy and Chemical Industrialization, 1961-1974*, Ph. D. Dissertation, University of Pennsylvania, 1988, pp.201-216.

4) Joungwon Alexander Kim, *Divided Korea*, pp.277-278.

는 1969년 5월 장덕진 경제비서관을 반장으로 하는 「부실기업정리반」에 의해 추진되었다. 이 조사반은 금융기관 융자업체 83개를 조사하여 1969년 8월까지 7차 조치에 의해 이 중에서 30개 업체를 정리했다.5)

섬유의류제품의 수출이 많은 비중을 차지하고 있던 한국에게 1960년대 말 한·미 섬유분쟁은 큰 타격을 주었다. 1969년 5월 3차 한·미 상공장관회의 때부터 한국 섬유류의 대미 수출에 대해 압력이 제기되었다. 한국의 섬유수출은 1970년 총수출(10억 달러)의 38%였으며 그중에서도 대미섬유수출은 1억 5천만 달러로 총 수출의 15%를 차지했다. 1971년 10월 16일 이낙선 상공부장관과 케네디(D.Kennedy) 미대통령 특사 간에 섬유문제에 대한 쌍무협정이 조인되었다. 그 내용은 1971년 10월부터 5년간을 규제기간으로 하고 섬유류의 대미수출 증가율을 연평균 7.5%로 하며, 미주시장 점유도가 높은 12개 품목에 대해서는 특별규제 한다는 것이었다.6)

1960년대 말 한국경제의 위기상황에 대한 대응방안을 놓고 정부부처와 재계에서는 정책 논쟁이 전개되었다. 경제기획원은 1972년 경기회복을 위한 일련의 경제대책을 발표했다. 경제기획원은 당시 한국경제의 문제가 침체에 기인한다기보다는 성장과정에서 나타날 수 있는 일시적 경기후퇴라고 보았다. 경제기획원은 현안 경제문제를 인플레이션, 국제수지적자, 경제불황의 3중고라고 정의하고 이에 대한 대책을 발표했다. 반면 재계와 학계는 한국경제의 구조적 문제가 국가주도에 의한 과도한 수출산업화정책에서 기인한다고 지적하고 해결책으로 민간부문의 역할강화, 과도한 차관도입 지양, 생산

---

5) 중화학공업 추진위원회 기획단, 한국공업화 발전에 관한 조사연구Ⅲ: 정책결정 과정의 이면사, pp.213 - 218.; 장덕진, "부실기업정리의 시말," 신동아(1969. 10), pp.99 - 108.
6) 한국공업화 발전에 관한 조사연구Ⅲ: 정책결정과정의 이면사, pp.263 - 269.

성 향상 등을 제시했다.[7]

특히 재계를 대표하는 전국경제인연합회는 이 기회를 통해 민간주도 경제체제로의 전환을 강력하게 주장했다. 전경련은 1960년대 말의 경제침체의 원인이 정부주도의 경제정책, 무리한 성장목표의 설정, 과도한 외자도입 등에 있다고 진단하고 정부의 지나친 경제개입을 지양하고 민간부문의 자율성을 향상시킬 것을 주장했다. 민간주도경제체제로의 전환을 요구하는 전경련의 주장은 1970년 12월 「건전성장을 위한 안전화 방안」, 1971년 2월 「정치·경제 및 사회 풍토의 정화에 관한 구상」 등에서 나타났다. 전경련은 1971년 4월 제10회 정기총회에서 「민간주도형 경제운영방침」으로의 전환을 요청하는 정부 건의문을 채택했다.[8]

경제기획원, 재계, 학계 등에서 국가주도 수출정책의 문제점을 지적하고 민간주도체제로의 전환을 주장함에 따라 정부는 시장경제의 역할강화, 은행민영화, 점진적 중공업육성, 성장과 안정의 병행 등과 같은 정책전환을 시도했다. 1971년 2월 9일 발표된 3차 5개년계획(1972-1976)의 계획 작성에 참여했던 실무진들의 회고에 의하면 이 계획은 민간부문의 역할을 확대하는 데 주안점이 두어졌다는 것이다.[9]

이 같은 민간주도 방식으로 정책전환이 계속 이루어졌다면 민간주도하에 점진적 중공업화가 실시되고 장기적으로 사회부문의 정치적 영향력이 증가하는 결과를 가져왔을 것이다. 그러나 잠정적인 정책조정기를 거친 후 유신체제의 형성과 함께 경제정책은 국가역할의 강화와 급속한 중화학공업화로 전환되었다.

1972년 11월 월간 경제동향 보고회의에서 1980년에 100억 불 수

---

7) 경제기획원, 개발연대의 경제정책: 경제기획원 20년사, pp.177-180.

8) 전국경제인 연합회, 전경련 20년사, pp.239-240, p.243, pp.248-250, p.254.

9) 한국공업화 발전에 관한 조사연구Ⅲ, pp.270-275.

출과 1,000불 국민소득의 목표가 제시되고 이에 따라 1971년 작성된 3차 경제개발 5개년계획도 수정되었다. 경제기획원은 1973년 12월 작성된 「우리경제의 장기전망(1972-81)」에서 100억 불 수출달성, 중화학공업 건설, 농어촌 경제개발을 주요 내용으로 발표했다.[10]

특히 민간주도로 중화학공업정책을 점진적으로 추진하자는 경제기획원의 제안은 박정희 대통령에게 받아들여지지 않았다. 경제기획원은 중간재와 자본재의 국내생산을 위한 수입 대체와 국제적 비교우위가 있는 분야에 대한 선별적 수출을 위해서 점진적인 중화학공업정책을 주장했다. 그러나 경제기획원이 제시한 민간주도의 점진적 중화학공업화정책은 박정희 대통령에게 불만족스러웠다. 당시 박정희 대통령은 경제불황과 정치적 반대세력의 저항에 직면해서 모든 문제를 일시에 해결하고 정통성을 확보할 수 있는 획기적인 방안을 필요로 했다.

경제기획원이 제시한 민간주도의 점진적인 중화학공업화는 다음과 같은 정치·경제적 이유 때문에 박정희 대통령이 받아들이기 어려웠다.[11]

첫째, 1960년대의 국가주도 수출정책이 근본적으로 수정되어야 한다는 주장은 3공화국의 경제성장 업적을 부정하는 것이었다.

둘째, 박대통령은 한국경제가 지속적으로 높은 경제성장을 달성하기 위해서는 앞으로도 민간부문에만 맡겨서는 곤란하며 국가의 강력한 주도에 의한 「교도자본주의」의 틀이 유지되어야 한다고 보았다.

셋째, 민간주도 경제체제로의 전환은 궁극적으로 사회부문의 정치적 영향력을 증가시키고 국가자율성을 제약할 가능성이 있는 것으로 인식되었다.

이 같은 요인들을 종합할 때 박정희 대통령은 경제의 자유화와

---

10) 경제기획원, 개발연대의 경제정책, pp.186-188.

11) Inwon Choue, *The Politics of Industrial Restructuring*, pp.265-276.

분권화로 특징지워지는 경제기획원의 점진적 중화학공업화정책을
수용할 수 없었다.

경제적 논리에 의하면 1960년대 말 여러 가지 한계에 직면한 수
출산업화정책의 대안은 민간주도의 점진적 중화학공업 정책이었다.
그러나 이 대안은 정치적 도전에 직면하여 경제성장의 업적을 제시
해야 하는 유신 정권에게는 미흡한 것이었다. 더욱이 안보위기에
직면한 유신정권은 방위산업육성을 위해서도 급속한 중화학공업화
를 필요로 했다.

3) 안보위기와 방위산업의 육성

1970년대 초 국제환경의 급속한 변화는 한국의 안보를 불안하게
만들었다. 1969년 괌 독트린(Guam Doctrine) 이후 미국은 베트남전
의 평화적 종식과 중국과의 관계개선을 모색하면서 「아시아문제의
아시아화」를 추진하였다. 닉슨독트린은 아시아지역 주둔 미국의 감
축을 수반했는데 1969－1972년 사이에 54만 명의 미군이 아시아지
역에서 감축되었다. 이중에는 주로 베트남주둔 미군철수가 많은 비
중을 차지했으며 주한미군 1개 사단(2만 명)의 철수계획도 포함되었
다.[12] 또한 1972년 2월 닉슨 대통령의 중국방문과 미·중관계개선
은 한국에게 큰 충격을 주었다.

더욱이 1968년 수차례에 걸친 북한의 무력도발은 한국의 안보위
기를 고조시켰다. 미국의 대한정책의 변화, 주한미군의 감축, 닉슨
의 중국방문, 북한의 무력위협 증가 등 대내외 상황은 한국으로 하
여금 안보위기의 심각성을 인식하게 했다.

---

12) Kwang Il Back, *An Analysis of the Security Relationship Between the United
States and the Republic of Korea*, Ph. D. Dissertation, George Washington
University, 1981, p.147.

이러한 안보위기 상황은 한국정부로 하여금 방위산업 육성을 위한 중화학공업의 필요성을 절감하게 했다. 정부는 방위산업육성을 위해서 1970년 KIST에게 4대 핵공장(종합중기계, 선철주조, 특수강, 선박공장)의 건설계획을 입안하도록 했다. 그리고 방위산업육성을 위해서 1971년 대통령 비서실 내에 제2경제수석을 신설하여 방위산업육성을 전담하도록 했다. 제2경제수석에 임명된 오원철은 상공부 중화학공업담당 차관보로 1973년 「중화학공업화 선언」 이후 중화학공업 추진위원회 기획단장으로서 중화학공업화를 총괄적으로 주도하였다.[13]

이처럼 중화학공업건설은 경제정책으로서가 아니라 국가안보와 관련된 방위산업육성이라는 국가의 우선적인 정책목표로 설정되었다. 이렇게 됨에 따라 국가는 수출산업화 정책을 추진하던 것 이상의 자율성을 지니고 경제자원을 동원하고 분배할 수 있는 입장에 놓이게 되었다.[14]

4) 정치적 정통성 확보

유신체제 형성과 중화학공업정책과의 관계는 현실적인 측면과 이론적 측면에서 많은 논의의 대상이 되었다. 이러한 논의는 중남미의 후발산업 국가에서 권위주의체제의 등장과 산업구조 심화와의 관계를 설명한 관료적 권위주의 이론(bureaucratic authoritarianism)의 한국적 적용을 둘러싸고 전개되었다.

오도넬(Guillermo O'Donnell)의 관료적 권위주의이론은 관료적 권위주의체제의 등장에 관한 인과론, 전개과정에 대한 동태론, 체제 내부

---

13) Inwon Choue, *The Politics of Industrial Restructuring*, pp.289‒293.

14) 전경련 20년사, pp.267‒268.; 김광석, "중화학공업의 정상화와 수출 산업화 방안," 무역 (1982. 5), p.13.

의 긴장과 딜레마에 대한 체제전환론으로 구분된다. 이 중에서도 특히 후발산업사회에서 산업구조의 심화와 권위주의체제의 등장 간에 선택적 친화력(elective affinity)이 있다는 인과론이 논의의 핵심이다.

오도넬에 의하면 후발산업국가에서 산업정책의 유형과 정치체제의 변화 간에 일정한 관련이 있다는 것이다. 중남미는 1930년대 이후 비내구성 소비재의 국내 생산을 목적으로 하는 수입대체산업화를 추진하였으며 이 기간 동안 도시 중산층과 노동자층을 중심으로 민중주의 세력이 형성되어 민중주의 정권이 수립되었다는 것이다. 그러나 쉬운 단계의 수입대체산업화가 고갈(exhaustion of easy-phase ISI)되고 정치·경제적 위기가 심화됨에 따라 군부·관료연합세력은 쿠데타동맹을 통해서 민중주의 세력의 정치참여를 배제하고 외국자본 및 기술의 도입에 의해서 산업구조의 심화(deepening)를 시도했다는 것이다.[15]

관료적 권위주의체제의 등장에 관한 산업화의 심화가설에 대해 다음과 같은 반론이 제기되었다.

첫째, 쿠데타동맹세력의 일차적 관심사는 인플레이션, 국제수지불균형, 재정적자였으며 산업화의 심화가 아니었다는 것이다. 바꾸어 말하면 산입구조의 심화필요성 때문에 관료적 권위주의체제가 형성되었다는 심화가설은 구조적 시각에서 경제정책과 정치변화와의 상관관계를 설명하였으며 정치행위자들의 인식과 정책선택을 고려하지 않았다는 것이다.[16]

---

15) Guillermo A. O'Donnell, *Modernization and Bureaucratic Authoritarianism: Studies in South American Politics* (Berkeley: University of California, 1979); "Reflections on the Pattern of Change in the Bureaucratic – Authoritarian State," *Latin American Research Review*, Vol.13, No.1(1978); "Tensions in the Bureaucratic – Authoritarian State and the Question of Democracy," in David Collier, ed., *The New Authoritarianism in Latin America* (Princeton: Princeton University Press, 1979).

둘째, 실제로 산업화의 심화와 관료적 권위주의 정권의 성립 간에는 밀접한 상관관계가 없다는 것이다. 산업화의 심화는 관료적 권위주의정권의 성립 이전에 이루어진 경우도 있고, 이후에 이루어진 경우도 있다는 것이다. 브라질의 경우 산업화의 심화는 이미 민중주의 시대인 1950년대 후반과 1960년대 초반에 상당히 진행되었으며, 1964년 관료적 권위주의 정권이 형성된 후 1971년에 이르기까지 심화는 경제정책의 일차적 관심사가 아니었다는 것이다. 심화는 1971 - 1974년 동안 제한적으로 진행되었으며 경제침체기인 1974년 이후 일차적 목표가 되었다는 것이다. 따라서 산업화의 심화와 정치체제의 변화 간에는 필연적인 상관관계가 없으며 두 가지 현상은 서로 다른 이론적 기반 위에서 취급되어야 한다는 것이다.17)

관료적 권위주의 이론은 거시적 차원에서 국제경제구조의 변화 및 산업구조의 변화와 이에 대한 정치엘리트의 대응을 구조적 인과관계 관점에서 설명하였다. 그러나 정치제제와 산업정책 간의 관계를 설명하기 위해서는 정치·사회세력의 역학관계, 정치엘리트의 상황인식과 정책선택, 정책형성과정, 정책의 예상하지 않은 결과 등 다양한 요인들이 고려되어야 한다.18)

---

16) Albert O. Hirschman, "The Turn to Authoritarianism in Latin America and the Search for Its Economic Determinants," in David Collier, ed., *The New Authoritarianism in Latin America*, pp.61 - 98.; Jose Serra, "Three Mistaken Theses Regarding the Connection between Industrialization and Authoritarian Regimes," in David Collier, ed., *The New Authoritarianism in Latin America*, pp.99 - 163.; Robert R. Kaufman, "Industrial Change and Authoritarian Rule in Latin America: A Concrete Review of the Bureaucratic Authoritarian Model," in David Collier, ed., *The New Authoritarianism in Latin America*, pp.165 - 253.

17) Jose Serra, "Three Mistaken Theses Regarding the Connection Between Industrialization and Authoritarian Regimes," in David Collier, ed., *The New Authoritarianism in Latin America*, pp.111 - 163.

18) Fernando H. Cardoso, "On the Characterization of Authoritarian Regimes in

관료적 권위주의 체제의 형성에 관한 인과론을 한국의 유신체제 성립에 적용하려는 시도는 여러 가지 논의를 불러 일으켰다. 유신체제의 형성을 관료적 권위주의 이론에 의해 설명하려는 사람들은 한국사례가 중남미와는 여러 가지 점에서 다르다는 사실을 인정하면서도 기본적으로 한국 사례를 관료적 권위주의 이론의 틀에서 설명하는 것은 타당성이 있다고 주장한다.[19]

이들은 유신체제의 성립을 오도넬의 산업화 심화가설에 입각해서 설명하고자 한다. 이들은 1970년대 초 국제경제구조의 변화, 무역수지 및 국제수지의 적자, 재정적자, 제조업분야의 생산성 하락, 경제성장률 저하 등 경제적 침체는 산업구조의 심화를 위한 정치체제의 변화를 필요로 했다는 것이다. 더욱이 1960년대 말 야당세력의 확대, 노동운동 및 도시빈민운동의 확대 등 민중세력의 저항이 산업화의 심화를 위한 정치체제의 변화를 필요로 했다는 것이다. 따라서 한국에서 관료적 권위주의체제의 형성과 경제구조의 심화 간에는

Latin America," David Collier, ed., *The New Authoritarianism in Latin America*, pp.54‐56.

19) 이 같은 입장의 대표적 학자인 강민은 한국의 경우 국제경제의 호조건, 3선개헌으로 인한 예비적 관료적 권위주의의 존재, 민중주의의 파행성, 군부의 비대화, 중산층의 이중성, 국가조합주의적 통제로 인한 민중운동의 탈정치화 등의 요인 때문에 중남미와는 달리 점진적인 방법으로 관료적 권위주의체제가 성립되었지만 그렇다고 해서 오도넬의 모델이 한국에 적용되지 않는 것은 아니라고 주장한다. 강민, "한국정치체제의 구조적 특성: 신 권위주의를 중심으로," 한국정치발전의 특성과 전망(한국정치학회, 1984), pp.78‐79.; "관료적 권위주의의 한국적 생성," 한국정치학회보, 17집(1983), pp.349‐362.; 또한 한상진은 한국의 경우 「사례」로서는 특수성이 있지만 「유형」으로는 관료적 권위주의 모델에 속한다고 할 수 있다고 보고 특히 한국의 유신체제가 중남미와 달리 점진적인 방법으로 성립되었다는 점에서 중남미의 「단절모델」(discontinuity model)과 달리 「연속모델」(continuity model)로 분류될 수 있다고 주장했다. 한상진, "관료적 권위주의와 한국사회," 한국사회의 전통과 변화 (서울: 범문사, 1983), pp.278‐280.

오도넬이 지적한 것과 같은 선택적 친화력이 존재한다는 것이다.[20]

1970년대 초 정치·경제적 위기에 대응하고 산업구조의 심화를 위해서 유신체제로의 전환이 필요했다는 이 같은 주장에 대해서 다음과 같은 비판을 제기할 수 있다.

첫째, 1970년대 초 민중주의의 저항이 산업구조의 심화를 불가능하게 하고 정치체제의 변화를 필요로 할 정도로 거센 것은 아니었다. 1970년대 초 학생, 지식인, 종교인, 정치인들의 저항이 표출되었지만 중남미에서 관료적 권위주의체제를 출현시켰던 것과 같이 조직적이고 응집력 있는 민중운동이 전개되지는 않았다. 당시의 저항은 특정 문제를 중심으로 제한된 형태로 전개되었으며 지배연합세력과 대외의존적 성장정책에 대해 근본적 위협을 제기할 정도는 아니었다.

그리고 1971년 12월 「국가위기에 관한 특별조치법」의 통과로 국가는 정치, 경제, 노동부문에 대해 막강한 통제력을 행사할 수 있었다. 또한 1972년 8월 3일 「경제의 안정과 성장에 관한 대통령 긴급명령」(8·3조치)에 의해서 국가가 경제부문에 광범위하게 개입할 수 있었다. 이러한 사실들을 고려할 때 만약 산업화의 심화만이 목적이었다면 1972년 유신체제로의 전환은 불필요했다고 할 수 있다. 바꾸어 말하면 박정희정권은 3선개헌 이후 강화된 권력에 의해서 민중부문의 저항을 억제하고 대외의존적 경제정책을 계속 추진할 수 있었다. 물론 1970년대 초 정치·경제적 위기가 유신체제 성립을 촉진하거나 정당화시킨 측면이 있지만 이것이 유신체제 성립의 결정적 요인이었다고 하기는 어렵다.[21]

---

20) 강민, "관료적 권위주의의 한국적 생성," pp.349-362.; "한국정치체제의 구조적 특성: 신권위주의를 중심으로," pp.56-79.

21) 김영명, "한국의 정치변동과 유신체제," 한국정치학회편, 현대 한국정치와 국가(서울: 법문사, 1986), pp.393-394.; 박광주 "국가론을 통한 한국 정치의 패러다임 모색: 최근의 연구동향과 그 반성," 현상과 인식, 9권 2호(1985년 여름), p.48.; 이성형, "국가, 계급 및 자본축적: 8.3조치를 중심

둘째, 1970년대 초 한국의 정치인, 관료, 자본가 계층이 민중주의의 위협과 이에 대응하기 위한 체제전환의 필요성을 공통으로 인식하고 있지는 않았다. 앞에서 지적한 바와 같이 1960년대 말 경제침제에 대해서 재계를 대표하는 전경련과 경제정책형성의 핵심기구인 경제기획원은 오히려 국가개입의 완화와 민간주도 경제체제로의 전환을 주장했다. 이렇게 볼 때 유신체제로의 전환은 지배연합세력의 공통된 위기인식에 의한 대응이었다기보다는 1971년 대통령선거 및 국회의원선거에서 나타난 정치적 위기, 안보위기, 대통령의 장기집권욕구 등이 복합적으로 작용한 것이었다.[22]

셋째, 중화학공업정책을 추진하기 위한 정치·사회적 안정의 필요성 때문에 유신체제가 필요했다는 산업화의 심화가설과는 달리 오히려 역으로 정치·안보적 요인에 의해 성립된 유신체제의 정통성 확보를 위한 수단으로 중화학공업정책이 추진되었다. 유신체제 동안 결과적으로 노동운동이 구조적으로 억제되고 외국자본의 투자가 확대되었으며, 이러한 기반위에서 중화학공업화가 추진되었던 것은 사실이다. 그러나 유신체제 성립과 중화학공업이 병행된 이유는 박정희의 국가발전단계론에 입각한 중화학공업화에 대한 신념, 방위산업의 필요성, 수출산업정책의 대안 모색 등 여러 요인에 의해 중화학공업정책이 추진되는 한편, 정치·안보적 이유에 의한 유신정권의 형성이 동시적으로 진행되었기 때문이다. 요컨대 서로 다른 별개의 원인을 지닌 중화학공업화와 유신체제가 결과적으로 병행하였으며, 양자간 필연적 연관성이나 인과관계가 있는 것은 아니었다.

으로," 최장집 편, 한국자본주의와 국가 (서울: 한울, 1985), pp.229 – 283.

22) 박광주, "국가론을 통한 한국정치의 패러다임 모색: 최근의 연구동향과 그 반성," p.49.; 이정복, "산업화와 정치체제의 변화," 한국정치학회보, 19집(1985), p.67.; 최완규, "권위주의체제 성립의 정치경제학적 분석: 유신체제의 경우," 한국과 국제정치, 4권 1호 (1988 봄), pp.97 – 176.

이와 더불어 중화학공업정책이 유신체제의 정통성을 확보하기 위한 수단으로 추진된 측면을 무시할 수 없다.[23] 5·16쿠데타 이후 경제성장에 의해 정통성을 보완하려는 박정희정권은 유신체제 성립 후 중화학공업화를 우선적인 국가정책으로 설정하고 모든 인적·물적 자원을 총동원했다. 유신체제는 중화학공업정책에 의해서 사회·경제영역의 저항을 최소화하고 국가동원체제의 정치적 통제망을 구축하고 정책적 자율성을 향유할 수 있었다.

2. 국가의 중화학공업 육성정책

대만의 중화학공업화가 주로 국영기업에 의해 추진됨으로써 경영부실화를 초래한 반면,[24] 한국의 중화학공업화는 국가의 지원하에 민간기업 중심으로 이루어졌다. 1960년대에 화학비료, 의약품, 석유정제, 시멘트공업 등의 중화학공업은 국영기업 중심으로 운영되었다. 그러나 1970년대의 본격적인 중화학공업화는 민간기업 위주로 진행되었으며 대한석유공사, 대한광업제련, 대한조선공사, 한국기계공업, 인천중공업, 한국비료 등이 민영화되었다. 한국의 국가는 중화학공업정책을 입안하고 구체적 집행사항까지 관여했지만 국가의 역할은 어디까지나 시장경제의 틀에서 경제운영의 메커니즘을 형성·조정하는 시장형성자적 역할[25]에 한정되었다.

23) 이정복, "산업화와 정치체제의 변화," pp.67-68.; "민주와 민중," 신동아 (1982. 9), pp.79-82.; 김대환, "국제 경제환경의 변화와 중화학공업의 전개," pp.212-213.

24) 유진경, "중화학공업화와 정부주도 경제의 문제," 김낙중 외, 한국경제의 현단계 (서울: 사계절, 1985), pp.242-243.

25) 국가의 시장형성자적 역할에 대해서는 다음을 참고하기 바람. 김병국, "국가구조와 국가능력: 한국과 멕시코의 대외불균형 관리정책의 비교연

앞에서 설명한 바와 같이 국가중심적 접근법에 의해서 산업화 정책을 분석할 경우 중요한 분석대상은 국가관료의 자율성, 국가기구의 역할, 국가의 경제적 자원, 국가의 정책망이다. 다음에서 이 같은 사항들을 중심으로 중화학공업정책에 대한 국가의 역할을 분석하고자 한다.

1) 국가기구의 역할

한국의 중화학공업화는 대통령이 직접 연두교서에서 「중화학공업화 선언」을 발표하는 예외적 방식으로 시작되었다. 그리고 그때까지 경제정책의 총괄적 책임을 맡았던 경제기획원이 아니라 신설된 별도기구가 중화학공업정책 추진의 책임을 맡았다. 중화학공업정책의 이러한 추진방식은 기존의 경제관련 부처의 역할과 정책 수행방식에 큰 변화를 가져왔다.

중화학공업정책은 1971년 11월부터 준비되었다. 1972년에는 중공업계획 작성을 위해서 산업개발연구소, 전엔지니어링 등 전문 연구단체와 외국 연구기관이 연구조사를 진행하였다.[26] 박정희 대통령은 국방부의 각 무기별 개별공장 건립안과 KIST의 4대 핵공장(종합중기계, 선철주조, 특수강, 선박공장) 건설안을 거부하고 청와대에 방위산업 및 장기산업 계획을 위해 특별 실무진을 편성했다. 이들은 약 1년 동안 방위산업제품의 국내생산 가능성과 산업구조의 장기구조에 대해 연구했다. 이 같은 연구결과에 기초하여 1973년 2월말 1차 시안이 발표되고 6월말 2차 시안이 마련되었으며 8월 17일 중화학공업 육성을 위한 장기계획이 발표되었다.[27]

구," 한국과 국제정치, 4권 2호 (1988 가을), pp.55 - 96.

26) 창원기계공업공단, 창원기지 5년사 (1979), pp.53 - 54.

1973년 10월 발표된 「우리 경제의 장기전망」에 의하면 중화학공업추진이 최우선적인 경제목표로 제시되었다. 이 자료에 의하면 중화학공업분야에 대한 집중투자를 통해서 1981년까지 연평균 10%의 성장률을 목표로 하였다. 그리고 중화학공업분야 중에서 철강, 비철금속, 조선, 기계, 전자, 화학 등 6개 분야를 전략업종으로 선정하고 낙동강하구에 제2제철기지, 여수·광양지구에 종합화학기지, 온산에 비철금속기지, 창원에 종합기계공업기지, 거제도에 조선기지, 구미에 전자기지 등 대단위 공업단지 건설을 계획했다.[28]

대통령이 「중화학공업화 선언」을 함에 따라 국가의 모든 인적·물적 자원이 중화학공업 추진에 총동원되었다. 중화학공업과 관련하여 주요 경제부처의 기구가 개편되었다. 정부조직 중에서 외자도입, 국내 자본의 투자유치, 산업기지 건설, 자원개발, 기술개방과 관련된 분야의 업무가 증가했다. 특히 중화학공업의 주관부처인 상공부의 경우 광공업차관보가 중공업차관보, 경공업차관보, 자원차관보로 분리되고 방위산업관이 신설되었다. 그리고 중화학공업단지의 기지화 전략에 따라 대단위 산업기지 건설을 위해서 1974년 1월 한국수자원 개발공사가 산업기지 개발공사로 개편되었다. 주요 경제부처의 기구개편은 다음과 같다.[29]

· 경제기획원: 1973년 외자관리국, 투자진흥국, 물가정책국의 승
　　　　　 격 및 확대, 외자계획 심의관 건설
· 재　무　부: 1970년 외국인 투자담당관 신설, 1975년 국제 금융
　　　　　 국의 개편 및 확대

27) 한상진 외, 한국사회변동과 국가역할에 관한 연구: 관료적 권위주의를 중심으로(현대사회연구소, 1985), p.50－51.
28) 한국경제연감(서울: 전국경제인연합회, 1974), p.29.
29) 한상진 외, 한국사회변동과 국가역할에 관한 연구: 관료적 권위주의를 중심으로, pp.52－55.

· 건　설　부: 1973년 산업입지국 신설
· 상　공　부: 1973년 상공부내 공업진흥 및 관리기능 담당 부서
　　　　　　를 각각 공업진흥청, 공업단지관리청으로 승격함.
　　　　　　광공업차관보가 중공업차관보, 경공업차관보, 자원
　　　　　　차관보로 분리됨.
· 과학기술처: 1973년 원자력 및 자원개발관의 신설, 기술 협력국
　　　　　　의 개편 및 확대

중화학공업정책 추진을 위해 전문기구가 형성된 것이 특히 주목
된다. 1973년 2월 정부조직법 2조에 근거해 중화학공업추진을 전담
하는 「중화학공업 추진위원회」가 설립되었다. 중화학공업 추진위원
회는 국무총리 직속으로 국무총리를 위원장으로 하고 경제기획원
장관, 재무부 장관, 상공부 장관, 건설부 장관, 문교부 장관, 과기처
장관, 제2무임소 장관, 국무총리가 위촉하는 7인 이상 15인 이내의
위원으로 구성되었다. 중화학공업 추진위원회는 ①중화학공업에 대
한 종합계획 작성 ②산업기지 건설 계획 수립 ③분야별 중화학공업
추진계획 마련 ④중화학공업 촉진을 위한 설비지원계획 작성 등의
업무를 맡았다. 중화학공업 추진위원회는 대통령의 주재하에 1973
년 3월부터 1974년 초까지 18회에 걸쳐 회의를 개최하였으나 그 후
실질적인 업무는 중화학공업 기획단으로 넘겨졌다.[30)]
　중화학공업 추진위원회의 실무집행기관으로 「중화학공업기획단」
이 조직되어 실질적인 작업은 기획단에 의해 이루어졌다. 기획단은
청와대 경제 2수석비서관(초기에는 김용환, 이후 오원철로 교체됨)
을 단장으로 하고 상공부 중공업차관보, 경제기획원, 상공부, 건설
부 등 관련 부처의 국장급, 재무부, 과기처 등의 과장들을 실무진으

---

30) 중화학공업 추진위원회 기획단, 한국공업화발전에 관한 조사연구Ⅲ: 정책
　　결정과정의 이면사, p.321－323.; 중화학공업추진회의록 (1980), p.5.

로 하여 구성되었다.

그리고 1974년 2월 26일 기존의 차관보급 회의와 추진위원회 협의회를 통합하여 「중화학공업추진차관보급 실무회의」가 조직되어 (1979년까지 85회 동안 개최됨)실제 업무를 총괄했다. 중공업기획단은 상공부 등에서 이미 수립된 중화학공업육성 계획과 특히 청와대의 오원철 경제 제2수석비서관이 마련한 방위산업육성 및 과학, 기술개발에 대한 계획안을 종합했다. 그 결과 1973년 7월 중화학공업 기본계획이 마련되었으며 이후 방위산업분야가 앞당겨 추진되는 것을 제외하고 기본골격에서 큰 변화가 없었다.[31]

중공업기획단의 조정하에 관련 부처들은 다음과 같은 업무협조를 하였다.[32]

· 기본계획작성: 경제기획원 – 1980년대 경제전망
　　　　　　　상 공 부 – 부문별 투자사업계획
　　　　　　　건 설 부 – 공장기지 건설계획
· 지 원 계 획: 과기처, 문교부, 보사부 – 인력개발계획
　　　　　　　경제기획원, 과기처 – 기술 및 연구개발계획
　　　　　　　경제기획원, 재무부 – 재정조달계획

중화학공업 기획단은 입지실, 전자실, 정책조정실, 총무실의 4개 실에 60 – 70명의 인원으로 구성되었다. 그러나 계획집행단계인 1974 년부터 정책실과 입지실의 2개실에 30 – 40명으로 인원이 축소되었다. 이후 인원이 계속 감소하여 1980년 해체 당시 인원은 10여 명에 불과했다. 기획단은 초기에 계획작성을 전담하던 것에서 벗어나

---

31) 한국공업화발전에 관한 조사연구Ⅲ: 정책결정 과정의 이면사, pp.321 – 326.; 창원기지 5년사, p.81.
32) 창원기지 5년사, p.54.

1974년 이후 진행사항의 점검 및 관련 부처의 업무조정 업무를 주로 수행했다.[33]

중화학공업 기획단이 신설되어 중화학공업정책 전반에 걸쳐 실무작업을 주도했다는 점은 다음과 같은 의미를 지니고 있다.

첫째, 경제 제2수석이 기획단장을 겸임함으로써 기획단장이 경제부처나 경제기획원을 거치지 않고 대통령에게 직접 보고할 수 있었다.

둘째, 관련 부처의 국장급들이 기획단에 파견근무를 함으로써 부처 간 실무적 업무조정이 순조롭게 진행될 수 있었다.

셋째, 중화학공업정책이 우선적인 국가목표로 설정되었기 때문에 추진계획에 대한 반대의견이나 갈등은 표출되지 않았다. 관련 경제부처의 주된 임무는 기획단에서 결정한 사항을 사후에 통보받고 실무적인 지시사항을 어떻게 잘 수행하느냐 하는 것에 집중되었다.

예를 들면 경제기획원은 3차 경제개발 5개년계획(1972 - 1976)의 내용 중 철강, 기계, 석유화학분야는 수입대체산업화를 지향하고 한국이 대외경쟁력이 있는 전자, 조선분야만 수출산업으로 육성할 것을 목표로 했다. 그러나 중화학공업 추진계획은 중화학공업 전반의 수출화를 지향했다. 따라서 경제기획원은 기획단의 계획에 따라 철강, 비철금속, 조선, 기계, 전자, 석유화학 등 전 분야의 수출을 목표로 하는 내용으로 3차 5개년계획을 수정해야 했다.[34]

중화학공업이 기존의 경제정책형성의 책임부서인 경제기획원에 의해서가 아니라 신설된 중화학공업 추진위원회와 기획단에 의해서 추진되었다는 것은 특별히 중요한 의미를 지닌다. 앞에서 설명한 바와 같이 1960년대 말 경제침체에 대한 경제기획원, 재계, 학계의 점진적 구조조정방안은 박정희 대통령에게 미흡하게 여겨졌다. 그

---

33) 한상진 외, 한국사회변동과 국가역할에 관한 연구: 관료적 권위주의를 중심으로, pp.57 - 58.

34) Inwon Choue, *The Politics of Industrial Restructuring*, pp.329 - 331.

러던 중 상공부의 중화학공업담당 차관보로 있던 오원철을 중심으로 마련된 국가주도의 급속한 중화학공업정책이 채택되었다. 이후 1980년 중화학공업 투자조정이 있기까지 기획단이 전반적인 정책조정의 책임을 맡고 경제기획원의 역할은 부차적 수준에 한정되었다.

오원철은 1971년 청와대 경제 제2수석비서관이 되어 방위산업과 중화학공업분야 업무를 전담하였다. 오원철을 중심으로 한 기획단의 중화학공업화는 ①수출화 ②국제화 ③기지화를 목표로 했다. 경제기획원의 점진적 중화학공업화는 수입대체와 국제적 경쟁력이 있는 분야의 수출을 목표로 한 반면, 기획단의 방안은 처음부터 수출을 목표로 했다. 경제기획원의 점진적 중화학공업화는 민간주도를 지향한 반면, 기획단의 정책은 국가주도하에 방위산업육성과 급속한 경제도약이 이루어져야 한다고 주장했다. 그리고 기획단의 방안은 개별기업의 자율성을 인정하기보다는 산업기지화 계획에 의해서 대단지에 기업들이 집단으로 거주하는 대단위의 기지건설을 목표로 했다.[35]

2) 경제적 자원

중화학공업을 추진하는 데 있어서 한 가지 특징은 해외자본 의존도을 줄이기 위해서 국내자본을 동원했다는 점이다. 1973년부터 1981년까지 중화학공업분야에 대한 2조 9,800억 원의 투자액을 포함한 총 13조 4,570억 원의 소요자본 중에서 약 88%에 해당하는 11조 5,520억 원은 국내 저축에 의해 충당하고 나머지 12%에 해당하는 1조 5,680억 원은 해외저축에 의해 충당하도록 계획되었다.[36]

국내 자본동원은 주로 재정융자에 의해서 충당되었다. 중화학공

---

35) *Ibid.*, pp.297-299.

36) 대한상공회의소, 중화학공업 건설과 자본동원 (서울: 대한상공회의소 한국경제연구센터, 1975), p.50.

업이 정부의 재정투자보다 주로 대기업에 대한 재정지원방식에 의해 추진되었기 때문에 재정투융자 중에서 재정융자가 차지하는 비율은 계속 증가했다(1967－1971년 13.4%, 1972－1976년 50.3%, 1977－1980년 81.2%). 재정융자의 재원은 80%이상 국민투자기금에서 충당되었다 (재정융자기금 중 국민투자기금의 비중: 1974년 79.2%, 1976년 89.5%, 1978년 86.0%, 1979년 87.1%). 따라서 재정투융자는 실제로 국민투자기금을 중심으로 운영되었다고 할 수 있다.[37]

국민투자기금은 재무부 주도하에 1973년 12월 14일 「국민투자기금법안」에 의해서 설립되었다. 경제기획원이 재무부의 방안에 대해서 이의를 제기했고 야당의원, 학계, 재계 일부에서 국민투자기금은 강제저축제도이며 금융자원분배를 왜곡할 가능성이 있다고 반론을 제기했으나 별 효과가 없었다.[38]

국민투자기금은 채권발행과 정부의 출연 또는 예탁금에 의해 조달되고 이것이 금융기관에 대출되어 중화학공업과 수출산업분야에 특혜융자 되었다.[39]

1974－1981년 동안 국민투자기금 중에서 중화학공업에 대한 지원액이 차지하는 비율은 평균 67.9%였다. 여기에 중화학공업건설을 위해서 전력부분에 투자된 비율까지 합하면 국민투자기금 중에서 93%가 중화학공업 관련분야에 투자되었다.

내자동원 방법으로 마련된 국민투자기금은 다음과 같은 특징을 지니고 있었다. 첫째, 국민투자기금의 대부분은 국민투자채권 발행으로 충당되었는데 이것은 금융기관의 저축성예금의 일정비율을 반강제적으로 할당하도록 하는 것이었다. 둘째, 국민투자기금은 국회

---

37) 김견, "한국의 중화학공업화 과정에서의 국가개입의 양상 및 귀결," 오늘의 한국 자본주의와 국가 (서울: 한길사, 1988), pp.140－142.

38) 한국 공업화발전에 관한 조사연구Ⅲ: 정책결정 과정의 이면사, pp.354－360.

39) 경제기획원, 개발연대의 경제정책: 경제기획원 30년사, pp.217－218.

의 예산권한 밖에서 운영됨으로써 자금운영에 있어서 정부의 재량권이 행사될 가능성이 많았다.[40]

한편, 중화학공업화 기간 동안 차관도입과 함께 외국인 직접투자가 증가한 것이 주목된다. 1972 - 1978년 동안 중화학공업분야에 도입된 차관은 총 32억 달러로 이 기간 중 제조업분야에 도입된 차관의 73%를 차지했다. 특히 금속공업과 화학공업은 이 기간 중 도입된 총 차관액의 16.5%와 6.5%를 차지했다.[41]

외국인 직접투자는 1979년 말까지 총 해외자본 유입의 6.2%에 해당하는 9억 9천만 달러였다. 외국인 직접투자의 72.9%는 제조업분야에 대한 것이었고 그 중에서 47.8%는 중화학공업분야에 투자되었다. 미국자본은 주로 자본 및 기술집약적 분야에 투자되었고 일본자본은 노동집약적 산업에 투자되었다.[42]

1970년대에 중화학공업분야에 외국인 투자를 유치하기 위해서 「외자도입법」이 개정되었다. 1973년 개정된 외자도입법에 의하면 중화학공업에 대한 외국투자를 확대하고 업종에 따라 100% 외국인 투자를 허용했다. 1974년에는 금속, 기계, 전자공업이 외국인 투자유치사업으로 지정되었고, 1977년에는 중화학공업과 전원 개발사업의 차관도입이 우선적으로 허가되었다. 그리고 1978년, 1979년에는 6개 중화학공업분야의 기술도입이 자유화되고 외국인 투자기업의 수출의무조항이 삭제되었다. 외국인 직접투자가 증가함에 따라 외국자본이 51% 이상 주식을 차지하고 있는 비율이 중화학부문은 41.5%,

---

40) 김 견, "한국의 중화학공업화 과정에서의 국가개입의 양상 및 귀결," pp.143 - 144.

41) 강병구, 한국의 중화학공업 투자조정에 관한 연구 (인하대학교 경제학과 석사학위 논문, 1990), pp.15 - 17.

42) Kim Myung Soo, *The Making of Korean Society: The Role of the State in the Republic of Korea (1948 - 79)*, Ph. D. Dissertation, Brown University, 1987, pp.157 - 158.

경공업부문은 29%로 되었다. 또 외국자본이 100%의 주식을 차지하고 있는 비율은 중화학부문이 37.7%, 경공업부문이 6.1%에 이르렀다.[43] 외국인 직접투자가 증가함에 따라 중화학공업분야의 전체 수출액 가운데 외국인 투자기업의 비중은 1974년과 1978년에 각각 36.1%와 34%를 차지했다.[44]

3) 중화학공업 육성정책

중화학공업분야에 대한 민간기업의 투자를 촉진시키기 위해 국가는 국민투자기금 조성에 의해 재정융자를 제공하고 해외자본유치를 확대하였다. 또한 국가는 사회간접자본 건설에 대한 재정투자를 확대하고, 금융, 조세, 관세 면에서 각종 특혜조치를 실시했다. 국가의 이러한 중화학공업 육성정책은 중화학공업화에 대해서 소극적이었던 기업들의 참여를 유발하는 데 기여했다. 그러나 결과적으로 국가의 과도한 특혜조치는 기업들의 과잉, 중복투자를 가져오는 요인이 되었다.

정부의 정책금융 중에서 가장 높은 비율을 차지하는 것은 국민투자기금과 산업은행자금이었다. 국민투자기금은 1980년 말 중화학공업에 대한 융자액이 1조 417억 원으로 전체의 약 68%를 차지했다. 그리고 산업은행자금은 1980년 말 중화학공업분야에 대한 융자액이 1조 2,890억 원으로 전체의 약 42%를 차지했다. 또한 전체 금융기관의 설비자금 대출 가운데 26.1%에 해당하는 1조 8,638억 원이 중화학공업분야에 대출되었다. 그리고 설비자금 가운데 중화학공업과 밀접히 관련된 사회간접자본분야에 48.5%가 투자되었다.[45] 이렇게 중화학공업

---

43) 김 견, "한국의 중화학공업화 과정에서의 국가개입의 양상 및 귀결," pp.155 - 156.

44) 강병구, "한국의 중화학공업 투자조정에 관한 연구," pp.15 - 17.

에 대한 금융지원이 증가함에 따라 제조업에 대한 정책금융지원 중에서 중화학공업분야의 비중은 1980년 93.6%에 이르렀다.[46)]

중화학공업에 대한 세제혜택은 조세와 관세부문에 대한 지원정책이 중심을 이루었다. 이와 관련하여 1974년부터 시행된 「조세감면규제법」과 「관세법」이 주목된다.

조세감면내용은 다음 표에 나타난 바와 같이 중요산업에 대해 ① 3년간 100%, 2년간 50%의 감면, ②8% - 10%의 투자액 공제 중에서 택일, ③100%의 특별상각 등이다. 그리고 관세혜택은 해당분야에 대해서 70% - 100%의 관세감면 혜택을 주는 것이었다. 이외에도 철강공업 육성법, 전자공업 육성법, 석유화학공업 육성법, 비철금속 제련사업법 등 일련의 중화학공업육성법에 의해 중화학공업분야에 대한 투자가 촉진되었다. 중화학공업분야에 대한 조세감면에 따라 1978년 법인세 감면율의 경우, 경공업 부문이 8%인데 중화학공업분야는 40.1%였다.[47)]

표 25. 중화학공업에 대한 조세지원 내용

	중요산업		외국인 투자	기타부문
직접감면	3년간: 100% 2년간: 50%	(중 택일)	5년: 100% 3년: 50%	시한부 (20 - 60%)
투자액공제	8% - 10%		–	
특별상각	100%		–	
관세감면	70 - 100%		100%	

경제기획원, 경제백서 (1981), p.107

---

45) 위의 논문, pp.11 - 12.

46) 김견, "한국의 중화학공업화 과정에서의 국가개입의 양상 및 귀결," p.145.

47) 위의 논문, pp.147 - 148.

표 26. 중화학공업에 대한 업종별 조세지원 기준

업 종	조세감면규제법	관 세 법
철 강	연 10만 톤 이상의 제철·제강의 일관 제철시설	연 20만 톤 제철, 제강, 압연의 일관 제철 등
비철금속	동광(3만 톤/년) 연광(1만 톤/년)	모든 제련 및 정련업
기 계	22개 품목	일반 기계 14개 품목 등
조 선	3천톤급 이상의 도크 조선대	1천톤급 이상 철동선 등
전 자	11개 품목, 30개 부품	20개 품목, 14개 재료
화 학	나프타분해공업, 석유화학, 유티리티사업	7개 업종

경제기획원, 경제백서(1981), p.107

3. 중화학공업 투자조정

1) 투자조정의 배경

중화학공업 우선정책에 대해서 재계의 초기입장은 그다지 긍정적이지 않았다. 재계는 한국의 경제규모가 적고 기술축적이 미약하기 때문에 중화학공업추진은 시기상조라고 여겼다. 더욱이 전경련은 1970년대 초반의 경제불황에 대해 민간주도 경제운영방식으로 전환할 것을 건의하였다. 그러나 유신체제의 성립과 더불어 중화학공업정책이 정치·안보적 이유에 의한 국가의 최우선 정책으로 제시됨에 따라 재계는 이러한 추세를 거스를 수 없었다. 또한 중화학공업분야에 대해 각종 특혜가 집중됨에 따라 재계는 중화학공업의 경제성을 평가하기에 앞서 정부의 특혜를 받기 위해 다투어 중화학공업분야에 참여했다.[48]

---

48) 전경련 20년사, pp.267-268, p.280.

1973년의 1차 석유파동으로 중화학공업에 대한 투자가 침체상태에 빠졌으나 석유파동이 어느 정도 해결된 뒤인 1976년 이후 중화학부문에 대한 투자가 대폭 증가했다. 정치·안보적 이유에 의해 중화학공업화를 선언한 국가의 이해관계와 특혜정책의 혜택을 받고 활동 영역을 확대하려는 대기업의 이해관계가 일치하여 1976년 이후 중화학공업에 대한 투자가 집중적으로 이루어졌다. 그러나 이같이 경제적 요인을 무시한 국가의 지원과 재계의 무분별한 투자확대는 과잉·중복투자와 경제침체라는 결과를 가져왔다.

중화학공업건설이 1차적 목표로 제시되었던 4차 경제개발5년계획 (1977-1981)에 의하면 중공업 대 경공업의 비율이 60대 40인데 이 비율은 1979년에 75.5% 대 24.5%가 되었다. 이와 함께 급속한 중화학공업화로 1981년 달성목표로 설정된 100억 달러 수출이 1977년에 달성되었다.[49]

이러한 목표의 초과달성은 중화학공업부문의 과잉·중복투자를 수반했다. 과잉·중복투자된 중화학공업은 내수시장의 한계와 국제 경쟁력 상실로 인한 공급과잉으로 커다란 문제를 가져왔다. 과잉시설의 상황을 보면 1980년 당시 발전설비는 4개 기업이 국내수요의 2.5배의 초과생산능력을 지니고 있었고, 자동차는 3.2배의 초과생산능력을 보유하고 있었다. 전기동은 8만 4천 톤의 수요에 비해 12만 톤의 공급능력을 보유하고 있었고, 디젤엔진도 1979년 당시 20만 마력의 수요에 비해 150만 마력의 생산능력을 보유하고 있었다.[50]

이 같은 과잉시설과 수요부족으로 전반적으로 산업가동률이 심각하게 떨어졌다. 기계부문의 산업가동률이 1977년에 74%, 1979년에 60.1%이던 것이 1980년에는 35%로 떨어졌다. 특히 발전설비, 자동차, 전기장비, 디젤, 동제련 등의 분야에서 산업가동률이 현저하게

---

49) 한국경제 20년의 회고와 반성 (서울: 대한상공회의소, 1985), p.248.
50) 한상진 외, 한국사회변동과 국가역할에 관한 연구, p.90.

떨어졌다. 그리고 1980년 자동차업계의 평균가동률이 34.3%로 떨어졌다. 그리고 중전기분야의 평균 가동률도 30% 이하로 떨어졌다. 디젤엔진분야도 평균 가동률이 20 - 40% 정도로 떨어졌다.[51]

산업가동률의 저하로 인해 자본부족이 심화되고 적자기업이 증가했다. 중화학공업분야에서 국내자본 부족액이 1979년에 5,320억, 1980년에는 4,820억에 이르렀다. 자본부족과 함께 외채 비중이 더욱 증가했는데, 중화학공업 부문에서 차관상환액의 비중은 1979년에 11.9%, 1980년에 12 - 13%로 증가했다.[52]

부채증가로 인해 적자기업이 증가했는데 상공부의 1981년도 조사에 의하면 조사대상인 74개 회사 가운데 42개사가 흑자인 반면 34개사가 2,609억 원의 적자를 기록한 것으로 나타났다.

중화학공업의 과잉 · 중복투자로 인한 문제는 심각한 상황에 이르러 1979년부터 3차에 걸친 투자조정과정을 거치게 되었다. 이 과정에서 국가, 자본가, 해외자본 간에 투자조정을 둘러싸고 첨예하게 이익이 대립했다. 국가는 여러 가지 정책수단을 동원하여 과잉 · 중복투자를 조정하려고 했으나 영향력이 증가한 국내기업가와 해외자본의 압력에 직면하여 의사를 관철시킬 수 없었다.

1979년부터 시작된 중화학공입의 투자조정은 정책기조가 중화학공업 위주의 팽창정책에서 경제안정화정책으로 전환했음을 의미한다. 이것은 팽창정책을 주도했던 상공부와 중화학공업 기획단에 비해서 열세에 놓여있던 경제기획원이 안정화정책을 계기로 다시 조정능력을 회복하게 되었음을 의미한다.

1979년 4월 12일 경제장관협의회에서 경제기획원 주동으로 물가안정계획과 중화학공업 투자조정정책이 제시되었다. 그러나 상공부

---

51) Kim Myung, Soo, *The Making of Korean Society*, pp.124 - 126.
52) 임진숙, "주변 자본주의하에서의 국가 · 자본관계," <u>해방후 한국의 사회</u> <u>변동</u> (서울: 문학과 지성사, 1986), pp.253 - 254.

는 계속 10대 전략사업 위주의 성장정책을 주장했다. 결국 상공부와 경제기획원의 의견조정을 거쳐 1979년 5월 25일 중화학공업에 대한 투자조정안이 발표되었다.[53]

2) 과잉투자와 국가, 재벌, 해외자본

한국의 중화학공업정책은 국가가 각종 지원과 혜택을 제공하여 대기업과 외국자본의 참여를 촉진하는 형태로 추진되었다. 초기에 국가는 중화학공업에 대해 소극적인 국내기업과 외국자본을 끌어들이기 위해 파격적인 혜택을 제공했다. 이러한 특혜정책의 결과 1977년 이후 중화학공업 부문에 과잉중복투자현상이 발생했다. 국가는 각종 혜택의 제공자였을 뿐만 아니라 중화학공업 부문의 가장 거대한 수요자였다. 한국전력주식회사의 경우 1977년부터 1980년까지 21개의 발전소 건설계획을 가지고 있었다. 중화학공업의 다른 분야에서도 국가는 최대의 수요자였다.[54]

이같이 국가가 각종 정책망을 통해 지원정책을 실시하는 동시에 중화학공업의 최대 수요자인 결과, 국가, 재벌, 해외자본 간 복잡한 역학관계가 형성되었다. 결과적으로 국가기구의 확대와 정책망을 통해 사회부문과의 연계가 증가함에 따라 기업과 해외자본이 국가부문에 침투하고 국가의 자율성이 약화되는 현상이 나타났다.[55] 재벌들은 국가기구에 침투해서 정책결정과정에 영향을 미치고자 했다. 더욱이 국내자본과 연결된 해외자본의 영향력은 국가기구의 응집력을 약화시키고 국가의 정책조정능력을 약화시키는 결과를 가져왔다.

53) 박병윤, "중화학공업계의 내막," 신동아 (1980. 5), p.205.

54) Kim Myung Soo, *The Making of Korean Society*, pp.134 – 136.

55) Peter B. Evans, Dietrich Rueschemeyer, and Theda Skocpol, "On the Road toward a More Adequate Understanding of the State," pp.350 – 356.

중화학공업의 추진방식과 속도에 대해서 부처별로 다른 정책목표를 지니고 있었다. 상공부와 중화학공업 기획단은 중화학공업 확대를 적극적으로 주장했고 관련 재벌들의 이익을 대변했다. 중화학공업이 우선시됨에 따라 재정안정을 목표로 하는 재무부의 입장은 반영되지 않았다. 재무부는 상공부와 기획단이 일방적으로 결정한 계획에 따라 재원을 조달해야 하는 어려움을 안고 있었다. 그리고 경제기획원은 급격한 중화학공업화에 대해서 소극적인 입장을 취했다. 1978년 중반 과잉·중복투자 문제가 심각해짐에 따라 경제기획원은 투자조정과 재정안정화정책을 주장했다. 경제기획원의 이러한 입장이 반영되어 1979년 4월 경제안정화정책이 발표되고 뒤이어 투자조정정책이 실시되었다.[56]

정부의 특혜를 받기 위한 재벌들의 과잉경쟁은 자동차부문의 다음과 같은 투자사례에서도 잘 나타난다. 1979년 1월 상공부는 10대 전략산업 육성계획을 발표하고 1986년 자동차 2백만 대 생산이 목표라고 발표했다. 자동차업계는 상공부의 계획에 따라 현대자동차 백만 대, 새한자동차 70만 대, 기아산업 60만 대의 생산계획을 제시했는데 이것은 목표로 제시된 200만 대를 상회하는 것이었다. 이같이 상공부가 목표를 설정하면 각 기업체가 실제 타당성에 대한 세밀한 조사 없이 목표를 설정하고 경쟁함으로써 과잉투자 및 중복투자현상이 발생하였다.[57]

중화학공업화를 둘러싼 국가, 재벌, 해외자본 간의 복잡한 상호관계는 발전설비분야의 투자사례에서 두드러지게 나타난다. 발전설비분야는 국영기업체인 한국전력회사가 수요자라는 점 뿐만 아니라 투자규모가 엄청나게 컸으며 첨단기술이 관련되었다는 점에서 관련 부처, 기업, 해외자본의 이해관계가 첨예하게 드러났다.

---

56) 최낙동, "기계공업계의 내막," 신동아 (1980. 4), pp.244 - 245.
57) 박병윤, "중화학공업계의 내막," p.207.

1976년 한국전력주식회사가 아산화력발전소와 울산발전소 건설계획을 발표함에 따라 대기업들은 각종 혜택과 판로가 보장된 발전설비분야에 다투어 투자하고자 했다. 현대중공업은 미 웨스팅 하우스(Westing House)와 합작하여 아산화력발전소 건설계획의 입찰에 성공했고 대우중공업은 스위스의 브라운 보베리(Brown Boveri)와 합작하여 울산발전소 계획에 참가했다. 그리고 발전설비분야에서 뒤진 삼성중공업은 일본기업과 기술제휴하여 삼천포 1,2발전소 건설계획에 참여하기로 했다. 그런데 발전설비분야의 선두기업인 현대양행은 1976년부터 IBRD의 차관으로 한국정부에게 공장완성 후 5년 동안 수요를 보장해 줄 것을 요구했다. 발전설비분야에 대한 과잉투자로 정부가 현대양행의 수요를 보장할 수 없게 되자 정부는 IBRD로부터 계약을 이행하라는 요구를 받게 되었다. 이렇게 됨에 따라 정부는 1977년 5월 21일 경제장관협의회에서 현대양행에게 발전설비의 독점 생산권을 허가하고 현대중공업, 대우중공업, 삼성중공업 등은 일반 산업용 보일러만을 생산하도록 결정했다.58)

그러나 이 같은 발전설비분야의 일원화 방침은 이후 투자확대과정에서 무효화되었다. 한국전력주식회사가 고리3호 및 4호 원자력발전소 건설계획을 발표함에 따라 현대중공업, 대우중공업, 현대양행이 치열하게 경쟁했다. 상공부는 현대양행의 기술이 앞섰다는 이유와 발전설비 일원화원칙에 의해 현대양행의 독점권을 인정하고자 했다. 그러나 동력자원부는 원자력발전소 건설의 특수성을 이유로 현대중공업을 지지했다. 경제기획원과 동력자원부는 발전설비 일원화방침을 무효화하고 발전설비분야의 3두체제(현대양행, 현대중공업, 대우중공업)를 지지하였다. 결과적으로 현대중공업이 고리 3호 및 4호의 건설업체로 선정됨으로써 현대양행의 독점권을 인정했던

---

58) Kim Myung Soo, *The Making of Korean Society*, pp.127 - 129.

발전설비분야의 일원화 원칙은 무효화되었다.[59]

또한 한국전력주식회사는 원자력 5호 및 6호기의 건설을 미 웨스팅하우스(1차)와 영국 GEC회사(2차)에게 의뢰했다. 이 경우 발전설비 일원화원칙에 의하면 현대양행의 합작회사인 미 컴버스천 엔지니어링과 제너럴 일렉트릭(General Electric)이 선정되었어야 했다. 이렇게 되자 웨스팅하우스화 합작하고 있던 현대중공업은 무효화된 발전설비 일원화원칙을 폐기할 것을 주장했다.[60]

이같이 발전설비 일원화원칙이 사실상 무효화됨에 따라 1978년 4월 23일 경제장관협의회에서 발전설비 일원화원칙이 폐지되고 현대양행과 함께 현대중공업과 대우중공업의 참여를 허용하는 결정이 내려졌다. 그리고 1978년 10월 28일 경제장관협의회에서 삼성중공업의 참여도 허용됨으로써 발전설비분야는 4원화(현대양행, 현대중공업, 대우중공업, 삼성중공업)되었다. 이 같은 과잉투자로 1978년 현재 발전설비분야의 국내수요는 백만KW인데 총공급능력은 8백만KW에 이르렀다.[61]

이처럼 정치·안보적 이유에 의해 중화학공업 우선정책을 설정하고 모든 수단을 동원해 이를 추진하는 국가, 각종 특혜정책의 혜택을 받고 기업확장의 기회를 엿보는 재벌, 한국재벌과 합작하여 유리한 조건으로 한국시장에 침투하려는 해외자본의 이해관계가 복잡하게 얽혔다. 그 결과 정부의 정책조정능력은 제한되고 중화학공업의 과잉·중복투자현상이 나타났다. 정부는 몇 차례의 투자조정을 통해서 과잉·중복투자현상을 시정하고 국가의 자율성을 회복하고자 했으나 그 결과는 실패였다.

---

59) Ibid., p.130 – 133.

60) 박병윤, "중화학공업계의 내막," pp.202 – 203.

61) 박병윤, "중화학공업계의 내막," p.203: Kim Myung Soo, *The Making of Korean Society*, pp.131 – 133.

3) 투자조정과정

중화학공업분야의 투자조정은 총 3차와 이후의 투자 재조정조치에 의해서 실시되었다. 투자조정조치는 정부의 의도와는 달리 기업과 해외자본 간 이해대립으로 거의 백지화되었다.

(1) 1차 투자조정

1979년 5월 25일 실시된 1차 투자조정은 발전설비, 디젤엔진, 중장비분야를 중심으로 이루어졌다. 발전설비분야에서는 현대중공업과 현대양행이 일원화하고, 대우중공업과 삼성중공업이 통합하여 대우는 터빈과 제네레이터 생산에 특화하고 삼성은 보일러 생산에 특화하도록 했다. 디젤엔진분야에서는 기존 3개 업체 외에는 신규투자를 허용하지 않기로 했다.

표 27. 1차 중화학공업 투자조정계획(1979. 5. 25)

분 야	회 사	조정계획
발전설비	현대양행 현대중공업	현대중공업이 현대양행에 증자하여 일원화
	삼성중공업 대우중공업	대우중공업과 삼성중공업이 상호 합자 또는 통합 (대우: 터빈, 제네레이터 생산, 삼성: 보일러 생산)
디젤엔진	현대엔진 쌍용중기 대우중공업	기존 3사 이외의 신규설비투자 금지
중장비	현대양행 대우중공업	대우의 옥포조선소를 추진하는 조건으로 대우중공업의 건설중장비사업은 거론을 보류

강병구, "한국의 중화학공업 투자조정에 관한 연구," p.48.

표 28. 1차 중화학공업 투자조정 내용(1979. 5)

(단위: 백만 원)

조정대상기업	투자총액	결정된 내용
중건설비에 대한 케터필러사의 기술지도 (대우중공업)	–	보류(정지)
아연제련공장(한국아연)	9,681	1년간 보류
타이어공장(현대)	41,400	보류(정지)
타이어공장(대우)	55,000	〃
삼성중공업 제2공장	86,471	〃
산업용 기계공장(효성중공업)	97,840	〃
발전설비공장(현대중공업)	17,170	취 소
발전설비공장(대우중공업)	24,700	추 진
중설비를 위한 엔진공장(현대양행)	40,000	취 소
합 계	372,721	

Korea Exchange Bank, *Monthly Review* (1980. 12), p.15

건설중장비의 경우는 대우의 옥포조선소 건설을 계속 추진하는 대신 대우중공업의 건설중장비분야 진출은 연기하기로 했다. 1차 투자조정 액수는 3,727억 원에 이르렀으며 정부는 이 자금을 경공업 부문과 소비재산업분야에 투자하도록 했다. 1차 투자조정계획은 관련 업체들의 이해대립으로 이행이 지연되었다. 1979년 8월 재조정이 검토되었으나 뒤이은 정치적 격변으로 재조정계획은 연기되었다.[62]

(2) 2차 투자조정

1980년 8월 다시 투자조정이 이루어졌다. 1980년 8월의 투자조정은 5·17 이후 구성된 국가보위상임위원회 상공자원분과 위원회의 주관하에 발전설비분야와 자동차공업부문을 대상으로 한 것이었다. 발전설비분야에서는 현대양행의 군포중장비 공장을 포함한 창원 종

---

62) 강병구, "한국의 중화학공업 투자조정에 관한 연구," pp.48–50.

합기계공장과 대우의 옥포종합기계공단을 1개 법인으로 통합하여 대우그룹이 책임경영하고 삼성중공업은 보일러생산에 특화하도록 하였다. 그리고 자동차분야에 대해서는 현대자동차와 새한자동차를 통합하여 현대가 경영하고 승용차, 픽업, 8톤 이상의 트럭과 버스생산을 전문화하도록 하였다. 그리고 기아산업은 5톤 이하 트럭 및 픽업, 8톤 이상 트럭, 버스생산을 특화하도록 했다.[63]

표 29. 2차 중화학공업 투자조정(1980. 8)

분야	회 사	조 정 전(1979. 5)	조 정 후(1980.8)
발전설비	현대양행	· 현대중공업과 현대양행의 합병 · 자본 1,285억 원(산업은행 35.0%, 외환은행 7.8%, 현대양행 22%, 현대중공업 35%)	· 한국중공업(대우, 현대중공업, 현대양행 3사합병) 정부주도: 모든 발전설비 독점 생산
	현대중공업		
	대우중공업 삼성중공업	· 원칙적으로 통합에 합의	· 삼성중공업: 보일러에 전문화
자동차	현대자동차	· 포니, 코티나, 그라나다 등 140,000대	· 현대와 새한이 합병. 승용차에 전문화, 소형버스와 트럭생산(5톤 이하)
	새한자동차	· GM 50% 합작 제미니, 레코드 등 100,000대	
	기아산업	· 브리사, 피아트 132, PEUGEOT 등 90,000대	· 5톤이하 트럭에 전문화하며 기타 버스와 트럭을 생산

자료: The Korea Exchange Bank, *Monthly Review* (1980. 12).

(3) 3차투자조정

1980년 9월 상공부 주도하에 중전기기, 동제련, 전자교환기, 디젤

---

63) 위의 논문, pp.53 – 55.

엔진 등 4개 분야의 7개 업체에 대해 9월말까지 자율조정하도록 했다. 그러나 동제련분야를 제외하고는 자율조정이 이루어지지 않았다. 따라서 정부는 10월 7일 투자조정과정에 직접 개입했다.

표 30. 3차 중화학공업 투자조정(1980. 10. 7)

분야	회 사	조 정 전	조 정 후
중전기기계류	효성중공업	345KV, 154KV 변압기, 차단기, 7,680MVA	변압기, 차단기, 초고압 Vol.tage 345KV에 전문화
	쌍용전기	변압기, 차단기, 4,000MVA	효성중공업에 합병
	코오롱전기	변압기, 차단기, 3,800MVA	효성중공업에 합병
	현대전기	변압기, 차단기, 3,800MVA	자체수요분 또는 수출용만 생산
	금성계전	345KV, 154KV, 차단기 기타 전기설비	154KV 이하의 차단기 같은 현 생산품에 전문화
	이천전기	345KV, 154KV, 변압기, 차단기 2, 354MVA	154KV 이하의 현재 생산중인 변압기에 전문화
	뉴코리아전기	변압기(154KV 이하) 1,500MVA	
	대명전기	변압기(154KV 이하)	
전자교환시스템	한국전자통신	ITT/BTM - type ESS	ITT - BTM - type ESS독점생산
	동양정밀	〃	농어촌의 ESS독점생산
	금성반도체	Western Electric - type ESS 〃	Western Electric - type ESS독점 생산
	대한전자통신		PABX 독점생산
디젤엔진	현대엔진	대형(6,000HP 이상)	6,000HP 이상의 선박용 및 산업용 디젤엔진에 전문화
	쌍용중기	중형(400 - 6,000HP)	육상 및 선박용엔진(6,000HP이 하, 자동차엔진 외)DP 전문화
	대우중공업	소형(400HP 이하)	자동차엔진에 전문화
동제련	한국광업제련	금성(29%), 대한전선(29%) 50,400M/T	온산동제련의 48.4% 구매
	온산동제련소	산은(48.4%), 풍산(17.0%), 금성(16.5%), 대한전선(16.5%), 80,000M/T	한국광업제련에 합병

The Korea exchange Bank, *Monthly Review* (1980. 12), p.19

우선 중전기분야의 투자조정내용은 ①효성중공업이 쌍용전기와 코오롱 종합전기를 흡수, ②현대중전기는 수출과 선박용 등 자체 수요에 한정, ③금성계전은 154KV 이하의 생산품 전문화, ④이천전기, 뉴코리아전기, 대명전기는 154KV 이하의 변압기 생산에 전문화한다는 것이었다.

전자교환기분야의 투자조정내용은 ①전자교환기 1종은 한국전자통신이, 제2종은 삼성반도체가, 농어촌전자교환기는 동양정밀이 각각 전문생산함, ②대우의 대한전자통신 출자분은 한국중공업 발전설비분야에 투자, ③금성통신과 금성전기는 제2기종 부품생산업체로 변경한다는 것이었다.

디젤엔진분야는 ①현대엔진이 6,000마력 이상의 디젤엔진생산에 전문화, ②쌍용중기가 6,000마력 이하의 디젤엔진 생산에 전문화, ③대우중공업이 자동차용 엔진생산에 전문화한다는 것이었다.[64]

(4) 투자재조정

3차례에 걸친 투자조정안은 정부와 관련기업들의 이해대립으로 계획대로 추진되지 않았다. 특히 자동차공업과 발전설비분야는 관련업체들의 이해관계가 첨예하게 대립하여 투자재조정 과정을 거치게 되었다.

1980년 8월의 조정안에 의한 현대와 새한자동차의 통합은 현대와 새한에 출자했던 GM의 입장차이로 인해 계획대로 추진되지 않았다. 현대는 새한의 대우지분을 인수하고 GM의 투자비율은 25%이내에 한정하고 독자모델 개발계획에 반대했다. 현대와 GM 간 견해차로 문제해결이 어렵게 되자 정부는 1981년 2월 28일 「자동차공업 합리

---

64) 위의 논문, pp.56－59.

화조치」를 발표했다. 이것은 ①1983년 말까지 GM과 대우가 50 대 50 비율로 투자하여 소형차 수출에 주력, ②기아산업과 동아자동차가 통합하여 특수차 생산에 전문화한다는 것이었다. 그러나 기아와 동아 측의 의견대립으로 통합이 어렵게 되자 정부는 1982년 7월 26일 기아와 동아의 합병을 백지화하고 특장차생산을 자유화시켰다.[65]

표 31. 자동차공업 재조정 내용

(1980. 8. 20) 조치사항		(1981. 2. 28) 조치이후	
업 체	생산차량	업 체	생산차량
현대자동차	승용차 픽 업 8톤 이상 트럭, 버스	현대자동차	승용차 픽 업 8톤 이상 트럭 대형버스
기아산업	1–5톤 트럭픽업 3톤 이상 트럭, 버스	새한자동차	〃
아세아자동차	군용지프, 장갑차 등 군수품 대형버스, 8톤 이상 트럭	기아,아세아 동아통합사	1–5톤 트럭 8톤 이상 트럭 중소형 버스 군용지프·장갑차 등 군수품, 소방차 특장차
동아자동차	소방차, 특정차, 대형버스		
신진지동차	민수용지프	신진자동차	민수용지프

한국경제신문, 1981. 3. 1.

또한 발전설비분야에 대한 1980년 8월의 조정안은 현대와 GM의 통합을 전제조건으로 하고 있었다. 그러나 GM과 현대의 통합이 이루어지지 않고 대우는 막대한 자금을 조달할 수 없었다. 더욱이 현대양행에 차관을 제공했던 IBRD는 공장준공 후 5년간 적정가동률의 보장을 요구한 차관제공 조건을 이행할 것을 정부에게 요구했다. 결국 정부는 1980년 10월 29일 정부투자기관으로 한국중공업을 설

---

65) 위의 논문, pp.61–64.

립하여 발전설비분야를 통합했다. 이렇게 됨에 따라 1980년 8월의 투자조정안은 사실상 백지화되었다.[66)

1970년대의 급속한 중화학공업화는 지표상으로 볼 때 성과를 기록했다. 1970년대 중화학공업은 연평균 20.9%의 성장률은 기록함으로써 14.2%의 성장률을 나타낸 경공업부문을 상회했다. 1970년에 중화학공업 대 경공업의 비율이 37.8% 대 62.2%였는데 1980년에 이 비율이 52.6% 대 47.4%로 되어 중화학공업의 비중이 커졌다. 또한 수출상품에서 중화학공업제품이 차지하는 비율이 증가했다. 1970년에 수출상품에서 중화학공업부문과 경공업부문이 차지하는 비율이 12.8% 대 69.7%였는데 이것이 1979년에는 38.4% 대 51.4%로 되었다.[67) 그러나 이 같은 외형적 성과에도 불과하고 중화학공업화는 인플레이션, 과잉·중복투자, 재벌집중, 중소기업의 쇠퇴, 무역적자, 외채증가, 기술의 해외의존도 심화와 같은 구조적 문제들을 수반했다.[68)

이 중에서도 재벌의 경제력 집중은 심각한 양상으로 나타났다. 1973년부터 1978년 동안 국내 5대 재벌의 연평균 부가가치 성장률은 30.1%로 GDP 성장률의 3배가 넘었다. 그리고 10대, 20대, 40대 재벌의 부가가치 성장률은 각각 28.0%, 25.9%, 22.8%였다. 이에 따라 5대 재벌의 부가가치 점유율은 이 기간 동안 3.5%에서 8.1%로 증가했다.[69)

---

66) 위의 논문, pp.64 - 65.

67) 김대환, "박정희의 중화학공업화 정책," 동아일보사 주최, 현대사를 어떻게 볼 것인가: 박정희와 5.16, (1990. 5), pp.14 - 16.

68) Stephan Haggard, *Pathways from the Periphery: The Newly Industrializing Countries in the International System*, Ph. D. Dissertation, University of California, 1983, pp.194 - 198.; 최장집, "군부 권위주의 체제의 내부모순과 변화의 동학, 1972 - 1986," 한국 현대정치의 구조와 변화 (서울: 까치, 1989), pp.186 - 187.

69) 김 견, "한국의 중화학공업화 과정에서의 국가개입의 양상 및 귀결," p.166.

1960년대 한국 산업화의 특징은 외국의 직접투자가 적었으며 해외자본은 국가의 엄격한 통제하에 차관으로 도입되었다는 점이다. 그러나 1970년대에 중화학공업화를 추진하면서 대규모의 자본과 선진기술을 필요로 하는 중화학공업의 특성상 해외자본의 직접투자 및 합작투자가 증가했다. 제조업 전체에서 초국가기업이 차지하는 비율은 1971－1980년 기간에 부가가치 면에서 4.8%에서 14.2%로 증가하고, 고용 면에서 2.5%에서 9.6%로 증가했다. 또한 합작기업의 비율이 증가했는데 1970년 현재 4대 재벌의 총계열기업수는 17개로 그 가운데 해외자본과의 합작기업은 5개에 불과했다. 그러나 1982년에는 4대 재벌의 총 계열기업수가 61개로 늘어나고 이 중에서 합작기업은 32%에 이르렀다. 합작기업은 특히 중화학공업분야에서 높은 비율을 차지했다.[70]

거시적으로 볼 때 1970년대의 중화학공업화는 1960년대의 수출산업화가 초래한 정치·경제적 위기에 대한 대응이라는 성격을 띠고 있었다. 그러나 당시의 정치·경제적 위기가 필연적으로 중화학공업화를 요구하는 성격의 것이었다고 볼 수는 없다. 당시의 경제침체에 대해 경제기획원과 재계는 점진적 중화학공업화, 국가 개입의 축소, 민간경제체제로의 전환 등을 대안으로 제시했다. 그러나 최고정책결정자의 입장에서 볼 때 점진적 중화학공업화와 민간경제체제로의 전환은 마음에 드는 정책이 아니었다. 최고 정책결정자는 급속한 중화학공업화에 의해 손상된 정치적 정통성을 보완하고 사회·경제영역에 대한 통제력을 유지하고자 했다. 더욱이 당시의 안보상황을 고려할 때, 급속한 중화학공업화는 방위산업 육성을 위해 절실하게 필요한 것으로 인식되었다. 중화학공업정책은 급속하게 목표를 달성하려는 국가의 욕구와 각종 특혜정책에 힘입어 자본축

---

70) 이재희, "한국 자본의 성격변화 분석: 1970년대 중화학공업화를 중심으로," 현대사회, 24 (1986. 겨울호), pp.145－147.

적을 도모하고자 하는 재벌의 이해가 결합되어 빠른 속도로 추진되었다. 그러나 경제논리를 무시한 과도한 투자정책은 과잉·중복투자와 경제 침체를 가져왔다.

한국의 중화학공업화는 1960년대 이후 형성된 국가주도의 교도자본주의적 방식에 의해서 추진되었다. 중남미와 대만의 경우 국가가 국영기업을 설립하거나 국영기업의 계열회사로 민간기업을 운영하는 국가의 직접개입방식을 통해 산업화를 시도했다. 그러나 한국의 경우 1960년대 초반 기간산업분야에 제한적으로 설립되었던 국영기업의 숫자는 계속 줄어들었다. 한국은 국가가 시장조건을 형성하고 유지하는 국가의 시장형성자적 역할에 의해 민간기업 위주의 자본축적 방식을 택했다.

1960년대 국가주도 수출산업화 과정에서 국가는 국가기구의 개입, 차관도입, 금융, 재정, 조세 등 각종 정책망을 통해서 사회를 통제하고 영향력을 유지했다.[71] 1970년대 중화학공업정책도 기본적으로 1960년대에 형성된 국가와 재벌 간 불균등한 동반자적 관계에 의해서 추진되었다. 그러나 산업화의 심화와 함께 재벌의 규모가 커지고 영향력이 증가함에 따라 국가의 정책선택 폭은 제한되었다.

중화학공업에 대한 참여를 둘러싸고 재벌들이 과잉 경쟁함에 따라 재벌 간 분열현상이 나타났다. 재벌들은 전경련과 같은 단체를 통해서 집단이익을 표출하기보다는 개별적 차원에서 관료집단이나 해당 부처를 상대로 연결망을 형성하고자 노력했다.[72] 이같이 개별적 차원에서 기업과 국가기구 및 관료들과의 연계망이 형성됨에 따라 국가의 정책결정과정은 복잡한 양상을 띠게 되고 국가의 정책조정능력은 심각하게 제약되었다. 이 같은 현상은 국가가 여러 가지

---

71) 박종철, "한국과 대만의 수출산업화 정책과 국가의 역할," 동아시아 발전의 정치경제 (서울: 경남대학교 극동문제연구소, 1969), pp.163 - 195.

72) 장달중, "산업화와 이익집단," 한국정치학회보, 19집(1985), p.137.

정책수단을 동원할 수 있었음에도 불구하고 몇 차례의 투자조정과정이 거의 백지화된 사례에서 나타난다.

해외자본의 직접투자 및 합작투자의 증가도 국가의 정책적 자율성을 제한하는 요인이 되었다. IBRD와 같은 국제금융기관은 차관제공을 통해서, 그리고 GM, 웨스팅하우스 등과 같은 초국가기업은 합작투자방식을 통해서 이들과 연계된 국내 기업들의 이해를 반영하고 투자조정과정에서 국가의 정책선택의 폭을 제한했다.

1980년대 초반 중화학공업 투자조정이 거의 백지화된 후 자동차, 전기, 조선 등의 분야와 반도체, 컴퓨터 등의 첨단산업분야에서 산업구조의 심화가 진행되었다. 1980년대 중화학공업화의 진전은 대기업의 경제력 집중과 해외자본의 합작투자를 증가시켰다.

1960년대의 급속한 수출산업화를 가능하게 했던 국가주도 산업화방식은 1970년대의 중화학공업정책에서 한층 강화된 양상으로 나타났다. 그러나 1970년대 말 중화학공업 투자조정 이후 국가주도 산업화 방식에 기본적인 변화가 발생했다. 중화학 공업투자조정에서 나타난 재벌과 해외자본의 영향력 증가, 국가의 정책조정능력의 약화는 산업정책의 형성 및 조정에 있어서 국가, 기업, 해외자본 간 기본적인 변화가 발생했음을 입증한다.

1970년대 말 대두된 경제안정화정책은 이후 1980년대 초반 중화학공업투자조정이나 1980년대 중반 일련의 부실기업정리 등과 같은 산업구조의 개편, 수입자유화, 금융자유화, 자본자유화 등과 같은 경제자유화정책으로 구체화되었다.

1980년대의 경제안정화 및 자유화정책은 경제분야에 대한 지나친 국가개입과 특혜지원정책을 축소하고 시장경제기구의 자율성을 확대하는 자유주의 경제정책의 논리를 반영하였다. 자유주의 경제논리는 국가주도 경제개발정책으로 인한 시장기구의 왜곡, 자원분배의 비효율성, 민간경제부분의 지나친 국가의존과 경쟁력 약화, 경제적 합리성에 우선하는 정치·안보적 논리의 부정적 결과 등의 문제점을 시정하고자 하였다.

1980년대의 자유주의 경제정책은 국가의 역할을 경제운영의 거시적 지침만을 제시하는 것에 한정하고 시장경제의 자율조정 메커니즘을 회복하는 데에 초점을 두었다. 이 같은 논리에 따라 물가안정, 민간경제부분의 자유화, 수입자유화, 산업구조개편 등과 같은 정책이 실시되었다.

Ⅶ. 결 론

　이 책은 한국의 산업화과정에서 국가의 역할변화를 분석하였다. 한국은 한 세대라는 짧은 기간 동안 농업국가에서 산업국가로 변신하였다. 한국의 산업화는 시장경제의 바탕 위에서 국가주도의 대외개방정책을 통해 이루어졌다. 이 책은 한국의 산업화 과정에서 국가가 어떤 정치연합과 정책수단을 통해서 산업화정책의 우선순위를 설정하고 정치·사회세력들과 어떤 역학관계를 형성하였는지를 분석하였다.

　한국의 산업화는 대체로 10년 단위로 변화를 겪었다. 이런 점을 감안하여 이 책은 한국의 산업화정책 가운데 특히 정부수립 직후 농지개혁, 1950년대 수입대체산업화, 1960년대 수출주도산업화, 1970년대 중화학공업화를 분석대상으로 설정하였다.

　한국의 산업화정책의 변화는 정치체제의 변화와 밀접한 상관관계를 맺으면서 이루어졌다. 농지개혁은 정부수립 직후 국가의 지배구조가 아직 확립되지 않고 이념갈등이 심각한 상황에서 전개되었다. 1950년대 수입대체산업화는 이승만정권의 보수적 권위주의체제하에서 추진되었으며, 1960년대 수출주도산업화는 5·16쿠데타로 등장한 군부권위주의정권에 의해 추진되었다. 그리고 1970년대 중화학공업은 유신체제의 등장과 병행하여 전개되었다. 이 책은 이러한 정치체제의 변화와 산업화정책의 변화와의 관계를 정치경제학적 시각에서 분석하였다.

이 책은 산업화와 국가역할을 분석하는 데 있어서 국가자율성을 핵심 개념으로 설정하였다. 국가자율성은 국가가 정책선택 및 정책집행과정에서 정치·사회세력들과 어떤 상호작용을 하며 어떻게 정책수행력을 확보할 수 있는 가를 설명해주는 개념이다. 국가자율성을 결정하는 변수로 i)사회·경제세력으로부터 국가엘리트의 독립성, ii)국가능력, iii)국가의 정책망, iv)국가의 경제적 자원을 설정하고 네 가지 변수의 상호작용에 의해서 국가자율성의 성격과 정도가 달라지는 것에 대한 이론적 가설을 제시하고자 했다.

그리고 중요한 정치행위집단으로 국가엘리트, 정당, 기업가를 설정하고 이들 간 역학관계에 의해서 국가자율성의 정도가 결정되는 것으로 보았다.

이상의 분석을 통해서 나타난 분석결과들을 기초로 해서 다음과 같은 몇 가지 잠정적인 가설을 제시할 수 있다.

첫째, 국가엘리트의 격리성과 국가자율성과의 관계다. 국가엘리트가 사회·경제세력으로부터 어느 정도의 독립성을 향유하는가 하는 것이 정책형성 및 정책집행에서 국가자율성을 결정하는 가장 중요한 변수이다.

1공화국의 초기 국가건설과정에서 국가엘리트는 한민당, 지주세력과의 경쟁에서 국가이익을 관철하면서 자율성을 향유하고 농지개혁을 추진할 수 있었다.

한국전쟁 이후 자유당의 권위주의적 지배체제가 구축되면서 자유당은 국가관료충원, 자금분배, 정책결정 등에서 지배적인 역할을 행사하였다. 자유당과 수입대체산업 기업가는 후원·수혜관계에 의해 지배연합을 형성하여 국가엘리트의 자율성을 침해하였다. 수입대체산업을 기반으로 한 지배연합이 패권적 지위를 점유하고 있는 상황에서 이들의 정치·경제적 기반을 침식하게 될 경제개발계획과 수출산업화정책이 채택되기는 어려웠다.

5·16쿠데타에 의해서 국가권력을 장악한 군부·관료엘리트는 사회·경제세력으로부터 격리성을 유지하고 국가기구를 개혁함으로써 국가자율성을 증가시켰다. 공화당은 초기의 구상과는 달리 기업가와 구정치인들로부터 점차 침투당했으며, 관료충원, 정치자금분배, 정책결정에서 소외되었다. 그 대신 대통령을 중심으로 청와대비서실, 중앙정보부 등 정치권력의 종적 연결구조가 형성되었다. 그 결과 국가엘리트와 수출산업기업가 간 동반자관계가 형성되었다. 1공화국에서 자유당엘리트가 기업가의 요구를 어느 정도 반영해야 하는 동반자적 관계가 형성되었던 반면, 3공화국에서 국가엘리트는 기업가보다 우월한 위치에 있었다.

1970년대 초 유신체제는 한층 강화된 군부권위주의체제였다. 국가부문은 사회에 대해서 절대적인 우위를 차지했으며, 정당의 역할은 유명무실하였다. 유신체제하에서는 국가엘리트 중에서도 관료보다 대통령비서실이 경제정책의 결정권을 지녔다. 그 결과 대통령비서실의 소수의 핵심적 엘리트가 높은 수준의 자율성을 지니고 다양한 정책수단을 동원하여 중화학공업정책을 추진하였다. 국가엘리트의 자율성은 관료, 재계, 학계의 반대에 개의치 않고 급속한 중화학공업화를 추진할 수 있게 하였다. 그러나 이러한 국가엘리트의 자율성은 정치체제의 경직화, 중복·과잉투자, 정책결정 및 집행의 폐쇄성 등과 같은 대가를 수반했다.

둘째, 국가능력의 팽창과 국가자율성과의 관계다. 국가능력은 국가기구, 국가관료, 자원추출능력, 재정 지출 등으로 이루어져 있다. 국가엘리트가 사회·경제세력으로부터 독립성을 확보했다고 하더라도 정책형성 및 정책집행을 하기 위해서는 국가능력의 팽창이 수반되어야 한다. 국가엘리트의 독립성과 국가능력의 팽창이 결합되어야 국가자율성이 확보된다.

농지개혁법안의 작성당시 1공화국은 국가건설 초기에 있었기 때문에 국가기구와 재정적 자원 등의 측면에서 여러 가지 어려움에 직면해 있었다.

한국전쟁 이후 국가강제기구의 강화에 의해서 권위주의적 통치기구가 확립되었으나 1공화국에서 경제정책을 집행할 수 있는 국가기구를 찾아보기 힘들었으며 국가의 자원추출능력은 매우 제한되었다.

3공화국의 국가엘리트는 국가기구를 개혁하고 관료수를 증가시키고 조세징수를 증대시킴으로써 국가능력을 팽창시켰다. 3공화국에서 군부·관료엘리트의 격리성이 국가능력의 팽창과 결합됨으로써 국가자율성의 폭이 확대되고 국가주도산업화가 가능하게 되었다.

유신체제하에서 대통령비서실을 중심으로 국가기구가 통제력을 발휘하면서, 중화학공업을 추진하기 위한 특별 기구가 막강한 권한을 행사하였다. 중화학공업화를 위해서 통상적인 관료기구의 권한을 넘어서는 특별 기구가 계획수립, 자본동원, 민간기업의 실적 검토 등 모든 분야에서 영향력을 행사했다.

셋째, 국가의 정책망과 국가자율성과의 관계다. 국가는 조세정책, 환율정책, 금리정책 등의 비재량적 정책망과 각종 투자유인조치, 정치적 명령, 통제 등의 재량적 정책망을 활용한다. 국가의 정책망은 국가와 사회세력 간의 관계를 나타내며 정책망의 변경은 양자관계의 변화를 수반한다.

1공화국에서 자유당엘리트와 수입대체산업 기업가의 동맹은 저환율정책과 저금리정책에 의해서 뒷받침되었다. 저환율정책으로 인해서 수입대체산업 자본가의 높은 이윤이 보장되었으며, 자유당엘리트는 미원조물자의 분배과정에서 영향력을 행사할 수 있었다. 또한 저금리정책으로 인해 자유당은 은행대출과 관련하여 기업가에게 영향력을 행사하고 그 대가로 정치자금을 조달하였다. 저환율정책과 저금리정책은 국가엘리트의 자율성을 침해하는 방향으로 전개되었으며 자유당엘리트는 수입대체산업 기업가의 이익을 부분적으로 반영하지 않을 수 없었다.

1공화국에서 정책망을 통한 국가와 사회·경제세력 간 역학관계를 살펴볼 때 국가는 상대적으로 취약했다. 따라서 저환율정책과 저금리정책의 변화를 수반하는 경제개발계획은 국가와 사회·경제세력 간 역학관계가 전도되지 않는 한 실행되기 어려웠다.

3공화국의 국가엘리트는 평가절하정책과 고금리정책에 의해서 정책망을 근본적으로 변화시켰다. 이러한 변화는 5·16쿠데타에 의해서 자율성을 획득한 국가엘리트에 의해서 가능하였다. 이들은 평가절하정책에 의해서 수입대체산업을 기반으로 형성되어 있던 자유당과 기업가의 세력기반을 붕괴시키고 수출산업화정책의 기반을 조성하였다. 또한 국가엘리트는 고금리정책에 의해서 은행대출을 고리로 한 정치가의 영향력행사를 방지하고 이자율이 낮은 외자배분을 통해서 기업가를 통제하였다. 군부·관료엘리트는 정책망을 변경시킴으로써 자유당과 수입대체산업 기업가의 물질적 기반을 붕괴시키는 한편 수출산업 기업가에 내해 통제력을 행사하는 구조를 만들었다.

중화학공업추진기획단은 급속한 중화학공업화를 반대하는 관료와 재계의 지지를 이끌어내기 위해서 수출산업화정책에 집중되어있던 각종 정책수단을 중화학공업으로 집중시켰다. 각종 정책망이 중화학공업으로 집중됨에 따라 이를 잘 이행하는 것을 기준으로 정부부처 간 위상뿐만 아니라 재벌의 서열도 결정되었다.

재량적 정책망과 비재량적 정책망의 상대적 비중을 보면, 1공화국의 정치연합구조는 비재량적 정책망에 의존하는 비중이 높았다. 3공화국의 정치연합구조는 비재량적 정책망과 함께 재량적 정책망을 효율적으로 이용했다. 3공화국은 임의적으로 정치·경제구조에 개입할 수 있었으며 재량적 정책망은 이 같은 국가개입과 통제를 가능하게 하였다. 또한 유신체제하에서 중화학공업을 추진하기 위해서 재량적 정책망과 함께 각종 비재량적 정책망이 다양하게 활용되었다.

넷째, 경제적 자원과 국가자율성과의 관계다. 국가의 경제적 자원은 조세, 원조, 차관으로 구분된다. 국가가 어떤 경제적 자원에 의존하느냐에 따라서 국가능력의 정도와 사회·경제세력에 대한 상대적 자율성의 정도가 달라진다.

1공화국의 국가재정은 주로 미국원조에 의존했으며 미국은 원조제공을 근거로 한국에게 영향력을 행사했다. 원조물자의 배분을 둘러싸고 국가, 자유당, 기업가 간 3자 관계에서 자유당과 기업가가 유착관계를 형성함에 따라 국가의 정책결정능력은 제한되었다.

3공화국은 조세증가를 통해서 사회·경제세력에 대한 통제력을 확보하고 재정기반을 확대하는 한편 대규모의 외자도입을 통해서 시민사회로부터 독립된 물질적 기반을 확보하였다. 외자분배에 대해서 국가가 주도권을 장악하고 공화당은 정책결정과정에서 소외됨으로써 자본가는 국가의 통제와 지시를 받게 되었다.

중화학공업추진을 위해서 국내자원 동원을 위한 다양한 방법이 강구되었다. 아울러 국가는 차관을 도입하는 한편 외국인직접투자를 유치하였다. 그러나 대규모의 국내자본동원, 차관도입, 외국인직접투자는 국가의 정책자율성을 제약하는 결과를 가져왔다. 그 결과 중화학공업투자조정과정에서 국가는 재벌, 국제금융기관, 초국가기업의 이익을 부분적으로 반영하지 않을 수 없었다.

이상의 논의들을 다음과 같이 요약할 수 있다.

한국의 국가건설초기에 국가엘리트는 독자성을 유지하고 농지개혁법안을 입안할 수 있었으나 이들의 경제적 자원과 정책망, 국가능력은 제한되어 있었다.

한국전쟁 후 1공화국에서 원조가 중요한 경제적 자원이었으며 저금리정책과 저환율정책이 중요한 정책수단이었다. 주요 정책결정은 자유당엘리트와 수입대체산업 기업가에 의해서 주도되고 국가엘리트는 종속적 위치에서 벗어날 수 없었다. 뿐만 아니라 경제개발계획을 추진하기에는 국가기구, 국가관료, 재정적 기반 등 국가능력이 제한되어 있었다.

5·16쿠데타로 등장한 군부·관료엘리트는 독립성을 확보하고 조세징수와 외자도입을 통해서 물질적 기반을 마련하는 한편 국가기구의 제도적 개혁을 통해서 국가능력을 팽창시켰다. 새로운 국가엘리트는 고금리 정책과 평가절하정책을 통해서 국가주도에 의한 경제개발과 수출산업화정책을 추진할 수 있는 기반을 마련하였다.

유신체제에 의해서 국가엘리트의 자율성은 한층 강화되었다. 유신체제하에서 국가의 전략적 엘리트는 중화학공업을 위한 특별기구를 수립하고 국내자본 동원, 차관도입, 외국의 직접투자 유치 등에 힘입어 자율성을 극대화하였다.

다음에서 국가자율성을 구성하는 네 가지 변수 간 상호관계를 검토하고자 한다.

먼저 국가자율성을 결정하는 네 가지 변수 중에서 가장 중요한 것은 국가엘리트의 격리성이다. 사회·경제력으로부터 국가엘리트의 격리성의 정도에 따라 국가자율성이 결정된다. 그런데 어떤 정치체제도 국가엘리트의 격리성을 완벽한 형태로 유지할 수는 없다. 국가엘리트의 격리성은 정통성과 시민사회의 이익대표체계 측면에서 중대한 문제를 야기한다. 국가엘리트의 자율성과 정책주도성을 보장하면서도 사회부문의 이익표출을 제도화하는 것이 국가의 정책적 자율성과 정통성문제를 동시에 해결하는 방안이다.

1공화국은 형식적 민주주의체제를 유지해야 하는 정치적 부담 때문에 자유당과 수입대체산업 기업가 간 연결구조를 낳았다. 그 결과 경제개발을 주도할 수 있는 국가의 자율성은 저하되었다. 반면 3

공화국은 정치과정과 정당을 부차적인 것으로 간주하고 국가 중심의 종적 연결구조를 확립함에 따라 정통성과 정권교체 문제를 해결하지 못하고 유신권위주의체제로 귀결되었다.

한편 국가, 정당, 경제세력 간 삼자관계의 형태에 따라서 국가의 자율성이 달라진다. 네 가지 유형의 삼자관계를 가정할 수 있다.

첫째, 정당과 경제세력이 연합을 형성하고 국가가 부차적 세력으로 전락하는 유형이다. 이 경우 경제세력의 이해관계가 정당을 통해서 국가정책결정과정에 반영될 가능성이 있다. 1공화국이 이런 경우에 해당했다.

둘째, 국가가 정당을 지배구조에 포함시켜 지배권을 장악하고 경제세력에 대한 영향력을 확보하는 유형이다. 권위주의적 일당국가 체제를 갖춘 멕시코, 대만, 혁명후의 터키가 이런 유형에 해당된다. 이런 경우 당·국가엘리트가 중요한 정책결정자가 되고 이들과 경제세력이 불균등한 동반자관계를 형성한다.

셋째, 정책결정과 자원분배의 주도권을 장악한 국가엘리트가 경제세력과 동맹을 형성하며, 정당은 형식적 제도로 전락하는 유형이다. 3공화국과 1930년대 이후 전시동원체제로 돌입했던 일본이 이런 경우에 해당한다. 이런 유형은 정통성을 보완하기 위해 정치제도를 발전시킬 것인가 아니면 정통성 손실을 감수하더라도 준동원 체제를 유지함으로써 경제발전을 추진할 것이냐 하는 딜레마에 직면한다.

넷째, 국가, 정당, 경제세력이 대체로 균형을 이룬 유형이다. 이 경우, 국가, 정당, 경제세력 간 상호관계는 국내외 상황, 자원분배, 정책망에 대한 각 세력의 통제력 등에 따라 달라진다. 2차대전 후 일본에서는 국가가 약간 우월한 가운데 세 세력 간 견제와 균형이 이루어졌다고 할 수 있다.

그다음 국가자율성을 결정하는 데 있어서 경제적 자원과 정책망은 매개변수 역할을 한다. 국가엘리트의 경제적 자원 확보 여부와 정책망에 대한 통제력 여하에 따라서 국가엘리트의 권력유지 여부가 결정된다. 국가와 정치·사회세력은 경제적 자원과 정책망에 대한 통제력을 행사하기 위해서 경쟁하며 이러한 경쟁의 결과 국가와 사회 간 역학관계가 결정된다.

그리고 국가능력은 국가엘리트의 단절성과 경제적 자원의 확보에 의해서 팽창되고 이것은 다시 역으로 국가엘리트의 사회적 통제력을 증가시키는 역할을 한다. 일단 국가능력이 팽창하면 이것은 지속적인 요인으로 작용한다. 새로운 정치연합이 등장하더라도 기존의 팽창된 국가능력의 기반위에서 정책수립을 하게 된다.

한편 국가능력의 팽창은 국가재원확보와 국가기구의 존속을 위해서 그만큼 사회·경제세력에게 의존해야 될 필요성이 증가한다는 것을 의미한다. 아울러 국가기구의 분화는 그만큼 사회·경제세력으로부터 침투당할 가능성을 높임으로써 국가엘리트의 통합성을 손상하는 결과를 가져온다.

참고문헌

I. 국 문

1) 단행본

김광석, 래리 E·웨스트팔 공저, <u>한국의 외환·무역정책</u>, 서울: 한국개
　　발연구원, 1985.

김명윤, <u>한국재정의 구조</u>, 서울: 고려대학교 아세아문제연구소, 1966.

김성환 외, <u>1960년대</u>, 서울: 거름, 1984.

김영명, <u>제3세계의 군부통치와 정치경제</u>, 서울: 한울출판사, 1985.

박정희, <u>국가와 혁명과 나</u>, 서울: 고려서적, 1965.

시공일, L. P. 존스, 공저, <u>경제개발과 정부 및 기업가의 역할</u>, 서울: 한
　　국개발연구원, 1986.

서관모, <u>현대한국사회의 계급구성과 계급분화: 쁘띠부르조아지의 추세</u>
　　<u>를 중심으로</u>, 서울: 한울출판사, 1984.

서병조, <u>주권자의 증언: 한국대의 정치사</u>, 서울: 모음출판사, 1963.

이기하, <u>한국정당 발달사</u>, 서울: 의회정치사, 1961.

이병도 외, <u>해방 20년사</u>, 서울: 희망출판사, 1965.

이한빈, <u>사회변동과 행정</u>, 서울: 박영사, 1968.

조기준, 한국기업가사, 서울: 박영사, 1974.

조병옥, 나의 회고록, 서울: 해동출판사, 1986.

조 순, 한국경제의 현실과 진로, 서울: 비봉출판사, 1981.

최성렬 편, 뛰면서 생각했다: 장기영 전부총리 독주 3년의 일화집, 서
  울: 동아출판사, 1969.

최창규, 해방 30년사 제4권: 제3공화국, 서울: 성문각, 1976.

한배호, 한국의 정치, 서울: 박영사, 1984.

한상진 외, 한국사회변동과 국가역할에 관한 연구: 관료적 권위주의를
  중심으로. 성남: 현대사회연구소. 1985.

한승조, 한국민주주의와 정치발전, 서울: 법문사, 1975.

한승주, 제2공화국과 한국의 민주주의, 서울: 종로서적, 1983.

한용원, 창군, 서울: 박영사, 1984.

한태수, 한국정당사, 서울: 합동통신사, 1959.

홍성유, 한국경제의 자본축적과정, 서울: 고려대학교 아세아문제연구소,
  1964

_____, 한국경제와 미국원조, 서울: 박영사, 1962.

황인정, 행정과 경제개발, 서울: 서울대학교 출판부, 1985.

A.O.크루거 저, 전영학 역, 무역·외원과 경제개발, 서울: 한국개발연구
  원, 1984.

D.C.콜, 박영철 공저, 한국의 금융발전: 1945~1980, 서울: 한국개발연
  구원, 1984.

E.S.메이슨, 김만제, D. H. 퍼킨스 공저, 한국경제·사회의 근대화, 서
  울: 한국개발연구원, 1985.

2) 논 문

강 민, "한국정치체제의 구조적 특징: 신권위주의를 중심으로," 한국
  정치발전의 특성과 전망, 한국정치학회, 1984.

_____, "관료적 권위주의의 한국적 생성" 한국정치학회보, 17집(1983).

강병구, "한국의 중화학공업 투자조정에 관한 연구," 인하대학교 경제
　　학과 석사학위 논문, 1990.

강인섭, "육사 8기생," 4.19 그 이후: 군·정계·미국의 장막, 서울: 동
　　아일보사, 1985.

강진국, "헐뜯긴 농지개혁법 초안," 신동아(1965. 10).

구해근, "한국과 대만의 경제발전에 대한 정치경제학적 접근," 변형윤,
　　박현채 외, 한국사회의 재인식Ⅰ, 서울: 한울출판사, 1985.

기미야 다다시, "한국의 내포적 공업화전략의 좌절: 5·16 군사정부의
　　국가자율성의 구조적 한계," 고려대학교대학원 정치외교학과 박
　　사학위논문, 1991

김광석, "중화학공업의 정상화와 수출산업화 방안," 무역 (1982. 5)

김광식, "해방직후 여운형의 정치활동과 건준, 인공의 형성과정," 최장
　　집 편, 한국현대사, 1945~1950, 서울: 열음사, 1985.

김 견, "한국의 중화학공업화 과정에서의 국가개입의 양상 및 귀결,"
　　오늘의 한국자본주의와 국가, 서울: 한길사, 1988.

김대환, "1950년대 한국경제의 연구: 공업을 중심으로," 진덕규, 한배호
　　외, 1950년대의 인식, 서울: 한길사, 1981.

_____, "국제환경의 변화와 중화학공업의 전개," 박현채 외, 한국경제
　　론, 서울: 까치, 1987.

_____, "박정희의 중화학공업정책," 동아일보사, 현대사를 어떻게 볼
　　것인가: 박정희와 5.16, 서울: 동아일보사, 1990.

김병국, "국가구조와 국가능력: 한국과 멕시코의 대외불균형 관리정책
　　의 비교연구," 한국과 국제정치, 4권 2호 (1988 가을).

김병태, "농지개혁의 평가와 반성," 김병태 외, 한국경제의 전개과정,
　　서울: 돌베개, 1981.

김성국, "세계체제와 한국의 정치·경제," 변형윤·박현채 외, 한국사
　　회의 재인식Ⅰ, 서울: 한울출판사, 1985.

김영명, "한국의 정치변동과 유신체제," 한국정치학회 편, 현대한국정
　　치와 국가, 서울: 법문사, 1986.

김영수, "민주공화당 사전조직," 신동아(1964. 11).

김유택, 재계회고10: 역대금융기관장편 I, 서울: 한국일보사, 1981.

김현철, 재계회고7: 역대 경제부처장관편 I, 서울: 한국일보사, 1981.

김호기, "경제개발과 국가의 역할에 관한 연구," 최장집 편, 한국자본
　　　주의와 국가, 서울: 한울, 1985.

남상진, "세제개혁과 개발재정의 지향(1967 - 74)," 전국경제인연합회편,
　　　한국경제정책 30년사, 서울: 사회사상사, 1975.

박광주, "한국 자본주의와 권위주의국가의 정치·경제," 한국과 국제정
　　　치, 제2권 2호(1986. 가을).

　　　, "국가론을 통한 한국정치의 패러다임 모색: 최근의 연구동향과
　　　그 반성," 현상과 인식, 9권 2호 (1985년 여름).

박동환, "신흥공업사회와 발전이론," 현대사회, 제5권 1호(1985).

박병윤, "중화학공업계의 내막," 신동아 (1980.5).

박을용, "제2차대전 이후의 한·미 경제관계," 구영록 외, 한국과 미국:
　　　과거, 현재, 미래, 서울: 박영사, 1983.

박종철, "한국과 대만의 수출산업화정책과 국가의 역할," 동아시아발전
　　　의 정치경제, 서울: 경남대학교 극동문제연구소, 1989.

백두진, 재계회고7: 역대 경제부처장관편 I, 서울: 한국일보사, 1981.

변형윤, "구조문제의 실상과 대책방향," 대한상공회의소, 한국경제의
　　　구조문제, 서울: 대한상공회의소, 1983.

사공일, "경제성장과 경제력 집중," 한국개발연구, 제2권 1호(1980).

　　　, "경제개발과 정부의 역할," 한국개발연구, 제3권 1호(1984년 봄).

서관모, "한국군부엘리트의 퇴역후 민간경력에 관한 연구," 서울대학교
　　　대학원 사회학과 석사학위논문, 1982.

손봉숙, "제1공화국과 자유당," 안청시 외, 현대한국정치론, 서울: 법문
　　　사, 1986.

송인상, 재계회고8: 역대경제부처장관편 II, 서울: 한국일보사, 1981.

　　　, "안정구축과 성장의 모색," 전국경제인연합회편, 한국경제정책
　　　30년사, 서울: 사회사상사, 1975.

신성순, "경제기획원," 손광식 외, <u>한국의 경제관료</u>, 서울: 다락원, 1977.

안 림, "전시경제와 달러 론(1951–1953)," 전국경제인연합회편, <u>한국 경제정책 30년사</u>, 서울: 사회사상사, 1975.

안청시, 정진영, 이성형, "신흥공업국 연구시론: 경제성장의 동인과 정치발전의 전망," <u>사회과학과 정책연구</u>, 제7권 1호(1985).

오만식, "수출산업체질강화와 국제화: 1967–1974," 전국경제인연합회 편, <u>한국경제정책 30년사</u>, 서울: 사회사상사, 1975.

오석홍, "행정개혁의 전개와 과제," <u>사상과 정책</u>, Vol.2, No.4(1985.가을호).

유영준, "한국 역대정권의 국가목표 설정과 그 정치적 과제," <u>한국정치학회보</u>, 14집(1980).

유진경, "중화학공업화와 정부주도 경제의 문제," 김낙중 외, <u>한국경제의 현단계</u>, 서울: 사계절, 1985.

유혁인, "박대통령을 움직이는 사람들," <u>신동아</u>(1964.10)

유혁인, 이진희, "민주공화당: 70년대를 향한 동요," <u>신동아</u>(1968.8)

이각범, "산업발전과 노동시장의 변동," 한국사회학회 편, <u>한국사회 어디로 가고 있나</u>, 서울: 현대사회연구소, 1983.

이대근, "한국의 새 산업지도: 중화학공업단계에서의 새 입지전략," <u>정경연구</u> (1973.9).

이문재, "개방세제로의 전환과 자립재정 추구(1961–1966)," 전국경제인연합회 편, <u>한국경제정책 30년사</u>, 서울: 사회사상사, 1975.

이성춘, "민주공화당 17년의 드라마," <u>신동아</u>(1980.5).

이성형, "국가, 계급 및 자본축적: 8.3 조치를 중심으로," 최장집 편, <u>한국자본주의와 국가</u>, 서울: 한울, 1985.

이열모, "안정을 위한 건전금융기조의 정책," 선국경제인연합회편, <u>한국경제정책 30년사</u>, 서울: 사회사상사, 1975.

이재희, "한국 자본의 성격변화 분석: 1970년대의 중화학공업화를 중심으로," <u>현대사회</u>, 24 (1986 겨울).

이정복, "산업화와 정치제제의 변화," <u>한국정치학회보</u>, 19집 (1985).

_____, "민주와 민중," <u>신동아</u> (1982. 9).

이중재, 재계회고7: 역대 경제부처장관편Ⅰ, 서울: 한국일보사, 1981.

인태식, 재계회고8: 역대 경제부처장관편Ⅱ, 서울: 한국일보사, 1981.

임묘민, "전경련의 내막," 신동아(1983.3).

임진숙, "주변 자본주의하에서의 국가·자본관계," 해방후 한국사회변동, 서울: 문학과 지성사, 1986.

임현진, 현대한국과 종속이론, 서울: 서울대학교출판부, 1987.

장달중, "경제성장과 정치변화: 정치적 권위주의의 정치·경제적 분석," 사상과 정책, Vol.2, No.4(1985. 가을호).

_____, "한국정치변화의 구조적 분석," 동아연구, 제11집(1987.6).

_____, "산업화와 이익집단," 한국정치학회보, 제19집(1985).

장덕진, "부실기업 정리의 시말," 신동아 (1969.10).

장상환, "토지개혁과 농업협동화 과정의 특질," 고현욱 외, 북한사회의 구조와 변화, 서울: 경남대학교 극동문제연구소, 1987.

_____, "농지개혁과정에 관한 실증적 연구," 강만길 외, 해방전후사의 인식2, 서울: 한길사, 1985.

정상구, "한국정치권력의 형태분석과 이의 합리화에 관한 연구," 국회보, 제70호(1969.11).

최낙동, "기계공업계의 내막," 신동아 (1980.4).

최완규, "유신권위주의체제의 성립요인에 관한 연구," 경희대학교 대학원 정치학박사 논문, 1986.

_____, "권위주의체제 성립의 정치경제학적 분석: 유신체제의 경우," 한국과 국제정치, 4권 1호 (1988 봄).

최장집, "과대성장국가의 형성과 정치균열의 구조," 한국사회연구, 제3집(1985).

_____, "군부권위주의체제의 내부 모순과 변화의 동학, 1972－1986," 한국 현대정치의 구조와 변화, 서울: 까치, 1989.

한배호, "경향신문 폐간 결정에 대한 연구," 진덕규, 한배호 외, 1950년대의 인식, 서울: 한길사, 1981.

_____, "70년대 이후의 한·일관계," 이갑윤 외, 현대일본의 해부, 서

울: 경남대학교 극동문제연구소, 1986.

한상진, "관료적 권위주의와 한국사회," 한상진, 한국사회의 전통과 변화, 서울: 범문사, 1983.

한승주, "박정희정권시기의 정치적 평가," 한승주, 어윤배 외, 한국사회의 제문제 I, 서울: 민음사, 1987.

3) 기 타

경제기획원, 개발년대의 경제정책: 경제기획원 20년사, 서울 :경제기획원, 1982.

농지개혁사 편찬위원회, 농지개혁사 상권, 1970.

대한민국 국회, 국회 10년지, 서울: 대한민국국회 민의원사무처 법제조사국, 1958.

대한상공회의소, 중화학공업건설과 자본동원, 서울: 대한상공회의소 한국경제연구센터, 1975.

_____, 한국경제 20년의 회고와 반성, 서울: 대한상공회의소, 1985.

전국경제인연합회, 한국경제연감, 서울: 전국경제인연합회, 1974.

_____, 전경련 20년사, 서울: 전국경제인연합회, 1983.

중앙선거관리위원회, 대한민국선거사, 서울: 중앙선거관리위원회, 1964.

중화학공업추진위원회 기획단, 한국공업화발전에 관한 조사연구 III: 정책결정과정의 이면사, 서울: 중화학공업추진위원회 기획단, 1979.

_____, 중화학공업추진 회의록, 서울: 중화학공업추진위원회 기획단, 1980.

창원기계공업공단, 창원기지 5년사, 1979.

한국군사혁명사 편찬위원회 편, 한국군사혁명사 제1집, 상.하, 서울: 국가재건 최고회의 한국군사혁명사 편찬위원회, 1963.

한국산업은행 조사부, 한국산업경제 10년사, 1945-1955, 서울: 한국산업은행, 1955.

한국혁명재판사 편찬위원회, <u>한국혁명재판사 제1집, 제5집</u>, 서울: 한국 혁명재판사 편찬위원회, 1962.,

합동통신사, <u>합동연감 1959</u>, 서울: 합동통신사, 1959.

II. 영 문

1) 단행본

Allison, Graham. *Essence of Decision: Explaining the Cuban Missile Crisis*. Boston: Little, Brown, 1971.

Almond, Gabriel A, and Powell, G. Bingham, Jr. *Comparative Politics: System, Process, and Policy*. Boston: Little, Brown and Company, 1978.

Anderson, Perry. *Lineages of the Absolutist State*. London: NLB, 1974.

Badie, Bertrand and Birnbaum, Pierre. *The Sociology of the State*. Chicago: University of Chicago Press, 1983.

Bentley, Arthur F. *The Process of Government*. Cambridge: Belknap Press of Harvard University Press, 1967.

Berger, Suzanne, ed. *Organizing Interests in Western Europe: Pluralism, Corporatism, and Transformation of Politics*. New York: Cambridge University Press, 1981.

Cardoso, Fernando H. and Faletto, Enzo. *Dependency and Development in Latin America*. Berkekey: University of California Press, 1979.

Chung, Kyung Cho. *New Korea: New Land of Morning Calm*. New York: The Macmillan Company, 1962.

Cole, David C. and Lyman, Princeton N. *Korean Development: The Interplay of Politics and Economics*. Cambridge: Harvard University

Press, 1971.

Collier, David, ed. *The New Authoritarianism in Latin America*. Princeton: Princeton University Press, 1979.

Cumings, Bruce. *The Origins of Korean War: Liberation and the Emergence of Separate Regimes, 1945 – 1947*. Princeton: Princeton University Press, 1981.

Dahl, Robert A. *Who Governs?* New Haven: Yale University Press, 1961.

_____ · *Polyarchy: Participation and Opposition*. New Haven: Yale University Press, 1961.

_____ · *The Dilemmas of Pluralist Democracy*. New Haven: Yale University Press, 1982.

Dahl, Robert A. and Lindblom, Charles. *Politics, Economics, and Welfare*. Chicago: University of Chicago Press, 1976.

Domhoff, G. William. *Who Rules America?* Englewood Cliffs: Prentice – Hill, 1967.

_____ · *Who Rules America Now?* Englewood Cliffs: Prentice – Hill, 1983.

Easton, David. *The Political System*. New York: Alfred Knopf, 1953.

_____ · *A Framework for Political Analysis*. Englewood Cliffs: Prentice – Hall, 1965.

Evans, Peter B. *Dependent Development: Alliance of Multinational, State, and Local Capital in Brazil*. Princeton: Princeton University Press, 1979.

Evans, Peter B., Rueschemeyer, D. and Skocpol, T., eds. *Bringing the State Back in*. New York: Cambridge University Press, 1985.

Frank, Andre Gunder. *Capitalism and Underdevelopment in Latin America: Historical Studies of Chile and Brazil*. New York: Monthly Review Press, 1967.

____ · *Lumpenbourgeoisie: Lumpendevelopment, Dependence, Class, and Politics in Latin America*. New York: Monthly Review Press, 1972.

Frobel, Folker, Heinrichs, Jurgen and Kreye, Otto. *The New International Division of Labour*. New York: Cambridge University Press, 1980.

Gerschenkron, Alexander. *Economic Backwardness in Historical Perspective*. Cambridge: The Belknap Press of Harvard University Press, 1966.

Halperin, Morton H. *Bureaucratic Politics and Foreign Policy*. Washington: The Brookings Institution, 1974.

Hasan, Parvez. *Korea: Problems and Issues in a Rapidly Growing Economy*. Baltimore: Johns Hopkins University Press, 1976.

Henderson, Gregory. *Korea: The Politics of the Vortex*. Cambridge: Harvard University Press, 1968.

Huntington, Samuel P. *Political Order in Changing Societies*. New Haven: Yale University Press, 1968.

Johnson, Chalmers. *MITI and The Japanese Miracle: The Growth of Industrial Policy, 1925 –1975*. Stanford: Stanford University Press, 1982.

Katzenstein, Peter. *Between Power and Plenty*. Madison: University of Wisconsin Press, 1977.

Kim, Joungwon Alexander. *Divided Korea: The Politics of Development, 1945 –1972*. Cambridge: Harvard University Press, 1976.

Kim, Kwan Bong. *The Korea –Japan Treaty Crisis and The Instability of the Korean Political System*. New York: Praeger Publishers, 1971.

Kim, Se –Jin. *The Politics of Military Revolution in Korea*. Chapel Hill: The University of North Carolina Press, 1971.

Krasner, Stephen D. *Defending the National Interest: Raw Materials Investment and U.S. Foreign Policy*. Princeton: Princeton University Press, 1978.

Lee, Hahn –Been. *Korea: Time, Change, and Administration*. University of Hawaii, East –West Center Press, 1968.

Lehmbruch, Gerhard and Schmitter, Philippe C., eds. *Patterns of Corporatist Policy –Making*. Beverly Hills, California: Sage, 1982.

Lerner, Daniel. *The Passing of Traditional Society.* New York: The Free Press, 1958.

Lim, Youngil. *Government Policy and Private Enterprise: Korean Experience in Industrialization.* Berkeley: Institute of East Asia Studies, University of California, 1981.

Malloy, James A., ed. *Authoritarianism and Corporatism in Latin America.* Pittsburgh: Pittsburgh University Press, 1977.

Marx, Karl. *The 18th Brumaire of Louis Bonaparte.* New York: International Publisher Co., 1963.

_____ · *Civil War in France.* New York: International Publisher Co., 1968.

_____ · *The Class Struggle in France, 1848 −1850.* New York: International Publishers Co., Ltd., 1980.

Marx, Karl and Engels, F. *The Communist Manifesto.* New York: Appleton − Century − Crofts, 1955.

Miliband, Ralph. *The State in Capitalist State.* New York: Basic Books, 1969.

Mills, C.W. *The Power Elite.* London: Oxford University Press, 1956.

Moore, Barrington. *The Origins of Dictatorship and Democracy: Lord and Peasant in the Making of the Modern World.* Boston: Beacon Press, 1966.

Myrdal, Gunnar. *Asian Drama: An Inquiry into the Poverty of Nations.* New York: Pantheon, 1968.

Nordlinger, Eric A. *Soldiers in Politics: Military Coups and Government.* New Jersey: Prentice − Hall, Inc., 1977.

_____ · *On the Autonomy of the Democratic State.* Cambridge: Harvard University Press, 1981.

North, Douglas C. and Thomas, Robert Paul. *The Rise of the Western World: A New European History.* New York: Cambridge University Press, 1973.

O'Donnell, Guillermo. *Modernization and Bureaucratic − Authoritarianism: Studies in South American Politics*. Berkeley: University of California, 1979.

Offe, Claus. *Contradictions of Welfare State*. London: Hutchinson, 1984.

_____ · *Disorganized Capitalism*. Oxford: Polity Press, 1985.

Oh, John Kie − Chang. *Korea: Democracy on Trial*. New York: Cornell University Press. 1968.

Oliver, Robert T. *Syngman Rhee: The Man Behind the Myth*. New York: Dodd, Mead and Company, 1954.

Perlmutter, Amos. *Modern Authoritarianism: A Comparative Institutional Analysis*. New Haven: Yale University Press, 1981.

Pike Frederick B. and Stritch, Thomas, eds. *The New Corporatism*. Notre Dame: Notre Dame: Notre Dame Press, 1974.

Poggi, Gianfranco. *The Development of the Modern State: A Sociological Introduction*. Stanford: Stanford University Press, 1978.

Poulantzas, Nicos. *Political Power and Social Classes*. London: New Left Books, 1973.

Prebisch, Raul. *The Economic Development of Latin America and Its Principal problems*. New York: United Nations, 1950.

Skocpol, Theda. *States and Social Revolutions*. New York: Cambridge University Press, 1979.

Skowronek, Stephen. *Building a New American State: The Expansion of National Administrative Capacities*. New York: Cambridge University Press, 1982.

Stepan, Alfred A. *The Military in Politics: Changing Pattern in Brazil*. Princeton: Princeton University Press, 1974.

_____ · *The State and Society: Peru in Comparative Perspective*. Princeton: Princeton University Press, 1978.

Therborn, Goran. *What Does the Ruling Class Do When It Rules?*.

London: New Left Books, 1978.

Thomas, Clive Y. *The Rise of the Authoritarian State in Peripheral Societies.* New York and London: Monthly Review Press, 1984.

Tilly, Charle S., ed. *The Formation of National State in Western Europe.* Princeton: Princeton University Press, 1975.

Todaro, Michael P. *Economic Development in the Third World.* New York: Longman, Inc., 1981.

Trimberger, Ellen Kay. *Revolution form Above: Bureaucrats and Development in Japan, Turkey, Egypt, and Peru.* New Brunswick: Transaction Books, 1978.

Truman, David. *The Governmental Process.* New York: Alfred A. Knopf, 1967.

Wallerstein, Immanuel. *The Modern World System.* New York: Academic Press, 1974.

_____ · *The Capitalist World Economy.* New York: Cambridge University Press, 1979.

_____ · *The Politics of the World Economy.* New York: Cambridge University Press, 1984.

Weber, Max. *Economy and Society.* Berkeley: University of California Press, 1978.

Wiarda, Howard J. *Corporatism and National Development in Latin America.* Boulder: Westview Press, 1981.

Yim, Yong Soon and Lee, Eun Ho. *Arms and Politics on the Korean Peninsula.* Cheongju: Cheongju University Press, 1983.

2) 논 문

Alavi, Hamza. "The State in Post-Colonial Societies: Pakistan and Bangladesh." *New Left Review*, No.74(1972).

_____ · "State and Class Under Peripheral Capitalism: Pakistan and Bangladesh." in Harry Goulbourne, ed. *Politics and State in the Third World*. London: The Macmillan Press Limited., 1979.

Ames, Barry. "Rhetoric and Reality in a Militarized Regime: Brazil Since 1964." in Abraham F. Lowenthal, ed. *Armies and Politics in Latin America*. New York: Holmes and Meier Publishers, Inc., 1976.

Amsden, Alice H. "The State and Taiwan's Economic Development." in Peter B. Evans, Dietrich Rueschemeyer, and Theda Skocpol, eds. *Bringing the State Back In*. New York: Cambridge University Press, 1985.

Auh, Soo Young. *The Military in The Politics of South Korea, 1961 – 1966: The Role of Political Institution – Building*. Western Michigan University, unpublished M.A Thesis, 1971.

Baek, Kwang Il. *An Analysis of Security Relationship between the United States and the Republic of Korea*. Ph.D. Dissertation, George Washington University, 1981.

Baldwin, Frank. "Introduction." in Frank Baldwin, ed. *Without Parallel: The American – Korea Relationship Since 1945*. New York: Pantheon Books, 1973.

Barone, Charles A. "Dependency, Marxist Theory, and Salvaging The Idea of Capitalism in South Korea." *Review of Radical Political Economics*, Vol.XV, No.1(Spring 1983).

Bix, Herbert P. "Regional Integration: Japan and South Korea in America's Asian policy." in Frank Baldwin, ed. *Without Parallel: The America – Korean Relationship since 1945*. New York: Pantheon Books, 1973.

Caporaso, James A. "Industrialization in the Periphery: The Evolving Global Division of Labour." *International Studies Quarterly*, Vol.25, No.3(1981).

Cardoso, Fernando Henrique. "Dependency and Development in Latin

America." *New Left Review*, No.74(1972).

_____ · "Associated – Dependent Development: Theoretical and Practical Implications." in Alfred Stepan ed. *Authoritarian Brazil: Origins, Policies and Future*. New Haven: Yale university Press, 1977.

_____ · "On the Characterization of Authoritarian Regimes in Latin America." in David Collier, ed. *The New Authoritarianism in Latin America*. Princeton: Princeton University Press, 1979.

Cho, Chang – Hyun. "Bureaucracy and Local Government in South Korea." in Se – Jin Kim and Chang – Hyun Cho, eds. *Government and Politics of Korea*. Maryland: The Research Institute on Korean Affairs, 1972.

Choi, Jang – Jip. "The Strong State and Weak Labour Relations in South Korea: Their Historical Determinants and Bureaucratic Structure." Prepared for a Conference on the Dependency Issue in Korean Development: Comparative Perspectives, Seoul National University, The Institute of Social Science, June 6 – 8(1985).

Choue, Inwon. *The Politics of Industrial Restructuring: South Korea's Turn toward Export – led Heavy and Chemical Industrialization, 1961 – 1974*. Ph.D. Dissertation, University of Pennsylvania, 1988.

Cole, David C. and Nam, Young Woo. "The Pattern and Significance of Economic Planning in Korea." Irma Adelman, ed. *Practical Approaches to Development Planning*. Baltimore: Johns Hopkins University Press, 1969.

Coleman, James S. "Conclusion: The Political Systems of the Developing Areas." in Gabriel A. Almond and James S. Coleman, eds. *The Politics of the Developing Areas*. Princeton: Princeton University. Press, 1960.

Collier, David. "The Bureaucratic – Authoritarian Model: Synthesis and Priorities for Future Research." in David Collier, ed. *The New*

Authoritarianism in Latin America. Princeton: Princeton University Press, 1979.

Cumings, Bruce. "The Origins of Development of the Northeast Asian Political Economy: Industrial Sectors, Product Cycles, and Political Consequences." *International Organization*, Vol.38, No.1(Winter 1984).

Cutright. "National political Development: Measurement and Analysis." *American Sociological Review*, Vol.LV, No.3(September 1961).

Dick, George W, "Authoritarian Versus Nonauthoritarian Approaches to Economic Development." *Journal of Political Economy*, Vol.82(July −Aug. 1974).

Evans, Peter B., Rueschemeyer, Dietrich, and Skocpol, Theda. "On the Road Toward a More Adequate Understanding of the State." in Peter B. Evans, Dietrich Rueschemeyer, and Theda Skocpol, eds. *The Bringing the State Back In.* New York: Cambridge University Press, 1985.

Feith, Herb. "Repressive −Developmentalist Regimes in Asia." *Alternatives: A Journal of World Policy,* Vol.Ⅶ, No.4(Spring 1982).

Frank, Andre Gunder. "The Development of Underdevelopment." *Monthly Review*, ⅩⅧ (September 1966).

Galtung, Johan. "A Structural Theory of Imperialism." *Journal of Peace Research*, Vol.Ⅷ, No.2(1971).

Gillis, Malcolm. "The Role of State Enterprise in Economic Development." *Social Research*, Vol.47, No.2(1980).

Gupta, J.D. "A Season of Caesars: Emergency Regimes and Development Politics in Asia." *Asian Survey,* Vol.ⅩⅧ, No.4(April 1978).

Haggard, Stephan M. *Pathways from the Periphery: The Newly Industrializing Countries in the International System.* Ph.D. Dissertation, University of California at Berkeley, 1983.

_____. "The Newly Industrializing Countries in the International System."

World Politics, Vol.38, No.2(January 1986).

Haggard, Stephan and Moon, Chung－In. "The South Korean State in the International Economy: Liberal, Dependent, or Mercantile?" in John Gerard Ruggie, ed. *The Antinomies of Interdependence: National Welfare and the International Division of Labour.* New York: Columbia University Press, 1983.

Hahn, Bae－Ho. "The State and Culture in Korean Development." Unpublished Mimeogaraphed Paper, 1987.

Hahn, Bae－Ho and Kim, Kyu－Taik, "Korean Political Leaders(1952－1962): Their Social Origins and Skills." *Asian Survey,* Vol.Ⅲ, No.7 (July 1963).

Hamilton, Nora. "State Autonomy and Dependent Capitalism in Latin America." *The British Journal of Sociology,* Vol.32, No.3(September 1981).

Han, Sung－Joo. "South Korea's Participation in the Vietnam Conflict: An Analysis of the U.S.－Korean Alliance." *ORBIS,* Vol.21, No.4(Winter 1978).

_____ ·"Political Institutionalization in South Korea, 1961－1984." in Robert A. Scalapino, Seizaburo Sato, and Jusuf Wanandi, eds. *Asian Political Institutionalization.* Berkekey: University of California 1985.

_____ ·"Prospects for Korean Politics." Han Sungjoo, ed. *Korea in the Year 2000: Prospects for Development and Change.* Seoul: Korea University, Asiatic Research Center, 1985.

Hirschman, Albert O. "The Political Economy of Import－Substituting Industrialization in Latin America." in Albert O. Hirschman. *A Bias for Hope: Essays on Development and Latin America.* New haven: Yale University Press, 1971.

_____. "The Turn to Authoritarianism in Latin America and the Search for Its Economic Determinants." in David Collier, ed. *The New Authoritarianism in Latin America*. Princeton: Princeton University Press, 1979.

Im, Hyug Baeg. "The Rise of Bureaucratic Authoritarianism in South Korea." *World Politics*, Vol.39, No.2(January 1987).

Jackman, Robert W. "Politicians in Uniform: Military Governments and Social Change in the Third World." *American Political Science Review*, Vol.70(December 1980).

Johnson, Chalmers. "Political Institutions and Economic Performance: The Government−Business Relationship in Japan, South Korea, and Taiwan." in Robert A. Scalapino, Seizaburo Sato, and Jusuf Wanandi, eds. *Asian Economic Development: Present and Future*. Berkekey: University of California 1985.

Katzenstein, Peter J. "Conclusion: Domestic Structures and Strategies of Foreign Economic Policy." in Peter J. Katzenstein, ed. *Between Power and Plenty*. Madison: University of Wisconson Press, 1978.

Kaufman, Robert. R. "Corporatism, Clientelism, and Partisan Conflict: A Study of Seven Latin American Countries." M. Malloy, ed. *Author-itarianism and Corporatism in Latin America.* Pittsburgh: University of Pittsburgh Press, 1977.

_____. "Industrial Change and Authoritarian Rule in Latin America." in David Collier, ed., *The New Authoritarianism in Latin America.* Princeton: Princeton University Press, 1979.

Kim, C.I. Eugene. "The South Korea Military Coup of May, 1961: Its Causes and the Social Characteristics of Its Leaders." in Jacques Van Doorn, ed. *Armed Forces and Society: Sociological Essays*, Mouton, The Hague, 1968.

_____, "Transition From Military Rule: The Case of South Korea." *Armed Forces and Society*, Vol. 1, No.3(Spring 1975).

_____, "The Value Congruity Between ROK Civilian and Former Military Party Elites." *Asian Survey*, Vol. XⅧ, No.8(August 1978).

Kim, Myung Soo, *The Making of Korean Society: The Role of the State in the Republic of Korea. 1948 – 1979*, Ph.D. Dissertation, Brown University, 1987.

Kim, Quee – Young. *Social Structure and the Revolutionary Movement: A Sociological Study of 4.19 Uprising in South Korea.* Ph.D. Dissertation, Harvard University Press, 1982.

Kim, Sae Jung. *The Political Economy of Authoritarianism: State – Propelled Industrialization and the Persistent Authoritarian State in South Korea, 1961 – 1979.* Ph.D. Dissertation. The University of McGill, 1986.

Kim, Kyong – Dong. "Political Factors in the Formation of the Entrepreneurial Elite in South Korea." *Asian Survey*, Vol. XⅥ, No.5(May 1976).

Kim, Hong N. "Japan's Policy Toward The Korean Peninsula Since 1965." Tae – Hwan Kwak, Wayne Patternson and Edward A. Olsen, eds. *The Two Koreas in World Politics.* Seoul: The Institute for Far Eastern Studies, 1983.

Kim, Se Jin, "South Korea's Involvement in Vietnam and Its Economic and Political Impact." *Asian Survey,* Vol.10, No.6(June 1970).

Kim, Sung Hee. "Economic Development of South Korea." in Se Jin Kim and Chang – Hyun Cho, eds. *Government and Politics of Korea.* Maryland: The Research Institute on Korean Affairs, 1972.

Krasner, Stephen D. "Approaches to the State: Alternative Conceptions and Historical Dynamics." *Comparative Politics*(January 1984).

Kuznets, Paul W. "Government and Economic Strategy in Comtemporary South Korea." *Pacific Affairs*, Vol.58, No.1(Spring 1985).

Lee, Joe Won. "Planning Effort for Economic Development." in Joseph S.

Chung, ed. *Patterns of Economic Development: Korea.* Michigan: Western Michigan University, 1965.

Lipset, Seymour Martin. "Some Social Requisites of Democracy: Economic Development and Political Legitimacy." *American Political Science Review,* Vol.53(March 1959).

Lowenthal, Abraham F. "Armies and Politics in Latin America." Abraham F. Lowenthal, ed. *Armies and Politics in Latin America.* New York: Holmes and Meier Publishers, Inc., 1976.

Linz, Juan J. "Totalitarian and Authoritarian Regimes." in the Fred I. Greenstein, Nelson W. Polsby, eds. *Handbook of Political Science Vol.3: Macropolitical Theory,* Massachusetts: Addison Wesley, 1975.

Manley, John. "Neo－Pluralism: A Class Analysis of Pluralism I and Pluralism Ⅱ." *American Political Science Review,* Vol.77, No.2(June 1983).

Martin, Hart－Landsberg. "Capitalism and Third World Economic Development: A Critical Look at the South Korean Miracle." *Review of Radical Political Economy,* Vol.16, No.2 and 3(1984).

Marsh, Robert M. "Does Democracy Hinder Economic Development in the Late Comer Developing Nation?" *Comparative Social Research,* Vol.2(1979).

Mckinlay, R.D. and Cohan, A.S. "Performance and Instability in Military and Nonmilitary Systems." *American Political Science Review,* Vol.70, No.3(September 1976).

McNamara, Dennis L. "The Soft State Interlude in South Korea, 1948－1960." Prepared for the 1987 Annual Meeting of the International Studies Association, Washington D.C., April 15－18, 1987.

Migdal, Joel S. "A Model of State－Society Relations." in Howard J. Wiarda, ed. *New Directions in Comparative Politics.* Boulder; Westview Press, 1985.

Miliband, Ralph. "Poulantzas and the Capitalist State." *New Left Review,* No.82(November – December 1973).

Modelski, G. "The Long Cycle of Global Politics and the Nation State." *Comparative Studies in Society and History,* No.20(1976).

Moran, Thedore H. "Foreign Expansion as an International Necessity for U.S. Corporate Capitalism: The Search for a Radical Model." *World Politics* (April 1973).

Most, Bejamin. "Authoritarianism and The Growth of the State in Latin America: An Assessment of Their Impact on Argentine Public Policy, 1930 – 1970." *Comparative Political Studies,* Vol.13, No.2(July 1980).

Needler, Martin C. "Sources of Instability in De Facto Military Regimes in Latin America." International Political Science Association, Rio de Janeiro, August 10 – 14, 1982.

Nettl. J.P. "The State as a Conceptual Variable." *World Politics,* Vol.20, No.4(July 1968).

Nun, Jose. "The Middle – Class Military Coup Revisited." Abraham F. Lowenthal, ed. *Armies and Politics in Latin America.* New York: Holmes and Meier Publishers, Inc., 1976.

O'Donnell, Guillermo A. "Reflections on the Patterns of Change in the Bureaucratic Authoritarian State." *Latin American Research Review,* Vol.12, No.1(Winter 1978).

_____. "Tensions in the Bureaucratic – Authoritarian State and Question of Democracy." in David Collier, ed. *The New Authoritarianism in Latin America.* Princeton: Princeton University Press, 1979.

Offe, Claus, "The Theory of the Capitalist State and The Problem of Policy Formation." in Leon N. Lindberg, et al., eds. *Stress and Contradiction in Modern Capitalism.* Mass.: Heath, Lexington, 1975.

Olsen, Edward A. "Korea, Inc.: The Political Impact of Park Chung Hee's Economic Miracle." *ORBIS,* Vol.24, No.1(Spring 1980).

Park, Dong – Suh and Lee, Chae – Jin. "Bureaucratic Elite and Development Orientations." in Dae – Sook Suh and Chae – Jin Lee, eds. *Political Leadership in Korea.* Seattle and London: University of Washington Press, 1976.

Perlmutter, Amos. "The Comparative Analysis of Military Regimes: Formations, Aspirations, and Achievements." *World Politics,* Vol.32, No.1 (October 1980).

Pu, Wan – Hyok. "The History of American Aid to Korea." *Koreana Quarterly,* Vol.Ⅲ(Summer 1961).

Putnam, Robert D. "Toward Explaining Military Intervention in Latin American Politics." in Abraham F. Lowenthal, ed. *Armies and Politics in Latin America.* New York: Holmes and Meier Publishers, Inc., 1976.

Pye, Lucian W. "Armies in the Process of Political Modernization." in John J. Johnson, ed. *The Role of the Military in Underdeveloped Countries.* Princeton: Princeton University Press, 1962.

Rueschemeyer, Dietrich and Evans, Peter B. "The State and Economic Transformation: Toward an Analysis of the Conditions Underlying Effective Intervention." in Peter B. Evans, Dietrich Rueschemeyer, and Theda Skocpol, eds. *The Bringing the State Back In.* New York: Cambridge University Press, 1985.

Santos, Dos. "The Structure of Dependence." *American Economic Review,* No.2(May 1970).

Saul, John S. "The State in Postcolonial Societies: Tanzania." in John S. Saul. *The State and Revolution in Eastern Africa.* New York: Monthly Review Press, 1979.

Scalapino, Robert A. "Which Route for Korea." *Asian Survey,* Vol.Ⅱ, No.7(September 1962).

Schmitter, Philippe C. "Military Intervention, Political Competitiveness, and Public Policy in Latin America: 1950 – 1967." in Abraham F. Lowenthal, ed. *Armies and Politics in Latin America.* New York: Holmes and Meier Publishers, Inc., 1976.

_____ · "Still the Century of Corporatism." in Philippe C. Schmitter and Gerhard Lehmbruch, eds. *Trends Toward Corporatist Intermediation.* Beverly Hills: Sage, 1979.

Scott, James C. "Patron－Client Politics and Political Change in Southeast Asia." *American Political Science Review,* Vol.LXVI, No.1(March 1972).

Sera, Jose. "Three Mistaken Theses Regarding the Connection between Industrialization and Authoritarian Regimes." in David Collier, ed. *The New Authoritarianism in Latin America.* Princeton: Princeton University Press, 1979.

Shin, Eung－Kyun. "Korea's Diplomacy in Asia." *Koreana Quarterly,* Vol. VIII(Autumn 1966).

Shin, Roy W. *The Politics of Foreign Aid in South Korea, 1945－1966.* Ph. D. Dissertation, University of Minnesota, 1969.

Skocpol, Theda. "Bringing the State Back In: Strategies of Analysis in Current Research." in Peter B. Evans, Dietrich Rueschemeyer, and Theda Skocpol, eds. *Bringing the State Back in.* New York: Cambridge University Press, 1985.

Sloan, John and Tedin, Kent L. "The Consequences of Regime Type for Public Outputs." *Comparative Political Studies,* Vol.20, No.1(April 1987).

Sohn, Jae Souk. "Political Dominance and Political Failure: The Role of The Military in the Republic of Korea." in Henry Bienen, ed. *The Military Intervenes.* New York: Russell Sage Foundation, 1968.

Stepan, Alfred. "The New Professionalism of Internal Warfare and Military Role Expansion." in Alfred Stepan, ed. *Authoritarian Brazil: Origins, Policies, and Future.* New Haven: Yale University Press, 1977.

Sunkel, Osvaldo. "Transnational Capitalism and National Disintegration in Latin America." *Social and Economic Studies,* No.22(1973).

Tilly, Charles. "Reflections on the History of European State‑Building." in Charles Tilly, ed. *The Formation of National States in Western Europe.* Princeton: Princeton University Press, 1975.

Wallerstein, Immanuel. "Dependence in An Interdependent World: The Limited Possibilities of Transformation Within The Capitalist World Economy." in Immanuel Wallerstein. T*he Capitalist World Economy.* New York: Cambridge University Press, 1979.

Wiatr, Jerzy J. "The Military in Politics: Realities and Streotypes." *International Social Science Journal,* Vol. ⅩⅩⅩⅦ, No.1(1985).

Wideman, Bernie. "The Plight of the South Korean Peasant." in Frank Baldwin, ed. *Without Parallel: The American ‑Korean Relationship Since 1945.* New York: Pantheon Books, 1973.

Zeon, Young‑Cheol. *The Politics of Land Reform in South Korea.* Ph.D. Disseration, University of Missouri, 1973.

Zieman, W. and Lanzendorfer, M. "The State in Peripheral Societies." *The Socialist Register*(1977).

· 저자 ·

박종철

·학력 및 약력·

고려대학교 졸업
고려대학교 정치학박사

미국 하바드대학교 교환교수
일본 도쿄대학교 객원교수
일본 국제관계연구소 객원연구원
통일부 자문위원, 동북아시대위원회 자문위원
국가안전보장회의 자문위원 역임
현 통일연구원 선임연구위원

·주요연구·

「미국과 남북한: 갈등과 협력의 삼각관계」
「북·미미사일협상」
「동북아안보·경제협력체 형성방안」
「통일이후 갈등해소를 위한 국민통합방안」
외 다수

한국의 발전전략

농 지 개 혁 · 수 입 대 체 산 업 화 ·
수 출 주 도 산 업 화 · 중 화 학 공 업 화

· 초판 인쇄   2008년 10월 6일
· 초판 발행   2008년 10월 6일

· 지 은 이   박종철
· 펴 낸 이   채종준
· 펴 낸 곳   한국학술정보㈜
            경기도 파주시 교하읍 문발리 513-5
            파주출판문화정보산업단지
            전화   031) 908-3181(대표) · 팩스   031) 908-3189
            홈페이지 http://www.kstudy.com
            e-mail(출판사업부) publish@kstudy.com
· 등   록   제일산-115호(2000. 6. 19)
· 가   격   31,000원

ISBN   978-89-534-9990-4 ____ ____ (Paper Book)
       978-89-534-9991-1 98320 (e-Book)